Kurt Singer
Zivilcourage wagen

Zu diesem Buch

Dieses Buch handelt von Zivilcourage und Bürgermut. Heute wächst das Bewußtsein dafür, daß Wegsehen, Hinnehmen und Ignorieren die Haltungen sind, die weltweit die Praxis der Natur-Zerstörung »tolerieren« und Unrechts-Ordnungen am Leben halten. Dieses Buch wendet sich an jene, die erkennen, wie notwendig heute politische Beteiligung und Veränderung »von unten« sind. Zivilcourage heißt, sich mit seiner Angst öffentlich einzumischen, denn es gibt nicht *die* Zivilcourage, sondern immer nur *meine*. Viele Bürgerinnen und Bürger würden sich gern einmischen, statt wegzuschauen – am Arbeitsplatz, in der Hausgemeinschaft, in Gemeinde und Schule, in einer Partei oder Bürgerinitiative. Dieses Buch will helfen, Autoritätsangst, Konfliktscheu und Anpassungsbereitschaft zu überwinden und den *aufrechten Gang* zu lernen.

Kurt Singer, geboren 1929 in München, war bis 1992 Professor für Pädagogische Psychologie an der Universität München, Dozent und Lehranalytiker an der Akademie für Psychoanalyse und Psychotherapie in München; er arbeitet als Psychotherapeut in freier Praxis und ist aktiv in Bürgerinitiativen.

Kurt Singer

Zivilcourage wagen

Wie man lernt, sich einzumischen

Aktualisierte Neuausgabe

Piper München Zürich

Von Kurt Singer liegt in der Serie Piper außerdem vor:
Kränkung und Kranksein (1681)

Aktualisierte Taschenbuchausgabe
Dezember 1997
© 1992 Piper Verlag GmbH, München
Umschlag: Büro Hamburg
Simone Leitenberger, Susanne Schmitt, Annette Hartwig
Umschlagabbildung: Brian Cairns
Gesamtherstellung: Clausen & Bosse, Leck
Printed in Germany   ISBN 3-492-22552-7

Inhalt

Vorwort

Dieses Buch handelt vom Mut, sich mit der eigenen Meinung öffentlich erkennen zu lassen: von Zivilcourage oder Bürgermut. Menschen mit Zivilcourage fühlen sich von Problemen herausgefordert, die *alle* Bürger angehen. Mit ihrem politisch-moralischen Einspruch machen sie auf diese Probleme aufmerksam. Sie regen Mitbürger dazu an, sich einzumischen, und rufen die Verantwortlichen dazu auf, anders zu handeln.

Zivilcourage zu zeigen, fällt vielen Menschen schwer. Wer kennt das nicht: sich hinterher zu ärgern, weil im entscheidenden Augenblick der Mut zum Widerspruch fehlte, weil einem die richtigen Worte nicht einfielen, weil es zu gefährlich erschien, ehrlich zu sein? – Viele Bürgerinnen und Bürger würden sich gern einmischen, statt wegzuschauen. Zum Beispiel am Arbeitsplatz, innerhalb der Hausgemeinschaft oder des Bekanntenkreises, in Gemeinde und Schule, in einer politischen Partei oder Bürgerinitiative. Aber sie befürchten, ihr Protest könnte ihnen schaden. Aus Autoritätsangst heraus schweigen sie oder passen sich an; das macht sie unzufrieden und verletzt ihre Selbstachtung.

Den »aufrechten Gang« zu wahren und gegen den Strom zu schwimmen, können wir üben. Fragen sind: Wie lernen wir, für eine wertvolle Sache einzutreten? Wie überwinden wir die uns anerzogene Gehorsamsbereitschaft? Wie bestärken wir uns darin, die eigene Meinung auch dann zu wagen, wenn das Nachteile bringt? Wie festigen wir unsere Wertvorstellungen, damit unser ziviler Mut wächst? Wie erwerben wir Sachverständnis, um mitsprachefähig zu werden? Wie bearbeiten wir die Angst vor Vorgesetzten? Wie lernen wir, den moralisch-politischen Einspruch gewaltfrei vorzubringen? Wie vermeiden wir, uns von der Aggressivität der Herrschenden anstecken zu lassen? Wie widersetzen wir uns der Entmachtung unseres Gewissens? Wie ertragen wir die Einsamkeit, die in Mut-Situationen aufkommt? Wie können wir aus unserer Privatheit heraustreten und von Bürgermut zu politischem Engagement fortschreiten?

Kann man mit Zivilcourage »Berge versetzen«? – Immerhin haben Menschen mit Zivilcourage Revolutionen ausgelöst, Menschenleben gerettet, Stadtviertel verändert und Landschaften geschützt, sie haben Unrecht beseitigt, Atomkraftwerke verhindert und mitgeholfen, Krieg zu beenden. – Sie haben durch ihren Bürgermut das tägliche Leben verändert: das Zusammenleben am Arbeitsplatz freundlicher gemacht, Nachbarschaftshilfen angeregt, das Wohnen verbessert, Schulen humaner gestaltet, Notleidenden geholfen. Sie sind für die Rechte der Schwachen eingetreten, der Kinder, Ausländer und anderer Benachteiligter; sie gründeten Initiativen für den Schutz der Gesundheit und für mehr Menschlichkeit im Lebensalltag.

In unserer bedrohten Welt brauchen wir Menschen mit Zivilcourage, die Politikerinnen und Politiker unterstützen, Wege aus der Gefahr zu finden – und wir brauchen sie, um jenen Regierenden Einhalt zu gebieten, die die Menschheit in bedrohliche Risiken steuern. Dazu bedarf es der Einsicht vieler Bürgerinnen und Bürger; denn – so Bertolt Brecht –: »Das Vernünftige bricht sich nicht von selbst Bahn, sondern es setzt sich nur so viel Vernunft durch, wie die Vernünftigen durchsetzen.«

Durch Machtdenken, Profitstreben und Mangel an politischer Phantasie laden wir uns zerstörerische Gefahren auf. Wir machen weiter, als hätte es kein Auschwitz gegeben, kein Hiroshima und kein Vietnam. Es rührt uns kaum an, daß über ein Jahrzehnt nach der Reaktorkatastrophe schreckliche Nachrichten von Tschernobyl eintreffen. Wir lassen uns nicht davon beunruhigen, daß die Erdatmosphäre beschädigt ist. In den immer wieder tobenden Kriegen erheben wir die Gewalt zum selbstverständlichen mörderischen Mittel der Auseinandersetzung. Wirtschaftswachstum erscheint uns wichtiger als menschliches Wachstum; deshalb weigern wir uns, die Natur zu schonen und der Klimakatastrophe vorzubeugen.

Regierende und Parlamentarier nehmen die Nöte der Menschen zu gleichgültig hin. Deshalb dürfen wir nicht darauf hoffen, daß sich »von oben« etwas verändert, sondern sollten mit sozialer Empfindsamkeit »von unten« für mehr Humanität eintreten. Nichts ist heute so gefährdet wie die Solidarität: das Gefühl der Zusammengehörigkeit und das Füreinander-Eintreten. Deshalb brauchen wir zu jener Umweltbewegung, die der Rettung der Natur gilt, eine zweite: Sie muß sich der Rettung und dem Aufbau der *sozialen* Umwelt annehmen. Um mehr Solidarität zu entwickeln, müssen wir Wege zu einer Bürgergesellschaft beschreiten, in der immer mehr Menschen mehr soziale Verantwortung für einen kleinen, überschaubaren Bereich unserer Gesellschaft übernehmen. – Das Buch soll helfen, durch Einsicht und Übung die Autoritätshörigkeit zu überwinden und zivilen Mut zu entwickeln. Das bedeutet zugleich, das eigene Leben zu erweitern, zu Selbstbewußtsein, Lebendigkeit und persönlicher Freiheit zu gelangen.

Es geht darum, in öffentlichen Problemsituationen nicht stumm zu bleiben, sondern sich sachverständig zu machen und sich mit dem persönlichen Denken und Fühlen zu zeigen. Zu viele Bürgerinnen und Bürger bleiben Mitläufer. Statt sich kritisch auf die Probleme des Miteinanderlebens und Überlebens einzulassen, machen sie schweigend dabei mit, sich selbst und den nachfolgenden Generationen die Lebensbedingungen zu zerstören. Alle sehen die selbstgemachte Bedrohung, aber laufen dennoch fern-sehenden Auges in die Katastrophe: gehorsam lassen sie sich ökologische Gefahren, soziales Unheil, atomare und kriegerische Katastrophen verordnen.

Mir liegt daran, selbst mehr Bürgermut zu entwickeln; auch deshalb schreibe ich über Zivilcourage. Dabei verstehe ich mich nicht als jemand, der »weiß«, wie man mutiger wird. Ich kann die Leser nicht »belehren«, wie sie zivilcouragierter werden, sondern lediglich zu Prozessen ermuntern, durch die der Mut wächst. Dazu trage ich Erkenntnisse vor, berichte von Erfahrungen, zeige Widerstände in uns selbst auf und weise auf Gefährdungen von außen hin.

Ich sprach mit vielen zivilcouragierten Bürgerinnen und Bürgern. Dabei wollte ich herausfinden, was sie dazu bewegte, entschlossen für menschliche Grundwerte einzutreten – und was ihnen bei der öffentlichen Einmischung Halt gab. Das war vor allem ihr Überzeugtsein von moralischen Tugenden. Oft formulierten sie ihre Haltung ganz bescheiden als »Anständigkeit«. Sie waren fähig zum Mitfühlen, sorgten sich um andere und erwiesen sich als hilfsbereit. Die Ehrfurcht vor Mensch und Natur leitete sie in ihrem Handeln. Sie dachten kritisch, handelten eigenständig und waren bereit, Verantwortung zu übernehmen.

In Seminaren und Gruppen habe ich mit Menschen gearbeitet, die mit ihrer Ängstlichkeit unzufrieden waren und mehr Bürgermut einüben wollten. Allen danke ich dafür, daß sie sich mit mir auf dieses demokratische Lernen eingelassen haben. – Besonders danke ich meiner Frau, die durch Gespräch und kritischen Einspruch, durch Vorschläge und Ermutigung viel dazu beigetragen hat, daß dieses Buch entstehen konnte.

Es ist denkbar, daß die Erde am Gehorsam der Bürger und an deren Mißachtung menschlicher Grundwerte schweren Schaden leidet. Aber es wäre auch möglich, daß mutige Menschen einen Bewußtseinswandel in Gang bringen. Der könnte die Regierenden dazu bewegen, Vernunft anzunehmen und sich auf ein friedliches Handeln gegenüber Mensch und Natur einzulassen. Damit dies geschehen kann, dürfen wir unser persönliches Gewissen nicht verstaatlichen lassen, sondern müssen den politisch-moralischen Protest wagen und uns verantwortlich einmischen. Dieser Bürgermut ist lernbar.

1. Zivilcourage – eine demokratische Tugend entdecken

An allem Unrecht, das geschieht, ist nicht nur der schuld, der es begeht, sondern auch der, der es nicht verhindert.

Erich Kästner

Recht, von dem man keinen Gebrauch macht, stirbt ab; Freiheit, von der man keinen Gebrauch macht, welkt dahin. Widerstand muß darin bestehen, von seiner Freiheit Gebrauch zu machen.

Heinrich Böll

Je mehr Bürger mit Zivilcourage ein Land hat, desto weniger Helden wird es einmal brauchen.

Franca Magnani

Großer Mut zum »kleinen Widerstand«

Viele Menschen wären gern mutiger – aber im entscheidenden Augenblick fehlt ihnen die Courage. Sie befürchten, nicht die richtigen Worte zu finden; sie haben Angst, sich zu blamieren; sie mischen sich nicht ein, weil ihnen die ehrliche Meinungsäußerung schaden könnte. – Dabei braucht in einem demokratischen Staat niemand das Leben aufs Spiel zu setzen. Kein Bürger muß Gefängnisstrafe riskieren oder andere schwerwiegende Strafen befürchten, wie bei jenem Widerstand, mit dem sich Menschen gegen totalitäre Herrscher und diktatorische Staatssysteme erheben. Dennoch fällt es schwer, zivilen Mut zu zeigen.

Sophie wagte den »kleinen Widerstand« bereits von Kind an. Sie hatte Eltern, die Widerspruchsmut als Tugend ansahen und unterstützten. Die Neunjährige ging mit ihrer Schwester Elisabeth in die gleiche Schulklasse. Ihr Lehrer versetzte die Kinder oft und willkürlich auf bestimmte Plätze im Klassenzimmer –

und zwar den Noten entsprechend. Dabei passierte es, daß Sophies Schwester Elisabeth ausgerechnet an ihrem Geburtstag einen Platz heruntergestuft wurde. Der Lehrer setzte sie in entwertender Weise nach hinten. Diese Demütigung empörte Sophie derart, daß sie aufstand, nach vorne zum Lehrer ging und protestierte: »Meine Schwester Elisabeth hat heute Geburtstag, die setze ich wieder hinauf!« Sie nahm ihre jüngere Schwester entschlossen beim Arm und führte sie an den alten Platz. Der Lehrer ließ es erstaunt geschehen.[1]

Das Mädchen Sophie zeigte Zivilcourage:
- Nein sagen zum Unrecht auch und gerade dann, wenn das Unrecht »von oben« kommt: von Vorgesetzten, Lehrerinnen und Lehrern, von Mächtigen.
- Nicht schweigen, wenn ein anderer gedemütigt wird, sondern sich auf seine Seite stellen.
- Mut zu Kritik finden, und zwar zu Kritik, die andere nicht persönlich verletzt, die aber klar das eigene Denken erkennen läßt.
- Nicht mitmachen bei Aktionen, die man als unheilvoll erkennt – auch wenn man sich dadurch Sympathien verscherzen mag.
- Protestieren, wenn Schwache benachteiligt werden; ihnen durch Sympathie und Hilfe beistehen.

Wer Zivilcourage lernen will, kann sich darin durch große und kleine Vorbilder geistig unterstützen lassen. Das Mädchen, das sich in dem Schul-Beispiel so mutig verhielt, war Sophie Scholl. Sie riskierte später ihr Leben im Widerstand gegen Hitler und wurde zum Tode verurteilt. Ihre moralische Widerstandskraft entwickelte Sophie Scholl bereits über den »kleinen Widerstand«, die Zivilcourage.

Zivilcourage zeigt sich in vielen Alltagssituationen, zum Beispiel in der Situation, die ein älterer Mann in einer Tagebuchnotiz festhielt: »Der Ausländer, im Gasthaus zufällig am selben Tisch, wurde beschimpft, bedroht. Er stocherte hilflos in seinem Essen. Mein Zorn gab mir Mut. Ich faßte seine Schulter und bedeutete ihm aufzustehen. Arm in Arm gingen wir hinaus, über die Straße: ein demonstrativer Spießrutenlauf. Einige spuckten. Im Türkenviertel war niemand auf der Straße. Von seiner Haustür ging ich zurück an meinen Tisch. Ich wurde nicht bedient; der Ober hörte mich nicht. Die Leute ringsum beobachteten, was ich tun würde. Ich wußte es nicht. Es ging mir jetzt auch nicht besser als dem Türken.«

Mit Zivilcourage kann man zwar keine Wunder wirken, aber den Lebensalltag humaner gestalten. Bürgermut bringt mehr Demokratie in die Gesellschaft; er setzt Verantwortungsbereitschaft an die Stelle bloßer Pflichterfüllung. Ziviler Mut bringt kleine und große Revolutionen in Gang. Mit ihm verteidigen Bürgerinnen und Bürger das Grundrecht: »Die Würde des Menschen ist unantastbar.«

Ziviler Mut kommt auch deshalb so selten vor, weil man durch ihn die Geborgenheit im gewohnten Umfeld aufgibt und den Schutz der »mächtigen Vorgesetzten« verliert. Viele beteuern, sie würden gern kritischer sein, aber der Anordnungsdruck »von oben« sei nun einmal so stark. Sie möchten Arbeitsplatz und Karriere nicht gefährden, deshalb verharren sie in Autoritätsgehorsam. Sie unterschreiben einen Aufruf lieber nicht oder schauen bei einem Mißstand bewußt weg; sie verhalten sich neutral, wo ihnen eigentlich daran läge, parteiisch zu sein. In Autoritätsabhängigkeit gehorchen sie, statt Widerstand zu leisten; sie lassen alles beim alten, obgleich sie mit dem Alten keineswegs einverstanden sind. Zwar begrüßen sie es, daß andere Menschen in Bürgerinitiativen für mehr Menschlichkeit, für Umwelt und Frieden eintreten, sich für Demokratie und Menschenrechte engagieren. Aber viele von ihnen mischen sich selbst nicht ein.

Die »Würde des Menschen« als Motiv, sich einzumischen

Nicht so der Polizeibeamte Roland Schlosser. Er ließ sich in seinem Handeln von der grundgesetzlich geschützten »Würde des Menschen« leiten. Der Polizist wollte ganz einfach »Schutz-

Mann« sein und Häftlinge davor schützen, menschenunwürdig behandelt zu werden. Drei afrikanische Asylbewerber wurden zum Gewahrsam in die Polizeidirektion von Landau abgeschoben. Da keine anderen Räume vorhanden waren, sperrte man sie in spärlich eingerichtete Ausnüchterungszellen im Keller, die nur für stundenweise Belegung vorgesehen sind. In den Kammern stand eine Holzpritsche mit einer Decke. Es gab kein fließendes Wasser. Wenn die Inhaftierten auf die Toilette wollten, mußten sie nach einem Wachmann klingeln; kein Hofgang im Freien.

Diese erniedrigende Behandlung konnte der Polizist nicht ansehen; die Verhafteten taten ihm leid. Seine Kollegen und er bemühten sich vergeblich, die Abschiebehäftlinge anderswo unterzubringen. Kurz entschlossen quartierte deshalb Roland Schlosser einen der Inhaftierten bei einem befreundeten Lehrer ein, der sich in der Flüchtlingsarbeit engagierte. Die beiden anderen Afrikaner konnten in einer regulären Gefängniszelle auf ihre Abschiebung warten. Gegen den beim Lehrer in »lockerem Gewahrsam« untergebrachten Afrikaner wurde der Haftbefehl nach acht Tagen aufgehoben; er war unschuldig inhaftiert und konnte seine Unterkunft verlassen.

Roland Schlosser handelte human und aus Respekt vor dem Grundgesetz. Der mitfühlende Polizist, der sich als »Freund und Helfer« der Bürger erwies, wurde jedoch für seine gute Tat nicht belobigt. Dienstbehörde und Staatsanwaltschaft sahen in seinem spontanen Verhalten ein Dienstvergehen. Der Polizeihauptkommissar wurde in der Beurteilungsliste einen Punkt herabgestuft; zudem bekam er einen Prozeß wegen Gefangenenbefreiung. Er verteidigte sich damit, daß ihm daran liege, das Grundgesetz zu erfüllen, das die Würde des Menschen über alles stelle. Die Richterin befand jedoch, der Polizeibeamte habe »keine Berechtigung« gehabt, »aus eigener Machtvollkommenheit heraus zu handeln«; sie verurteilte ihn zu 2000 Mark Geldstrafe. – Zivilcourage: Für Menschlichkeit eintreten, die persönliche Überzeugung offen äußern und dabei Nachteile in Kauf nehmen, sich zivil – also ohne Gewalt – auseinandersetzen.

Mutige Bürgereinmischung im Kleinen wie im Großen ist »Politik, die aus dem Herzen kommt«. Menschen können »von unten« etwas verändern, wenn sie sich mit ihren Lebenswünschen und ihrem Gerechtigkeitssinn einmischen. Die Demokratiebewegung in den osteuropäischen Ländern zeigte das besonders deutlich: Am Anfang bekannten einzelne Bürger und kleine Gruppen ihre Überzeugung. Manche standen auch dann zu ihrem Widerspruch, wenn sie dafür geächtet und eingesperrt wurden oder Berufsverbot erhielten. Dieser Mut hat solche grundlegenden Veränderungen bewirkt.

Der fünfzehnjährige Karl zeigte Bürgermut in der Mathematikstunde. Der Studienrat erklärt eine Algebra-Aufgabe. Den Schülern fällt es schwer, die Erklärung zu verstehen. Ungeduldig schreit der Lehrer in die Klasse hinein: »Das ist ja furchtbar, wie begriffsstutzig ihr seid.« – Da steht Karl auf und entgegnet: »Wir sind überhaupt nicht begriffsstutzig, vielleicht erklären Sie zu ungenau. Und überhaupt finde ich es taktlos, uns so runterzumachen.« – Schweigen in der Klasse; überraschtes Staunen beim Lehrer: In allen wirkte der mutige Einspruch des Jugendlichen nach: Zivilcourage. – Diese hatte noch ein Nachspiel: Der Studienrat fand nämlich den Mut, in einer folgenden Stunde mit Karl und der Klasse über die Situation zu reden. Sie kamen ins Gespräch miteinander, konnten wechselseitig über Unzufriedenheiten und über Wünsche aneinander sprechen und darüber, wie sie gemeinsam etwas verändern könnten.

Sich öffentlich erkennen lassen – Der politisch-moralische Einspruch

Der moralische Protest einer Sechzehnjährigen steht beispielhaft für die Tapferkeit, Demokratie zu verwirklichen. Die Jugendliche verweigerte an ihrer Schule die Wehrerziehung. Sie schrieb an die Direktorin:

»Wehrerziehung ist Pflichtfach, und Nichtteilnahme gilt als unentschuldigtes Fehlen. Trotzdem habe ich mich dazu entschlossen, an diesem Unterricht nicht teilzunehmen. Ich habe versucht, die Gründe für meine Entscheidung zu formulieren, und bitte um eine offene Aussprache in der Klasse. Ich meine, daß der Frieden heutzutage nicht mehr mit Waffen zu sichern ist.

Wehrunterricht ist für mich mit der Erziehung zum Frieden nicht vereinbar. Eine solche Ausbildung weckt ein Freund-Feind-Denken und damit Haß gegen Menschen. Statt Zeit durch das Üben von Marschieren und Geben von Kommandos zu vergeuden, sollten wir uns damit beschäftigen, was uns zu tun möglich ist, einen Krieg zu verhindern: so zum Beispiel ein Fach Friedenserziehung in der Schule einzurichten. Aufgabe von Schülern sollte es sein, ihre geistigen Fähigkeiten für die Aufklärung der anderen einzusetzen. Wir sind in der Lage, Werke von Wolfgang Borchert, Dietrich Bonhoeffer, Bertha von Suttner, Thomas Mann, Carl von Ossietzky, Erich Kästner, den Geschwistern Scholl zu lesen und zu verstehen. – Wir sollten Zeichen setzen. Darum trage ich auch den Aufnäher ›Schwerter zu Pflugscharen‹ . . .«[2]

An ihren Freund schrieb die Schülerin: »Nun, nachdem ich mich durch diesen Brief an unsere Direktorin selbst befreit habe von dem Gefühl der Feigheit, so lange geschwiegen zu haben und den bequemeren Weg zu gehen, habe ich etwas Selbstachtung zurückgewonnen. Ich habe es nun einmal richtig ausgesprochen, dieses ›Nein‹.« – Das Mädchen mußte die Schule verlassen. Trotz der Schwierigkeiten fühlte sie sich befreit, weil sie ihrer Überzeugung treu blieb.

Zivilcouragierte Menschen wie diese Jugendliche lösten in der DDR eine Bewegung aus, durch die unterdrückte Bürger neue Lebenschancen bekamen. Allerdings verloren diese Kräfte im Prozeß der Wiedervereinigung an Einfluß, weil wirtschaftliche Fragen dominierten. Moralische Verantwortung mutiger Bürgerinnen und Bürger bekam keinen Raum, um in politische Moral einzumünden.

Zivilcourage ist eine Form der Tapferkeit: der einzelne ist zum Widerstand bereit und setzt sich mutig mit den drohenden Gefahren auseinander. Von alters her galt Tapferkeit als die dritte der vier Kardinaltugenden: Klugheit, Gerechtigkeit, Tapferkeit und Maßhaltung. Diese Tugenden hängen eng zusammen: »Klugheit und Gerechtigkeit sind der Tapferkeit mit Bedacht vorgeordnet. Tapfer kann nur sein, wer klug und gerecht ist. Auch das rechte Maß gehört zur Tapferkeit, nämlich richtig abzuwägen zwischen dem, was man riskiert, und dem, was man zu erreichen hofft. Tapferkeit ist auf sittliche Werte bezogen. Und während Klugheit und Gerechtigkeit mehr Kräfte des Geistes sind, handelt es sich bei der Tapferkeit vornehmlich um eine Tugend der Seele: die ›Tapferkeit des Herzens‹« (Artur Kaufmann[3]).

Am Widerspruchsmut der Sechzehnjährigen sind die Merkmale der Zivilcourage zu erkennen:

- Die Jugendliche drückte ihre Meinung offen aus – auch gegenüber Vorgesetzten.
- Das tat sie nicht nur privat, sondern öffentlich. Sie ließ sich erkennen mit dem, was sie fühlte und dachte; damit appellierte sie an die Mitbürger.
- Sie trat überzeugt für das ein, was sie als moralisch richtig erkannt hatte – und handelte nach ihrem Gewissen. Sie bekundete moralisch-politischen Protest.
- Die Jugendliche bediente sich ihres Verstandes, erwarb Sachverständnis, wagte zu denken und zu argumentieren.
- Bei dem Anliegen, für das sie eintrat, handelte es sich nicht nur um ein persönliches Problem, sondern um ein öffentliches; es betraf das Wohl aller Menschen. Die Jugendliche praktizierte eine demokratische Bürgertugend.
- Sie riskierte bewußt persönliche Nachteile.
- Sie nahm ihre Angst an und wagte, *mit* der Angst der staatlichen Macht zu widersprechen. Dabei fand sie Halt in humanen Wertvorstellungen.
- Sie ging gewaltfrei vor. Ihre Auseinandersetzung mit den Vorgesetzten war argumentativ und ließ ihre persönlichen Beweggründe erkennen.
- Die Jugendliche blieb sich selbst gegenüber wahrhaftig. Sie handelte, wie es ihrer inneren Überzeugung entsprach, und nahm bewußt Rücksicht auf ihre Selbstachtung.

In demokratisch regierten Staaten ist es verhältnismäßig leicht, die eigene Meinung zu sagen, wenngleich auch hier kritische Bürger zuweilen bedroht, bestraft und geächtet werden. Aber nutzen wir die demokratischen Möglichkeiten? Nehmen wir die Chance wahr, selbständig zu denken? Schweigen wir nicht sogar in unabhängiger Position, um keine Vorteile einzubüßen? Leicht geben wir unmerklich Überzeugungen auf, um die eigene Karriere nicht zu gefährden. Wir erklären moralische Grundsätze für unwirksam, um keine Konflikte eingehen zu müssen, weigern uns, eine Blamage zu riskieren, wollen nur dann mutig sein, wenn uns der Erfolg sicher ist. Wir passen uns lieber an, um die Zuneigung anderer nicht zu verlieren. Fallen uns nicht sehr rasch Gründe ein, uns nicht einzumischen? »Gründe«, heißt es in einem Gedicht von Erich Fried[4]:

Gründe

Weil alles nicht hilft
Sie tun ja doch was sie wollen

Weil ich mir nicht nochmals
die Finger verbrennen will

Weil man mir lachen wird;
Auf dich haben sie gewartet

Und warum immer ich?
Keiner wird es mir danken

Weil jedes Schlechte
vielleicht auch sein Gutes hat

Weil es Sache des Standpunktes ist
und überhaupt wem soll man glauben?

Weil auch bei den anderen nur
mit Wasser gekocht wird

Weil ich das lieber
Berufeneren überlasse

Weil man nie weiß
wie einem das schaden kann

Weil sich die Mühe nicht lohnt
weil sie alle das gar nicht wert sind

ERICH FRIED

Das sind »Todesursachen« meint Erich Fried. Todesursachen für verlorengegangene Lebendigkeit und nicht gewagte Verantwortung.

Die eigene Einstellung gegenüber der Obrigkeit vertreten – »Weshalb habe ich nicht widersprochen?«

Auf dem Weg zu zivilem Mut geht es darum, die Autoritätsangst zu bearbeiten. Eine Verwaltungsangestellte geriet wegen ihrer Angst vor Vorgesetzten in Konflikt mit ihrem Selbstbild. Sie sei »feige« gewesen, sagt sie. Das sei auch der Anlaß, die Gesprächsgruppe über Zivilcourage zu besuchen; denn sie wollte eigentlich mutig handeln. Jetzt ärgere und schäme sie sich wegen ihres duckmäuserischen Verhaltens ihrer Vorgesetzten gegenüber. Folgendes war vorgefallen: Auf der Gemeindeverwaltung kam während des Parteienverkehrs eine Mutter mit ihrem zweijährigen Kind in ihr Büro. Die Frau brauchte dringend eine Bescheinigung, damit sie ihre monatliche Unterstützung weiter bekäme.

Die Angestellte erklärte ihr, daß eine solche Bescheinigung normalerweise innerhalb von drei Tagen ausgefertigt werde, aber sie wolle es bis morgen versuchen. Da flehte die junge Frau die Angestellte an, ob es denn nicht heute noch ginge, sie käme sonst in Schwierigkeiten und habe sich deshalb eigens freigenommen. Der Angestellten tat die Frau leid; deshalb überlegte sie, wie sie ihr helfen könnte. – Da mischte sich vom anderen Tisch her die Büroleiterin in barschem Ton ein: »Das geht auf gar keinen Fall; das muß erst überprüft werden und das ist nicht vor morgen möglich. Wir können hier keine Ausnahmen machen, sondern müssen uns an die Vorschriften halten; wo kämen wir denn sonst hin. Es steht Ihnen nicht zu, hier eine Sonderregelung zu machen.« – Die Angestellte hätte gern etwas erwidert, aber sie traute sich nicht zu widersprechen und sah die Mutter mit ihrem Kind bedrückt abziehen.

Im nachhinein begründete die Angestellte ihre Angst damit, bei einem Widerspruch in der Bürogruppe nicht mehr akzeptiert zu werden; sie könnte ohnmächtig dastehen, unfähig zum Argumentieren und letztlich unterlegen. Sie meinte, sie sei »nicht gut genug«, um sich Widerspruch leisten zu können.

Aber die Scham über ihr untertäniges Verhalten verfolgte sie weiter; ebenso der Ärger über die bürokratische Regelung und die Angst vor der machtbehauptenden Büroleiterin: Warum habe ich nicht widersprochen und meinen Vorschlag dargelegt? Weshalb ließ ich die wehrlose Antragstellerin im Stich? Und wieso lasse ich mich eigentlich vor den anderen Kolleginnen von der Vorgesetzten so abkanzeln? – Jedesmal begann ihr Herz zu klopfen, wenn sie sich mit dem Vorfall innerlich beschäftigte. Sie empfand, sich selbst untreu geworden zu sein.

Nachdem sie in der Situation keinen Mut aufbrachte, wollte sie ihn wenigstens im nachhinein wagen. Die Frau konnte nicht aggressiv sein und hatte Angst vor der Aggressivität anderer. Deshalb nahm sie sich vor, nicht anzugreifen und anzuklagen, sie wollte sich einfach erkennen lassen. – Also begann sie das Gespräch nicht mit Vorwürfen, weshalb die Leiterin sie so demütigend behandelt hatte, sondern erzählte, daß ihr der Vorfall von letzter Woche immer noch durch den Kopf gehe, daß es ihr schwer falle, darüber zu reden, es aber doch tun wolle; daß sie auch im nachhinein nicht verstehe, weshalb sie der Kundin nicht hatte entgegenkommen dürfen und dergleichen mehr. Die Büroleiterin war zunächst verunsichert durch die Offenheit ihrer Kollegin und meinte: Sie hätte da wohl einen schlechten Tag gehabt. Aber es täte ihr jetzt leid, daß sie die Mitarbeiterin so ungut zurechtgewiesen habe. Es kam zu einem kurzen Gespräch, nach dem die Angestellte erleichtert war.

Was war geschehen? – Durch die nichtverletzende Auseinandersetzung konnte die Büroleiterin ihr Gesicht wahren, aber gleichzeitig die Kritik der Angestellten hinnehmen. Der Angestellten war im zweiten Anlauf das Maß an Zivilcourage geglückt, das sie gern aufgebracht hätte. Ihr Selbstgefühl stimmte wieder, weil sie so handelte, wie sie es nach ihren Wertvorstellungen für das Rechte hielt. – Aber es kamen auch innerhalb der Bürogruppe Gespräche in Gang: über die Art, wie sie in der Abteilung miteinander umgehen. Das brachte mehr Offenheit und wechselseitige Aufmerksamkeit in die kollegiale Arbeitssituation. Mißtrauen und gegenseitiger Argwohn wurden vermindert, ebenso die Angst davor, sich offen auszusprechen.

Was half der Angestellten dabei, trotz der Furcht ihre Identität zu wahren und mutig zu sein?

– Sie schluckte den Ärger nicht hinunter, sondern blieb in der Beziehung mit ihrer Vorgesetzten.

– Sie konnte ihre Angst nicht überwinden, aber riskierte die Auseinandersetzung mit ihrer Angst.

– Die Scham über ihr gehorsamsbereites Verhalten wischte sie nicht beiseite. Das Beschämtsein zeigte ihr, daß sie in Gefahr war, eigene Wertvorstellungen und Ich-Ideale aufzugeben. Das trieb sie dazu, ihr Verhalten zu korrigieren.

– Sie klärte für sich die Frage, was denn nach ihrem Verständnis in dieser Konfliktsituation ein »anständiges« Verhalten wäre. Und es half ihr der feste Wunsch, den Konflikt gewaltfrei auszutragen.

Vorbilder stärken den eigenen Mut

Diese Frau bemüht sich, den »großen Mut zu kleinen Taten« zu lernen. An Vorbildern für Zivilcourage können wir die eigene Standhaftigkeit stärken. Der russische Atomwissenschaftler Wladimir Tschernousenko[5] zum Beispiel, tritt öffentlich für die Wahrheit über die zerstörerische Atomenergie ein. Er verlor dadurch seine Stellung und fühlt sich dennoch frei. Tschernousenko war wissenschaftlicher Leiter der Aufräumarbeiten nach der Atomkatastrophe in Tschernobyl. Der Nuklearphysiker erstellte einen genauen Bericht über die Tausende von Menschenleben, die der Reaktorunfall gefordert hat, über Hunderttausende, die den tödlichen Strahlenfeldern ausgesetzt waren und in den langsamen Strahlentod geschickt wurden. Er berichtete auch darüber, daß nicht nur Menschen sterben, sondern auch die Natur stirbt, und er schrieb über die Zerstörung des genetischen Erbgutes.

Die Regierung weigerte sich, seine Ergebnisse bekanntzugeben. Der Wissenschaftler steht jedoch öffentlich zu seiner Überzeugung, die Atomkraft sei keine akzeptable Energiequelle. Vielmehr hält er sie für die gefährlichste Umweltbedrohung unserer Zeit. Wegen seiner zivilcouragierten Äußerungen wurde er aus dem Institut für Theoretische Physik in Kiew entlassen. Da der Fünfzigjährige selbst strahlenverseucht ist, wird er vermutlich nur noch wenige Jahre leben. Diese Jahre widmet er der Aufgabe, Menschen über die lebensgefährliche Bedrohung durch die atomare Energie aufzuklären.

Zu diesem Zweck zeigt der von der Strahlenkrankheit gezeichnete Atomphysiker in Vorträgen, Filmen und Büchern auf, daß sich die Menschheit mit der Atomenergie einer gefährlichen, noch nie dagewesenen Situation aussetzt. Er entlarvt den Betrug der Atomindustrie: daß ohne Atomkraft »die Lichter ausgingen«, daß die Nuklearenergie eine »saubere« Energie, daß sie »billig« und wirtschaftlich sei. Er benennt die Lügen, daß atomare Energieerzeugung »sicher« und die »Energie der Zukunft« sei, zumal die Plutoniumvorräte der Erde in wenigen Jahren zu Ende gingen. Der Wissenschaftler zeigt gleichzeitig mit genauer Sachkenntnis die Alternativen auf: als deren wichtigste, die Sonnenenergie.

Zivilcouragierter Einspruch bringt nicht immer Erfolg – schon gar nicht rasch. Dennoch konnten Menschen durch Bürgermut etwas bewirken. Sie sagten laut, was andere nicht sagen konnten oder nicht auszusprechen wagten – und schafften damit die Chance zur Veränderung. – Wirkungsvoll war die Bewegung »von unten« im Streit um die Atomkraft: »Daß die falsche Hoffnung ›Atomenergie‹ in weiten Teilen der Bevölkerung aufgebrochen werden konnte, ist der Sachkenntnis vieler engagierter Menschen zu verdanken. Sie hoben in harten gesellschaftlichen Auseinandersetzungen die Verschleierung über die wirklichen Interessen an der Atomenergie auf.«[6] Die Anti-Atomkraft-Bewegung war teilweise erfolgreich, weil sich Bürgerinnen und Bürger sachverständig machten und viele Menschen über Jahre hinweg phantasievoll und aufklärerisch gegen die lebensgefährdende Energieform protestierten, demonstrierten und blockierten.

In unserer Gesellschaft dürfen Bürger ihre Meinung frei äußern; das ist ihnen im Grundgesetz verbürgt. Nicht per Gesetz gegeben werden kann ihnen der Mut, das demokratische Grundrecht zu *beanspruchen*.

Mutig-Sein macht Angst – Der Verlust der Geborgenheit

Menschen mit Zivilcourage wollen etwas bewirken. Ihre Energie ist darauf gerichtet, in ihrer Umgebung mehr Menschlichkeit zu ermöglichen und die Gesellschaft zu verändern. Dabei hilft ihnen das Vertrauen in eigene Fähigkeiten – ihr Selbst-Bewußtsein. Sie lassen sich in ihrem Handeln von Werten leiten, die ihnen etwas bedeuten, und treten für ihre Überzeugung öffentlich ein. Dazu müssen sie oft den Schutz der gewohnten Umgebung aufgeben; dann nämlich, wenn die Menschen in ihrem Umfeld anders denken. Dieser drohende Bruch mit Kollegen, Mitbewohnern, Bekannten und Verwandten macht Angst.

Manche unterschreiben zum Beispiel eine Resolution nicht, weil sie Ärger mit ihrem Vorgesetzten befürchten. Viele scheuen sich davor, durch ihre Unterschrift in eine »bestimmte Ecke« gestellt und isoliert zu werden. Das folgende Beispiel veranschaulicht das; es zeigt gleichzeitig den Versuch, die Furcht zu überwinden. – Im Zusammenhang mit einer Flugblattaktion gegen atomare Energie sammelte ich an der Universität Unterschriften. Von einem Kollegen wußte ich, daß er in der Anti-Atombewegung engagiert war. Deshalb war ich verwundert, als er mir schrieb: »Ich bin mit dem Inhalt Ihres Flugblattes einverstanden. Aber ich hätte gern, daß wenigstens ein kleiner Teil des angesprochenen Personenkreises das Flugblatt unterzeichnet. Ich kann nur unterschreiben, wenn hundert Namen auf der Liste stehen. Unter dieser Bedingung schließe ich mich der Aussage des Flugblattes an.«

Der Professor fürchtete sich davor, mit seinem Denken von der Mehrheit der anderen Hochschullehrer abzuweichen. Diese Furcht war stärker als der gleichzeitige Wunsch, sich erkennen zu lassen. Ihn ängstigte die Gefahr, er könnte sich durch die Unterschrift zu weit vom Kollegium entfernen. Er akzeptierte seine Besorgnis und fand den Mut, seine Angst der eigenen Gruppe gegenüber zu äußern. Dabei drückte er den Wunsch nach einer größeren Zahl von Unterstützern der Unterschriftenaktion aus. Er milderte die Angst, isoliert zu werden, indem er sich eine zahlenmäßig nicht zu kleine Bezugsgruppe sicherte; so rettete er seine Zivilcourage.

Bürgermut ist auch deshalb so selten, weil man den Verlust der Geborgenheit im gewohnten Umfeld riskiert und den Schutz der mächtigen Vorgesetzten. – So beobachtet man unter Beamten besonders wenig zivilen Mut. Der Staat belohnt sie dafür, daß sie gehorsam ihre Pflicht tun. Weil sie gut versorgt werden, haben sie Unruhe zu vermeiden. Viele Beamte meinen, sie können sich Kritik gegenüber Vorgesetzten nicht leisten, ohne Nachteile zu erfahren. Tatsächlich kann ihnen kaum etwas geschehen, wenn sie einmal verbeamtet sind. Bis dahin haben sie sich allerdings einem Anpassungsprozeß zu unterwerfen, an dessen Ende manche so mit dem System verschmolzen sind, daß sie dessen Mängel nicht mehr bemerken.

Unter Politikern findet man Zivilcourage selten. Um in der Partei Karriere zu machen, unterwerfen sie sich der Parteidisziplin. Dabei opfern sie Prinzipien, die ihnen ihr politisches Gewissen nahelegen würde. Die Anpassung an Parteinormen kann so groß sein, daß der Gedanke an Widerspruch nicht mehr aufkommt. Selbst bei eigenständigen Politikern schwindet der Mut zur Kritik am Vorsitzenden, wenn Gefahr droht, etwas von der eigenen Macht einzubüßen und isoliert zu werden.

Hans Apel, politisch jahrzehntelang als Abgeordneter, Minister und in vielen Ämtern aktiv, sieht das so: Der Abgeordnete »lernt, das zu wollen, was von ihm erwartet wird. Fraktions- und Parteidisziplin werden so verinnerlicht, daß sie zu einem Wert an sich werden. Das Element von Belohnung bei Wohlverhalten und Bestrafung bei Ungehorsam wird von den Fraktionen wirksam eingesetzt. Die Fraktionsführung hat entscheidenden Einfluß darauf, ob es für die von Natur aus ehrgeizigen Abgeordneten eine politisch-parlamentarische Karriere gibt.«[7]

So kommt es zu unreflektierter Anpassung und zum »Herbeten der politischen Beschwörungsformeln des eigenen Lagers«. – Für die demokratische Entwicklung der Bürger wirkt sich die anpasserische Haltung von Parlamentariern nachteilig aus; denn besonders die jungen Menschen brauchen Leitbilder für selbstverantwortliches politisch-moralisches Handeln.

Auch im Hinblick auf Wahlen stellen Abgeordnete oft Gewissensfreiheit und mutige Regungen zurück. Auf der einen Seite müssen sie sich dem Willen der Partei anpassen; auf der anderen dürfen sie die Gunst der Wähler nicht verlieren. So verleugnen sie eigene Einsichten und Überzeugungen, wenn diese nicht »mehrheitsfähig« sind. Mehrheitsfähigkeit steht dann über der Moral. – Viele Politiker sind nicht nur gegenüber der Fraktion, den Parteiführern und Parteifreunden folgsam, sondern auch gegenüber Interessenverbänden. Manchmal werden sie für Wirtschaftsmächte gar käuflich, wie die Korruptionsaffären belegen. In diesen Skandalen zeigt sich, wie durch Abhängigkeiten, Vorteilsnahme oder Bestechung gesellschaftliche Normen oder moralische Grundsätze außer Kraft gesetzt werden, wenn das der Partei oder dem einzelnen Politiker von Nutzen ist. Die Beobachtung unredlichen Verhaltens bei Politikern müßte für die Bürger ein Grund sein, sich mit ihren Interessen mutig einzumischen – auch wenn die Furcht vor dem zeitweiligen Allein-Sein groß ist.

Meine persönliche Unsicherheit darüber, wie standfest ich in Zivilcourage-Situationen sein kann, verfolgte mich gelegentlich bis in den Traum. Zum Beispiel als ich zusammen mit meiner Frau in einer Friedensgruppe nahe des Raketenstandorts Mutlangen an einer gewaltfreien Sitzdemonstration teilgenommen hatte. Wir hatten uns auf die Straße gesetzt, um Militärfahrzeuge mit Atomraketen am Weiterfahren zu hindern. Ich tat dies aus Protest gegen die Selbstverständlichkeit, mit der die atomare Menschenvernichtung vorbereitet wird. – Bei dieser gewaltfreien Aktion wurde ich von zwei Polizisten festgenommen, mehrmals fotografiert, im vergitterten Polizeiauto zur Polizeistation gefahren, erkennungsdienstlich behandelt und vernommen; das ängstigte mich sehr.

In der Nacht träumte ich: Ich stand an einem ruhigen See. Plötzlich erhob sich eine riesige Welle und schwappte auf mich nieder. Ich geriet in Angst und hielt mich am Pfeiler eines Wehrs fest. Solche Staumauern kannte ich aus meiner Kindheit an der Isar. Noch ein zweites Mal stürzte eine Welle auf mich herab, und ich fühlte mich bedroht. Ich konnte mich wiederum festhalten und wachte erschrocken und schwitzend auf. – Mir schien der Traum wie eine Aufforderung, die Angst zu sehen und zu bearbeiten, sowie darauf achtzugeben, wieviel ich aushalten kann, um nicht umgeworfen zu werden. Zudem verstand ich den Traum als Herausforderung: Wieviel *will* ich aushalten, um meine Selbstachtung zu wahren?

Was gibt Halt? – Standhaftigkeit durch humane Wertvorstellungen und Ideale

Angst ist notwendig, um Gefahren und die eigene Überforderung zu bemerken. Aber Angst kann auch dazu verleiten, den politisch-moralischen Einspruch frühzeitig aufzugeben. Wer feststellt: »Ich kann ja doch nichts tun«, begreift nicht, daß er ein Teil des Systems ist. Er äußert zwar Vorbehalte gegen die »herrschenden« Verhältnisse, aber fürchtet gleichzeitig, deren Annehmlichkeiten zu verlieren. Daß die eigene Passivität zu den gesellschaftlichen Mißständen beiträgt, wird verleugnet. Diese passive Haltung von Bürgerinnen und Bürgern macht das politische System zur Zuschauerdemokratie.

Aus der Mitläufer-Haltung herauszutreten erfordert nicht nur Mut, sondern auch Sachkenntnis. Diese ist eine Voraussetzung für öffentliche Mitsprache. Auf der einen Seite muß den Bürgern Information in verstehbarer Weise offen zugänglich gemacht werden. Auf der anderen Seite müssen Bürger diese Information fordern und sich selbst beschaffen. Nur wer informiert ist, kann seine Haltung verändern, kann tätig werden und mitentscheiden. Die Fähigkeit, sich sachkundig zu beteiligen, vermindert gleichzeitig die Angst vor der Einmischung. Wer den Zuschauerstandpunkt verläßt, kann verändernd eingreifen. Indem er sich einmischt, unterstützt er nicht nur gesellschaftliche Prozesse und die fortwährende Erneuerung des demokratischen Rechtsstaats, sondern trägt auch zur eigenen Lebendigkeit bei; denn gesellschaftliches Engagement wirkt gegen Resignation und gegen Gefühle der Sinnlosigkeit. Aber wie kommt es zu diesem Engagement?

Bei Menschen, die Bürgermut wagen, bestimmt nicht nur der unmittelbare Nutzen das Handeln, sondern der *Sinn*, den sie ihrem Engagement verleihen. Diese Sinngebung ist bedeutsam, um die Einsamkeit zu ertragen, die mit zivilcouragierter Mitsprache verbunden ist. Nur wer ein bestimmtes Maß von Allein-Sein auf sich nehmen kann, läßt sich nicht unablässig durch den Zwang zur Anpassung gefangen halten. Was den einzelnen in der ängstigenden Situation aufrecht hält, ist individuell verschieden. Das Haltgebende kann in Idealen und Vorbildern bestehen, in menschlichen Beziehungen, in humanen Wertvorstellungen, in religiöser Bindung.

Für eine Untersuchung über zivilen Mut führte ich tiefenpsychologisch orientierte Gespräche mit couragierten Menschen. Es zeigte sich, daß die Befragten stark von sittlichen Wertvorstellungen erfüllt waren: von dem Wunsch, »das Rechte zu tun«. Sie hatten Ideale, mit denen sie sich auseinandersetzen und denen sie sich in ihrem praktischen Handeln annähern wollten. Es gab Tugenden, die für sie etwas bedeuten, zum Beispiel Gerechtigkeit, Solidarität, Hilfsbereitschaft, Frieden, Wahrhaftigkeit, Freiheit, Unabhängigkeit. Solche Tugenden galten für sie nicht nur theoretisch, sondern leiteten das praktische Tun. Viele dieser Menschen besaßen die Eigenschaft, fähig zum Mitleiden zu sein: sich in Menschen hineinzuversetzen, die in Not sind und der Hilfe bedürfen. Sie äußerten das Gefühl, mitschuldig zu sein an gesellschaftlichen Mißständen und deshalb etwas dagegen tun zu wollen.

Bei anderen spielte die Angst vor realen Gefahren als Leitmotiv eine Rolle; ihnen verlieh diese Angst die Kraft, etwas verändern zu wollen. Ein Teil der befragten mutigen Personen waren eher »Pessimisten« und sahen die Zukunft düster. Aber gerade aus diesem Pessimismus heraus verhielten sie sich verantwortungsbewußt und politisch interessiert. Ihre Besorgnis machte sie bereit, sich konstruktiv zu engagieren.

Mich interessierte in den Gesprächen, ob es in der Kindheit der Befragten Gemeinsamkeiten gab, die grundlegend für späteren Mut sein könnten. Hier zeigte sich, daß die Entwicklungen unterschiedlich verlaufen sind. Während sich die einen stark mit den Eltern identifizierten, wurden andere im Protest gegen die Eltern stark – und oft war es ein Gemisch von beiden. Viele, aber durchaus nicht alle, die später Zivilcourage zeigten, erlebten als Kinder Geborgenheit und Vertrauen. Sie wurden ermutigt, eigenständig zu handeln, etwas auszuprobieren, und durften dabei auch Fehler machen. So konnten die Heranwachsenden ihrer selbst sicher werden. Sie bekamen Spiel-Raum und Anregung für spontane Aktivität. Neugieriges Fragen, eigenes Denken und eigene Meinung wurden akzeptiert. Die Kinder erfuhren: Ich werde gehört, ich werde ernst genommen.

Eine Übereinstimmung trat am deutlichsten zutage: In vielen Familien zivilcouragierter Menschen spielten *Werte* eine besondere Rolle. Es gab Ziele und Tugenden, die für alle etwas bedeuteten, zum Beispiel Nächstenliebe, Mitleid, Liebe zur Natur, Fürsorge für andere, Ehrlichkeit. Dabei ging es nicht um Verhaltensregeln wie etwa: »Man lügt nicht!« – Vielmehr setzte sich die Familie bewußt damit auseinander, was Wahrhaftigkeit für die eigene Person und in der Beziehung zu anderen bedeutet.

»Nicht um acht Millionen verkaufe ich meine Überzeugung«

Frau Hannelore Kraus zum Beispiel verhinderte in Frankfurt mit Bürgermut den Bau des höchsten Wolkenkratzers Europas. Sie wollte ihr Stadtviertel nicht zerstören lassen. Deshalb gründete sie eine Bürgerinitiative und verweigerte als Nachbarin des 264 Meter hohen Bauvorhabens ihre Zustimmung. Auch als man ihr zunächst drei und später acht Millionen Mark für ihre Unterschrift bot und Behörden wie Bauherren sie fortgesetzt bedrängten und bedrohten, widersetzte sie sich. – Ist so jemand in unserer Gesellschaft nicht ein Sonderling? Oder hat die Frau bereits so viele Millionen, daß sie keiner weiteren bedarf? Will sie sich nur hervortun? Oder hat sie einen Gerechtigkeitswahn? Schlägt sie das Achtmillionengeschenk vielleicht aus, weil sie psychisch krank ist? Leidet sie unter neurotischem Altruismus? Ist sie eine Querulantin? – Solche Verdächtigungen hörte ich in meiner Umgebung, als ich erzählte, daß ich nach Frankfurt fahre, um sie zu befragen.

Nichts von alledem traf zu: Ich treffe eine lebendige Frau mittleren Alters, spontan im Kontakt, weit gereist und gebildet, mit Universitätsstudium und Promotion in Politischer Wissenschaft, früher engagiert in der Entwicklungshilfe, jetzt Inhaberin einer Fremdenpension mit interessanten Gästen aus der ganzen Welt. – Bei ihrem Widerstand gegen das monströse Bauvorhaben ging es ihr ausschließlich darum, ein altes Frankfurter Arbeiterviertel zu erhalten. Sie fühlt sich den Menschen, die dort wohnen, verbunden. Ihr Widerstand gilt dem kommerziellen Denken, das an Geld und nicht an menschlichen Lebenswerten orientiert ist.

Ich fragte Frau Kraus nach ihrer Kindheit und danach, ob ihre standhafte Haltung etwas mit Erfahrungen aus ihrer Lebensgeschichte zu tun habe. »Stets das Rechte zu tun« hätte bei ihr zu Hause als Leitsatz gegolten, berichtete sie und erzählte eine von vielen Geschichten, die in der Familie als typisch galten.

Ihr Großvater war Werkmeister in einem großen Betrieb. Ein Kunde wollte gegen die Firma prozessieren, weil diese beim Bau einer Feuerungsanlage einen Fehler gemacht habe. Der Direktor beauftragte den Großvater, die Anlage zu untersuchen. Dieser entdeckte, daß tatsächlich etwas falsch berechnet worden war, was die Firma zu verantworten hatte. Als er diese Erkenntnis seinem Arbeitgeber mitteilte, beschwor ihn dieser, die fehlerhafte Arbeit nicht aufzudecken, sondern zu verschweigen. Der Großvater weigerte sich, weil das »nicht anständig« sei. Daraufhin drohte man ihm mit Entlassung. Dies war bei einer Familie mit sieben Kindern während der Welt-

wirtschaftskrise eine existentielle Gefährdung. Doch der Großvater ließ sich nicht davon abbringen, zur Wahrheit zu stehen. –
In der Familie wurde das als vorbildlich angesehen; sie war stolz
auf diesen Großvater.

Es handelte sich um eine Situation, in der es oft heißt: »Da
wärst du schön dumm, wenn du . . .« Oder: »Da verbrennst du dir
nur die Finger.« Oder: »Misch dich lieber nicht ein.« Oder:
»Weshalb solltest ausgerechnet du den Kopf hinhalten?« Oder:
»Da kannst du ja doch nichts ausrichten.« – Frau Kraus erzählte
noch mehr solcher Erfahrungen, die sie von Kindheit an in ihrem
wertgerichteten Handeln bestärkten. Deshalb ließ sie sich durch
das Achtmillionenangebot in ihrer Werthaltung nicht unsicher
machen – und die ganze Familie stand hinter ihr.

Immer wieder waren es sittliche Werte, die mutigen Menschen als Motiv für ihre öffentliche Einmischung galten. Wert-
haltungen in der Familie konnten sich auf unterschiedliche
Lebensbereiche beziehen. Bei der vierundzwanzigjährigen An-
nemarie P., einer couragierten *Greenpeace*-Mitarbeiterin, war
der achtungsvolle Umgang mit der Natur ein Leitmotiv. Ihre
Eltern regten sie früh an, Pflanzen und Tiere aufmerksam wahrzunehmen und behutsam mit ihnen umzugehen. Dadurch wuchs
in ihr nicht nur Interesse, sondern auch »Ehrfurcht vor der Natur«. Sie beschäftigte sich mit den Schriften Albert Schweitzers.
Als sie zunehmend erkannte, wie die Lebenswelt zerstört
wurde, galt ihr ganzes Streben dem Schutz der Natur. Obwohl
sie ein eher zurückhaltender Mensch ist, setzt sie sich, gehalten
von ihrer inneren Überzeugung, mit Zivilcourage für Umweltinitiativen ein.

Beide Bürgerinnen wagten jeweils den Schritt aus der Privatheit ihrer Wertvorstellungen heraus in das Öffentlich-Politi-
sche. Sie versuchten ihre Wertvorstellungen konsequent in den
Alltag umzusetzen. Gleichzeitig verloren sie jedoch die gesellschaftlichen Rahmenbedingungen nicht aus dem Blick und
mischten sich politisch ein. Sie verknüpften ihre persönliche
Einstellung mit gesellschaftlichem Engagement; das Persönliche wurde politisch.

Der Schweizer Pfarrer und Lyriker Kurt Marti, dem die Universität Bern wegen seiner politischen Einmischung die Ehrendoktorwürde versagte, zählt Zivilcourage zu den Wundern. In seinem Gedicht »gegen den strom«[8] heißt es:

ist einer

　　　　　nicht schon

auf wasser gegangen?
das macht ihm
keiner nach

jedoch

　　　　　　　daß du

eine nichtschwimmerin
gegen den strom schwimmst
ist kein geringeres wunder

Mitleiden als moralische Kraft – Kindheitserfahrung und bürgermutiges Engagement

Daß Mitleiden die stärkste moralische Kraft ist[9], fand ich immer wieder bestätigt, wenn ich der Frage nachging: Wie schaffen es Menschen, angesichts gesellschaftlicher Mißstände und weltweiter Bedrohungen, nicht in lähmende Resignation zu verfallen? – Es ist ein elementares Mitgefühl, das Menschen dazu ermutigt, sich für humane und ökologische Werte einzusetzen. Die Fähigkeit zum Mitleiden zählt zu den menschlichsten unserer Anlagen. Sie mobilisiert Kräfte zum Helfen und zum Widerstand.

Inwieweit jemand Mitgefühl entwickeln und Zivilcourage wagen kann, hängt immer auch mit seinen Kindheitserfahrungen zusammen. Mutig und mitfühlend werden kann,
– wer als Kind in seinem persönlichen Sein angenommen wurde,
– wer mit seinen Gefühlen – auch denen von Zorn, Ärger, Angst, Neid, Wut – akzeptiert wurde,
– wer Eigen-Sinn und Eigen-Bewegung entwickeln konnte,
– wer die Erfahrung machte, daß er Lebensereignisse durch eigene Aktivität mitgestalten kann,

- wer darin unterstützt wurde, Widerstände zu überwinden.
- wer nicht nur lernte zu gehorchen, sondern auch ungehorsam zu sein,
- wer sittliche Werte nicht nur gesagt bekam, sondern erfahren und verinnerlichen konnte.

Aber auch negative Erfahrungen können zum Mut führen, sich öffentlich für Freiheit einzusetzen. Der neunundzwanzigjährige Bernhard A. arbeitete aktiv bei der Gefangenen-Hilfsorganisation *amnesty international* mit. Der Wunsch, sich politisch einzusetzen, entsprang der Einfühlung in die Situation von Unterdrückten und Eingesperrten. In seinem anteilnehmenden Engagement für zu Unrecht verurteilte politische Strafgefangene konnte der Jugendliche Gefühle wiederbeleben, die mit seiner Beziehung zum Vater zusammenhingen. Dieser war streng und machtbehauptend. Der Junge bekam wegen geringfügiger Vergehen Hausarrest. Sein Vater überwachte ihn und zwang ihn unter seine Autorität.

Selbst als der Sohn erwachsen war, versuchte der Vater ihm seinen Willen aufzuzwingen und ihn abhängig zu machen. Der Eigenwille des Heranwachsenden konnte jedoch nicht gebrochen werden. Das hing auch damit zusammen, daß der Jugendliche Vorbilder fand, denen er nacheiferte, und daß er in einer Gruppe anderer junger Leute Halt fand. Bei den Initiativen für *amnesty international* erlebte er es als beglückend, sich anteilnehmend für politisch Verfolgte einzusetzen. In der Arbeit für die Unterdrückten konnte er sich gleichzeitig von der Autorität des gewalttätigen Vaters befreien; er übte sich im Widerspruch gegen die Mächtigen.

Politisch-moralischer Einspruch ist eng verbunden mit Motiven des eigenen Charakters und der persönlichen Problematik. »Die Aktivierung kindlicher und frühkindlicher Konflikte durch politisches Engagement ist ein normaler Vorgang bei gesunden Personen, vielleicht ein Geschehen, das darüber entscheidet, ob es überhaupt zu einer gefühlsgetragenen Anteilnahme an öffentlichen Dingen, zu einem politischen Engagement kommt. Dort, wo normale Personen am heftigsten am Schicksal der Umwelt teilhaben, wo sie am wenigsten egoistisch sind, wo sie für die Freiheit und Unabhängigkeit bangen, hoffen und kämpfen, sind die Grundkonflikte ihrer Psyche am stärksten beteiligt, wiederholen sie ihr persönlichstes individuelles Schicksal.[10]

Mitleiden als moralische Kraft zu entwickeln, ist in unserer Gesellschaft nicht leicht, weil sie vom Machtprinzip geprägt ist und nicht vom Prinzip sympathischer Verbundenheit. Im Denken vieler Bürgerinnen und Bürger geht es um Überlegenheit oder Unterlegenheit, um Erfolg oder Mißerfolg. Zum Wesen der Zivilcourage gehört, daß durch sie etwas verändert werden soll; aber sie fragt nicht von vornherein nach dem Erfolg. Mutig zu handeln ist ausschließlich an den Werten ausgerichtet, für die es sich einzutreten lohnt. Daß die Einmischung an der »herrschenden« Realität scheitern kann, wird bewußt einbedacht.

Dorothee Sölle schreibt dazu: Es gibt Situationen, wo wir nicht nach dem Erfolg fragen dürfen, weil uns diese Frage sonst kaputt macht. Wenn wir die Frage nach dem Erfolg zur herrschenden Frage machen, dann haben wir uns schon an das System verraten. »Natürlich gibt es die Erfahrung der Ohnmacht, aber sie darf einen nicht lähmen. Zivilcourage hat mit Selbstachtung, mit der Selbstbehauptung menschlicher Würde zu tun. Und das kommt *vor* dem Erfolg.«[11]

Indem wir durch Zivilcourage an unseren Wertvorstellungen festhalten, erfahren wir persönliche Freiheit. Dazu müssen wir einen Lernprozeß riskieren, der uns zunehmend mutiger macht. Was zu diesem Lernprozeß gehört, wird in den folgenden Abschnitten und Kapiteln erörtert.

Üben, sich einzumischen

Jede Tugend können wir üben – auch den Mut, sich öffentlich einzumischen. Wenn wir unseren Ängstlichkeiten nachgeben, machen wir uns stumm. Nehmen wir uns hingegen vor, nicht zu schweigen, machen wir uns mündig. Nicht zu schweigen in Alltagssituationen:

wenn negative Vorurteile über andere verbreitet werden,
wenn der Vorgesetzte einen Kollegen demütigt,
wenn Passanten belästigt werden,
wenn Schwache benachteiligt werden,
wenn ein Autofahrer seinen Motor bei geschlossener Bahnschranke nicht abschaltet,
wenn ein Erwachsener ein Kind demütigt,
wenn in einer Gruppe über Abwesende herabsetzend geredet wird,
wenn ein Tier gequält wird,
wenn jemand wegen seines Aussehens verspottet wird,
wenn eine Lehrerin einen Schüler bloßstellt,
wenn Andersdenkende beleidigt werden,
wenn jemand ungerecht behandelt wird,
wenn Übelstände sichtbar werden,
wenn Ausländer schlecht gemacht werden,
wenn andere eine andere, vielleicht auch gegensätzliche politische Meinung äußern ...

Wer sich mutig zu erkennen gibt, muß allerdings mit persönlichen Folgen rechnen, auch in vergleichsweise harmlosen Situationen.

Er bringt sich zeitweilig um seine Ruhe,
er setzt innerhalb spezieller Gruppen seinen Ruf aufs Spiel,
er riskiert, die Zuneigung bestimmter Leute zu verlieren,
er zieht die Empörung anderer Menschen auf sich,
er verliert womöglich die Achtung bei Mitbürgern, die anders denken,
er gefährdet seine Karriere,
er wird vielleicht benachteiligt.

Es ist wichtig, sich mit der Frage auseinanderzusetzen, wieviel man ertragen kann, ohne sich zu überfordern und sich damit zu entmutigen. Im folgenden Beispiel mußte durch öffentliche Einmischung objektiv nicht viel aufs Spiel gesetzt werden. Und dennoch wagte die einundfünfzigjährige Hausfrau Elsbeth O. ihren persönlichen Widerspruch nicht, obwohl sie gern ihre Meinung ausgedrückt hätte. Sie brachte folgende Angstsituation in ein Gesprächsseminar über Zivilcourage ein:

»Ich betrat ein Lebensmittelgeschäft unseres Stadtviertels; dort kaufe ich öfter ein und bin als Kundin bekannt. Einige Frauen standen vor mir. Deutlich als Ausländerin erkennbar, wartete etwas abseits stehend eine türkische Frau; dahinter stand ein ausländischer Arbeiter, der sich für die Arbeitspause eine Brotzeit kaufen wollte. Da begann eine der Frauen laut über Ausländer zu schimpfen: Was für ein Pack das wäre, wie dreckig diese Kanaken seien, wieviel Verbrechen sie begingen, daß sie uns Arbeitsplätze und Wohnungen wegnähmen. Sie erntete schweigende, zum Teil auch lautstarke Zustimmung, es erfolgte kein Widerspruch. Die beiden Ausländer sagten nichts. – Ich war empört über die Beleidigungen, zumal ich gerade eine Reihe guter Erfahrungen mit ausländischen Menschen gemacht hatte. Innerlich war ich wütend und entsetzt. Aber ich traute mich nichts zu sagen, obwohl ich so gern etwas entgegnet hätte. Vor lauter Angst brachte ich kein Wort heraus. Jetzt schäme ich mich wegen meines Verhaltens und möchte gern lernen, wie ich das nächste Mal mutiger sein könnte.«

Im Gruppengespräch überlegten wir:
  Wie geht es mir in vergleichbaren Situationen?
  Was hindert mich daran, meine Meinung zu sagen?
  Welche Ängste kommen in mir auf?
  Was könnte mir helfen, mich den Ängsten zu stellen, aber mich ihnen nicht auszuliefern?
  Wie könnte ich dem inneren Wunsch folgen, meine Meinung öffentlich zu sagen?
Die Gesprächsgruppe trug gemeinsam mit der berichtenden Teilnehmerin die Ängste zusammen, die es in der ausländerfeindlichen Szene erschweren, öffentlich zu widersprechen:
  Ich habe Angst, mit meiner Bemerkung nicht gut anzukommen ...
  Ich könnte als Verlierer aus dem Laden schleichen ...
  Ich befürchte, nicht mehr in den Laden gehen zu können, weil ich mich blamiert habe ...
  Ich könnte zu wenig sachliche Argumente anführen ...
  Die anderen mögen mich nicht mehr ...
  Ich befürchte, ich könnte emotional reagieren, anstatt argumentativ ...

Es ängstigt mich, allein gegen den Block der anderen dazustehen und isoliert zu sein ...

Ich könnte in eine Überreaktion geraten: in Beschimpfung,
Wutausbruch, Brüllen, Zuschlagen ...

Es könnte ein Machtkampf entstehen, in dem jeder recht
haben und der Stärkere sein möchte ...

Ich habe Angst, daß ich mich im Grunde genommen genauso
verhalten könnte wie die ausländerfeindlichen Leute, nur
mit umgekehrten Vorzeichen ...

Ich fürchte den öffentlichen Streit: Alle schauen auf mich ...

Wir überlegten in der Gruppe, welche Gegenkräfte wir entwik-
keln können, um solche Ängste auszuhalten. Dabei entdeckten
wir, wie stark sich einzelne unter Leistungsdruck setzen. Für sie
war die Einsicht entlastend, daß Frau O. zunächst nur den Satz
hätte sagen brauchen, der ihr »auf der Zunge lag«: »Ich habe
mit Ausländern gute Erfahrungen gemacht.« – Oder: »Ich
habe ausländische Menschen kennengelernt, die waren freundlich und hilfsbereit.« – Oder: »Ich denke, es ist nicht gerecht,
Ausländer so herabzusetzen.« – Die Erkenntnis, daß wir nicht
immer unwiderlegbar argumentieren können, sondern nur auszudrücken brauchen, was wir meinen oder fühlen, wirkt er-
leichternd. Wir brauchen uns nicht vorzunehmen, andere
gleich zu überzeugen; daraus entsteht leicht ein Überzeugungs-
Machtkampf. Vielmehr teilen wir unsere Überzeugung mit und
lassen es dabei bewenden. – In der geschilderten Angstsituation bedurfte es keiner sachlichen Argumente. Wo wir diese
allerdings brauchen, vermindern wir die Ängste dadurch, daß
wir uns sachkundig machen.

Bei der Angst vor Herabsetzung kann das Bewußtsein helfen: Ich bin nicht verantwortlich dafür, daß andere über das
lästern, was ich sage. Meine Verantwortung hört auf, wenn ich
dem nachgekommen bin, was ich in dieser Situation als das für
mich Richtige ansehe, nämlich zu sagen, was ich denke. –
Angstmindernd wirkt, sich nicht in der Absicht auseinanderzusetzen, die anderen verändern zu müssen. Wir können aber
durch unser Verhalten die Situation verändern und damit der
Beziehung eine Wendung geben. Wir treiben den anderen

nicht mit unserem Tadel von uns fort, sondern versuchen zu verstehen, weshalb er sich so verhält. Durch unsere eigenen Aussagen und Haltungen gelingt es uns womöglich, sein Denken zu beeinflussen.

Gegenkräfte zur Angst

Gegen die Angst, allein dazustehen, hilft Kontaktaufnahme. Frau Elsbeth O. hätte im Lebensmittelgeschäft zu der neben ihr stehenden Kundin sagen können: »Ich finde das verletzend, wie die über Ausländer herziehen …« Womöglich hätte sie eine ähnlich Denkende gefunden und mit der einen Diskurs beginnen können. – Und letztlich ist es in solchen Situationen immer wieder wichtig, sich die eigene Wertorientierung bewußt zu machen, sich darauf zu besinnen: Wofür trete ich jetzt ein und welche Widerwärtigkeiten nehme ich deshalb in Kauf?

Zur Angst, »nicht anzukommen«, gehören Fragen wie: Weshalb ist es mir so wichtig, was andere über mich denken? Und weshalb sollen sie nicht wissen, daß ich es ungerecht finde, Ausländer zu verachten? Warum dürfen sie nicht merken, welche Gedanken ich mir über unser Verhältnis zu Ausländern mache? – Bei der Angst, wir könnten durch eine kritische Bemerkung nicht »ankommen«, hilft uns, daß wir damit vielleicht bei anderen ankommen und neue Kontakte finden. Außerdem schränken wir uns in kindlicher Weise ein, wenn wir erwarten, von denen »geliebt« zu werden, deren Meinung wir selbst nicht akzeptieren.

Gegen die Angst vor Überreaktion – ich schimpfe oder brülle oder bin feindselig – hilft das Bewußtsein, mit diesem von mir abgelehnten affektiven Verhalten die Beziehung nicht abbrechen zu müssen. Wenn mir zum Schimpfen ist, dann schimpfe ich – aber ich habe dann die Möglichkeit, so weiterzumachen, wie es mir vernünftiger erscheint: im Gespräch, in der Argumentation, im nicht-verletzenden Streit. Es geht nicht darum, Gefühle der Ablehnung zu unterdrücken, sondern den Zorn konstruktiv zu machen.

Für die Angst vor der Aggression der anderen ist die wichtigste Gegenkraft, sich nicht von der Aggressivität anstecken zu lassen. Gewalt*freie* Antwort auf gewalttätiges Verhalten führt in der Regel dazu, daß der Konflikt nicht eskaliert. Wenn wir nicht zurückschreien, sondern zurücksprechen, wächst die Chance, miteinander sprechen zu können.

Hilfreich ist, nicht auf sofortigem Erfolg der Einmischung zu bestehen. Es ist wahrscheinlich, daß in den anderen nachwirkt, was ich von mir mitteile – ohne daß das in diesem Augenblick erkennbar wird. Der Satz, den die Frau sagen wollte – »Ich habe gute Erfahrungen mit Ausländern gemacht« –, hätte die Spannung nicht verschärft, sondern vermindert. Vielleicht hätte er dem Gespräch eine Wendung gegeben. – Und muß ich unbedingt als »Sieger« aus der Auseinandersetzung hervorgehen? Wo es am Ende eines Konfliktes Sieger und Verlierer gibt, ist die Konfliktregelung ohnehin mißglückt. Falls ich aber zum »Verlierer« gemacht werde – vielleicht bekommt mir das besser als der Sieg, wenn ich dabei meinem Selbstbild treu geblieben bin?

Frau Elsbeth O. hat sich von einem mitmenschlichen Problem berühren lassen: dem feindlichen Verhalten gegenüber Ausländern. Es war ihr Wunsch, sich künftig in derartigen Situationen solidarisch zu verhalten. – Sie wollte allerdings nicht dabei stehenbleiben, nur auf der individuellen Ebene gegen Unrecht einzuschreiten. Es war ihr klar, daß wir über das hinaus gegen die gesellschaftliche Benachteiligung protestieren müssen, die Ausländern widerfährt: sich für deren Rechte und Gleichbehandlung einzusetzen und für die Verbesserung jener Bedingungen, die für die Ausländerfeindlichkeit ursächlich sind. Das eine ist, die persönliche Lebenspraxis zu verändern; das andere, sich die gesellschaftlichen Zusammenhänge bewußt zu machen und von da aus politisch zu handeln.

Fern-sehenden Auges in die Katastrophe?

Heute bräuchten wir viele Menschen mit zivilem Mut. Sie könnten den globalen Bedrohungen und gesellschaftlichen Ungerechtigkeiten humane Lebensmöglichkeiten entgegensetzen. Es sieht allerdings so aus, als ginge die Erde am Gehorsam ihrer Bewohner zugrunde. Die Mehrzahl stimmt schweigend der Verantwortungslosigkeit zu, mit der die Welt zerstört wird: »Da kann man ja doch nichts machen.« – Mitläufer waren schon oft in der Geschichte Schlüsselfiguren verhängnisvoller politischer Entwicklungen. Sie wollten nichts wissen über die Hintergründe von Ereignissen; die Realität wahrzunehmen hätte ihnen die Ruhe geraubt. Heute sind Umweltgefährdungen, soziale Katastrophen und drohende atomare Gefahren, sei es von Atomanlagen, sei es von Atombomben, deutlich sichtbar:

Atomkatastrophen: Weltweit bedrohen mehr als 400 Atomkraftwerke die Menschen mit einem Reaktorunglück. Nach Berechnungen der Reaktor-Sicherheitskommission wird es mit statistischer Wahrscheinlichkeit zu weiteren Störfällen kommen. Aus den verheerenden Folgen des Unglücks in Tschernobyl, bei dem schätzungsweise zwei Millionen Menschen verstrahlt wurden, werden kaum Konsequenzen gezogen. – Menschen müßten bürgermutig dafür eintreten, die Atomanlagen abzuschaffen und umweltfreundliche Energieformen einzusetzen, wie die Solarenergie. Das Energiepotential der Sonne übersteigt den Welt-Energie-Verbrauch um das 800-fache. Auf diese erneuerbare Energie müßte sich die Forschung konzentrieren.

Kriege: In ihrer überwiegenden Zahl sind Staatsmänner nicht zu intelligenter und gewaltfreier Konfliktlösung fähig. In den letzten fünfzig Jahren tobten rund zweihundert Kriege, in denen mindestens zwanzig Millionen Menschen getötet wurden. – Durch zivilcouragierte Bürgerinnen und Bürger müßten Wege gewaltfreier Konfliktlösung in das Denken und Handeln der Politiker eingehen. Solche Wege sind möglich und lernbar. Die

Themen »Frieden« und »Ökologie« müssen zu Unterrichtsfächern in der Schule werden und zum wichtigsten Thema der Politik.

Menschenvernichtungsmittel: Auch nach dem Ende des kalten Krieges lagert auf der Erde eine gigantische Anzahl von Waffen. Weltweit werden täglich rund vier Milliarden Mark für die Rüstung verschwendet. Deutschland ist einer der größten Rüstungsexporteure der Welt. Alte chemische Waffen werden vernichtet, »wirksamere« produziert. Atomraketen werden abgerüstet und gleichzeitig neue getestet und gebaut. Rund 100 Millionen Anti-Personen-Minen sind in den Feldern von sechzig Ländern versteckt. 20 000 Menschen werden jährlich durch Minenexplosionen verstümmelt oder getötet.[12] – Viele Menschen müßten dafür eintreten, daß die Rüstungsausgaben auf Entwicklungs- und Friedensobjekte umgelenkt werden.

Verpestete Luft: Wegen der verkehrsbedingten Ozonwerte müssen Kinder, Kranke und Alte an schönen Sommertagen Augentränen, Halskratzen, Kopfweh und andere Schmerzen ertragen. Sie sollen sich im Freien nicht körperlich betätigen; aber »freie Bürger« dürfen in ihrer »freien Fahrt« nicht gebremst werden. Kinder werden durch ozonbedingten »Hausarrest« in ihrem existentiellen Bedürfnis nach Bewegung eingeschränkt. Ihr Grundrecht auf Leben und körperliche Unversehrtheit wird mißachtet. – Verantwortungsbewußte Bürgerinnen und Bürger müßten für Tempolimits eintreten, für Fahrverbote in den Ballungszentren und für den Ausbau des öffentlichen Verkehrs.

Verseuchte Flüsse und Meere, sterbende Wälder: Die Weltmeere sind zum Beispiel »durch Atommüll mit einem Strahlenwert von 1000 Millionen Becquerel verseucht. Der strahlende Müll wurde an fünfzig Stellen in die Ozeane gekippt, vor allem vor der europäischen Westküste«.[13] Durch Tankerunfälle fließen pro Jahr über eine Milliarde Tonnen Rohöl ins Meer. – Jeden Tag sind es mehr Bäume, die erkranken; der Waldbestand der Erde nimmt ständig ab, weil wir zu verschwenderisch mit Energie umgehen.

Drohende Klimaveränderung: Die Abgase legen sich wie eine Glocke über die Erde. Sie halten die abgestrahlte Wärme zurück und führen zu höheren Temperaturen mit den gefährlichen Folgen des Treibhauseffekts. Die Ozonschicht verdünnt sich durch Gase wie Fluorkohlenwasserstoff. Dadurch dringen die ultravioletten Strahlen stärker auf die Erde durch und verursachen bei Menschen Hautkrebs und in der Natur Wachstumsstörungen. Obwohl Wissenschaftler seit dreißig Jahren vor der Zerstörung der Ozonschicht warnen, einigen sich die Regierenden nur auf unzureichende Maßnahmen – solange sie nicht mehr Menschen dazu zwingen, entschiedener für die Bewahrung der Erde zu handeln.

Elend, Hungersnot und Arbeitslosigkeit: Abermillionen Menschen sterben weltweit an Hunger. In der südlichen Hemisphäre lebt über eine Milliarde Menschen unter der Armutsgrenze von weniger als 370 Dollar pro Jahr. Auch in den Industrieländern nimmt die Armut inmitten des Wohlstands ständig zu. – Immer mehr Menschen werden arbeitslos und damit in ihrem Selbstwert bedroht, in einer Welt, in der es so viel zu tun gäbe. Dies hängt auch mit rücksichtslosem Profitstreben und mit mangelnder gesellschaftlicher Verantwortung zusammen.

Die Aufzählung müßte lange fortgesetzt werden. Wir *sehen* das alles und könnten dem durch Vernunft und Widerstand Einhalt gebieten. Doch wir rennen womöglich in die Katastrophe – und zwar *fern*-sehenden Auges.

Das Mitläufertum scheint zum eigenen Vorteil zu sein. Weshalb sich durch kritische Einmischung Konflikte schaffen? Sind wir nicht ohnmächtig gegenüber den Umständen, die von Politikern geschaffen werden? Ist es nicht besser, sich nur um das zu kümmern, was innerhalb der eigenen vier Wände geschieht? – Mit solchen Vorwänden verdecken wir die Einsicht, daß uns bald »angehen« kann, was uns noch nichts anzugehen scheint.

Wir lassen uns in die Rolle machtloser Opfer fallen, anstatt zu versuchen, als »Täter« die Situation mitzugestalten.

Angesichts der bedrohten Erde verhalten wir uns, als litten wir an einer schweren Lernstörung. Wir nützen unsere Intelligenz nicht, um die ökologischen, atomaren und sozialen Gefahren abzuwenden. Bürger wählen Politiker, die vor allem an Machtprinzip und Wirtschaftswachstum orientiert sind. Sie wählen zu wenig jene Menschen, die das *Verständigungsprinzip* als »Logik der Rettung« ansehen und die gewaltfreies Handeln und Ehrfurcht vor der Natur zum Leitmotiv machen. – Bertolt Brecht hat die gesellschaftliche Lernstörung in einem Gedicht [14] so beschrieben:

> Sie sägten die Äste ab, auf denen sie saßen
> Und schrieen sich zu ihre Erfahrungen
> Wie man schneller sägen konnte, und fuhren
> Mit Krachen in die Tiefe, und die ihnen zusahen
> Schüttelten die Köpfe beim Sägen und
> Sägten weiter

Die gesellschaftliche Intelligenzhemmung sollte durch die Einsicht überwunden werden: Wir müssen lernen oder untergehen. Zum neuen Lernen gehört, mit Bürgermut gegen die Untergangs-Vorbereitung anzugehen und gewaltfreie Wege aus der Gefahr zu suchen. Dabei dürfen wir uns nicht auf die Politiker verlassen. Das begründet der *Club of Rome* so: »Nur wenige Politiker sind sich der globalen Natur der anstehenden Probleme ausreichend bewußt, und sie haben kaum eine Ahnung von den Wechselwirkungen der Probleme. Die Tätigkeit der politischen Parteien kreist so sehr um Wahltermine und Rivalitäten, daß die Parteien die Demokratie, der sie dienen sollen, damit inzwischen eher schädigen. Die unausgesetzten Streitigkeiten erwecken den Eindruck, daß die Bedürfnisse der Partei höher stehen als die nationalen Interessen. Strategien und Taktiken erscheinen wichtiger als Ziele. – Es scheint, daß in einer zunehmend durch Bürokratien gelähmten Welt Initiativen vermehrt von unabhängigen Gruppen ausgehen müssen.« [15] Dazu brauchen wir zivilcouragierte Bürger.

Zusammenfassung:
Was ist Zivilcourage? – Ein Kind zeigt Bürgermut

Kinder und Jugendliche durchleben Entwicklungsabschnitte, in denen sie natürlicherweise Zivilcourage zeigen. Sie sagen offen, was sie denken, sie äußern ungehemmt Kritik, sie halten an ihren Wertvorstellungen fest. Oft wird ihnen jedoch der öffentliche Mut aberzogen. Sie erfahren, daß »man« vieles nicht offen aussprechen darf, daß ihre spontane Kritik nicht akzeptiert, sondern als ungehörig zurückgewiesen wird. So lernen sie, ihre Spontaneität einzuschränken und sich anzupassen. – Der Lyriker Erich Fried bewies bereits in der ersten Grundschulklasse Bürgermut. Als Sechsjähriger erlebte er 1927 in Wien den »Blutigen Freitag«. Damals griff die Polizei demonstrierende Arbeiter an. Ein Polizist und 86 Arbeiter wurden getötet.

»An dem Tag war meine Mutter zufällig mit mir in die Innere Stadt gegangen und hatte, weil die Straßen seit Anfang des Kampfes nicht mehr passierbar waren, in einem Laden bei Bekannten Zuflucht gefunden. Durch das Schaufenster sah ich Bahren mit Toten und Verwundeten. – Kurz darauf ließ der Schriftsteller Karl Kraus an den Plakatwänden der Stadt große Plakate anschlagen, gerichtet an den Polizeipräsidenten Dr. Schober, der für das Massaker verantwortlich war. ›Ich fordere Sie auf, abzutreten. – Karl Kraus‹, lautete der Text.

Natürlich war der Blutige Freitag, wie man den Tag des Massakers in Wien nannte, wochenlang Gesprächsthema. 1927 war mein erstes Schuljahr. Ich sollte zu Weihnachten im Festsaal unserer Schule ein Weihnachtsgedicht aufsagen. Als ich schon auf der Bühne stand, hörte ich unten jemand sagen: ›Der Herr Polizeipräsident ist auch unter den Gästen.‹ Also trat ich vor, verbeugte mich und sagte in meiner besten Redemanier: ›Meine Damen und Herren! Ich kann leider mein Weihnachtsgedicht nicht aufsagen. Ich habe gerade gehört, Herr Polizeipräsident Doktor Schober ist unter den Festgästen. Ich war am Blutigen Freitag in der Inneren Stadt und habe die Bahren mit Toten und Verwundeten gesehen, und ich kann vor Herrn Doktor Schober kein Gedicht aufsagen.‹ – Nochmals verbeugte ich mich und trat dann zurück. Der Polizeipräsident sprang auf und verließ sofort den Saal. Er oder einer aus seinem Gefolge schlug krachend die Tür zu. Ich trat wieder vor und sagte: ›Jetzt kann ich mein Weihnachtsgedicht aufsagen.‹

Ich deklamierte das Gedicht mit all dem Pathos, das man mir beigebracht hatte. Großer Applaus, ich verbeugte mich noch mehrmals und zog mich dann zurück. Mein Lehrer, Franz Ederer, ein linker Sozialdemokrat, wartete schon auf mich. Er umarmte mich: ›Das ist ja großartig, Erich! Wie bist du nur auf diese Idee gekommen?‹ – Mein Vater war weniger erfreut. Er grollte: ›Ich dulde das nicht. Der Junge schwimmt mir in kommunistischem Fahrwasser!‹ Ich hatte keine Ahnung, was das hieß, aber da mein Vater, der auch gegen meine schauspielerische Betätigung gewesen war, es so ablehnend sagte, mußte es grundsätzlich etwas Gutes sein, folgerte ich.«[16]

Erich Fried zeigte während seines ganzen Lebens in seinem literarischen Schaffen, wie in seinen politischen Einmischungen, Zivilcourage:

- Zivilcourage ist eine demokratische Tugend. Bürger nehmen sich das im Grundgesetz zugesicherte Recht auf freie Meinungsäußerung. Sie treten aus dem Untertanengehorsam gegenüber der Obrigkeit heraus und mischen sich öffentlich ein, um etwas zu verändern. Bürgermut ist geistiger Widerstand, eine bewegende Kraft, die den demokratischen Staat fortwährend erneuern kann.

- Zivilcourage bezeichnet den Mut, öffentlich die eigene Überzeugung zu äußern – auch wenn diese der Ansicht anderer Menschen entgegensteht, den Machthabenden mißfällt, den Vorgesetzten widerspricht, der Obrigkeit zuwiderläuft. Der einzelne gibt sich mit seinem kritischen Denken zu erkennen und läßt sich mit seinem Fühlen begreifen.

- Zivilcouragierte Bürgerinnen und Bürger haben den Mut, sich ihres Verstandes zu bedienen. Sie erwerben Sachverständnis, wagen zu denken, zu fragen und zu argumentieren. Ihr Einspruch ist von praktischer Vernunft geleitet.

- Zivilcourage ist ein kritisch wachsames Aufdecken, ein Wider-Stehen, ein Sich-entgegen-Stellen, Für-etwas-Eintreten. Für Menschen, die frei-mütig sagen, was sie denken, kann sich das nachteilig auswirken. Solch persönliche Benachteiligung durch couragiertes Handeln wird bewußt riskiert und angenommen. In der Spannung zwischen Gehorsam und Widerspruch verwirklicht sich persönliche Freiheit.

- Inhalte der Zivilcourage sind nicht privat, sondern öffentlich bedeutsam und am Gemeinwohl orientiert. Es handelt sich um Probleme, die alle angehen, sie sind politisch. Bürgermut bewährt sich besonders dort, wo sich Menschen für humane Werte einsetzen. Etwa wenn Unrecht geschieht und dies durch couragierte Stellungnahme verhindert werden soll. Der Widerstand dient dem Wohle des Ganzen und nicht etwa nur der eigenen Person.

- Kritische Ansichten, Protest gegen gesellschaftliche Unzulänglichkeiten und der Wille, etwas zu verändern, werden öffentlich ausgedrückt. Der öffentliche Appell ist ein Signal für die Mitbürger. Diese werden aufgefordert, sich mit einem Thema zu befassen, das alle betrifft und das dazu drängt, politisch etwas zu verändern. Sachkundiger Einspruch und öffentlicher Protest sind demokratisch rechtmäßig.

- Zivilcourage ist gewaltfrei: sich mit Mut »zivil« mit anderen auseinanderzusetzen. Es geht nicht nur darum, sich mit den sachlichen Argumenten, sondern auch mit den eigenen Gefühlen erkennen zu lassen. Zivilcourage ist nicht Furchtlosigkeit; sie geschieht in Auseinandersetzung mit der Angst.

- Zivilcourage unterliegt der sittlichen Bewertung. Sie orientiert sich an menschlichen Grundwerten und am persönlichen Gewissen: dem Wissen, das der Mensch über moralisches Handeln verinnerlicht hat. Die Person tritt für etwas ein, das ihr als moralischer Wert verpflichtend erscheint. Zivilcourage wird dadurch zum politisch-moralischen Einspruch.

Mit zivilem Mut schwimmt der einzelne gegen den Strom. Er hält mit der eigenen Meinung der mehrheitlichen stand. Das erfordert Kraft – aber das schafft auch Kraft. Der einzelne kann diese Kraft in jedem Lebensalter entwickeln, wenn er übt, mutiger zu werden. Er festigt in diesem Prozeß seine Persönlichkeit, stärkt innere Überzeugungen, schafft befriedigende Beziehungen zu Mitmenschen und fordert sich selbst und andere heraus, sich geistig auseinanderzusetzen. Zivilcourage ist die »Tapferkeit des Herzens« und Ausdruck persönlicher Freiheit. Es gibt keine zivile Gesellschaft, ohne zivilcouragierte Bürgerinnen und Bürger.

2. Im Gehorsam verlorene Menschlichkeit
Von Gehorsamsbereitschaft zu Bürgermut

Der Befehl ist das gefährlichste Element im Zusammenleben von Menschen geworden. Man muß den Mut haben, sich ihm entgegenzustellen und seine Herrschaft zu erschüttern.

Elias Canetti

In unserer christlichen, deutschen Geschichte dieses Jahrhunderts hat Gehorsam eine katastrophale Rolle gespielt. Ich vermute, daß wir heute als Christen die Pflicht haben, den Gehorsam überhaupt zu kritisieren, und daß diese Kritik radikal sein muß.

Dorothee Sölle

Die Vollstrecker des Holocaust waren keine blind gehorchenden Befehlsempfänger, die aus zwanghaftem Gehorsam heraus handelten. Um die Akzeptanz der Grausamkeit zu erklären, muß man das Menschenbild der Täter heranziehen: die Entwertung eines ganzen Volkes durch den Antisemitismus. Die willigen Vollstrecker quälten und mordeten aus Überzeugung.

Daniel Jonah Goldhagen

»Ich tue, was angeordnet wird« – Autoritätsgläubige Pflichterfüllung

Auf dem Weg zu Zivilcourage ist es unerläßlich, sich mit dem Gehorsam auseinanderzusetzen. Gehorsam zählt zu den Grundtugenden menschlichen Zusammenlebens. Wer gehorsam ist, ordnet sich dem Willen eines anderen unter. Er erkennt die Autorität einer Person an, die er respektiert oder fürchtet, deshalb führt er aus, was diese fordert. Die Ziele eines fremden Willens werden aus unterschiedlichen Beweggründen in den eigenen Willen übernommen. Es gibt Gehorsam durch Gewaltausübung oder unter seelischem Druck, aus Gewohnheit oder aus Gleichgültigkeit, aus Einsicht oder Überzeugung, aus Sympathie oder Begeisterung, aus Angst oder Autoritätshörigkeit, aus sachlichen oder gewissensbegründeten Motiven. Persönlichkeiten, die einem Vorbild sind, kann man respektvollen und zugleich kritischen Gehorsam entgegenbringen.

Kinder müssen im frühen Lebensalter gehorsam sein, damit sie ungefährdet heranwachsen und zunehmend Selbstbestimmung entwickeln können. Die Gesellschaft bedarf des Gehorsams, damit Menschen miteinander auskommen können und sich nicht gegenseitig schaden. Gehorchen wird allerdings gefährlich, wenn Autoritäten Gehorsam fordern, ohne daß der Befehl hinterfragt werden darf.

Personen, die grausame Taten vollbringen, sind meist nicht nur brutal, sondern auch absolut gehorsam. Henker zum Beispiel heißen in den Vereinigten Staaten »Todesarbeiter« und töten im Team. Einer der modernen Scharfrichter erklärte, wie er es sieht, Menschen auf dem elektrischen Stuhl umzubringen:

»Eine Exekution ist etwas, das getan werden muß, und gute Leute, pflichtbewußte Leute, die an das amerikanische System glauben, sollten es tun. Es ist einfach ein Job, ich nehm' das nicht so persönlich. Es ist nicht so, daß ich gegen diese Person etwas habe. Ich führe einfach aus, was mir aufgetragen wurde ... Bei der Ausführung kommt es dem Team darauf an, genau nach Plan, ohne Gefühle vorzugehen. Der Prozeß der Hinrichtung wird in kleine Aufgaben unterteilt und ausführlich geprobt. Wir machen das so, damit die Leute nicht verwirrt werden, es ist ja doch etwas stressig, wenn man eine Person exekutiert, wenn man sie umbringt ... Man kann es exekutieren oder töten nennen, wie auch immer, zum Schluß muß der Mann tot sein. Und je weniger dir dabei durch den Kopf geht, desto besser ... Mein Auftrag ist das Beinstück. Das rechte Bein. Ich roll' sein Hosenbein auf, lege die Elektrode an und schnalle das Bein mit einem Gurt fest. Es kann immer noch Komplikationen geben, wenn etwa der Generator zu hoch eingestellt ist, der Körper des Hinzurichtenden schwer verbrennt und den Zeugen von dem Geruch des verbrannten Menschenfleisches übel wird. Aber das sind Anfängerprobleme, bei einem eingearbeiteten Team läuft alles wie am Schnürchen.«[17]

Diese pflichtbewußten Männer führen aus, was ihnen aufgetragen wird. Sie spalten ihre Gefühle ab, hören auf zu denken und überlassen die moralische Verantwortung den Autoritätspersonen. Die »Todesarbeiter« erfüllen ihre Pflicht mit großer Sorgfalt. – Wer Gehorsambereitschaft überwinden will, muß den Mut aufbringen, sich seines Verstandes zu bedienen und seine Gefühle wahrzunehmen. Er macht sich verantwortlich für das, was er tut, statt autoritätsgläubig Befehle auszuführen.

»Ich habe nur meine Pflicht getan«, erklärte der KZ-Kommandant des Vernichtungslagers Auschwitz, der Hunderttausende von Menschen ermorden ließ.

»Ich mußte den Schießbefehl pflichtgemäß ausführen«, sagte ein Volkspolizist, der einen »Republikflüchtling« auf der Flucht erschoß.

»Ich habe nur meine Pflicht getan und dabei keinen Fehler gemacht«, sagte der Bomberpilot, der durch seinen Bombenabwurf wehrlose Kinder, Frauen und Männer zerfetzte.

»Wir haben nur unsere Pflicht getan, niemand kann uns etwas vorwerfen«, beteuerte das Lehrerkollegium eines Gymnasiums: Ein Schüler hatte sich erhängt, als seine Eltern durch einen blauen Brief erfuhren, daß er sitzenbleiben mußte.

»Ich habe nach geltendem Recht gehandelt«, so begründete der Richter, daß er einen achtzehnjährigen Jugendlichen aufhängen ließ, weil dieser als Soldat drei Tage vor Kriegsende aus Angst davonlief.

»Ich tue, was vorgeschrieben ist«, sagte die Lehrerin, die ein intellektuell schwaches und menschlich vernachlässigtes Kind durch Fünfen und Sechsen ordnungsgemäß und unbarmherzig demütigte.

»Ich beuge mich aus Loyalität zu meiner Partei dem Fraktionszwang«, entschuldigte sich der Abgeordnete. Er stimmte gegen seine Überzeugung dem Bau eines Atomreaktors zu und folgte damit nicht seinem Gewissen, sondern der Parteidisziplin.

»Ich habe mich pflichtgemäß verhalten«, verteidigte sich der Ministerialbeamte. Er wirkte dabei mit, kriminelle Handlungen des Ministerpräsidenten auszuführen, und belog die Öffentlichkeit.

»Ich mußte schließlich den Befehlen folgen«, sagte der Polizist, der einen wehrlosen Demonstranten niederknüppelte und verletzte.

Diese Menschen verbaten sich ihr persönliches Gewissen und das eigene Denken, um autoritätshörig ihre Pflicht auszuüben. Das ersparte ihnen den Konflikt mit ihren Vorgesetzten. In den Vernichtungslagern ermordeten sie korrekt Millionen von Menschen. Sie töteten nicht aus abartiger Grausamkeit heraus, vielmehr ermöglichte der perfekte, seelenlose Bürokratismus die Judenvernichtung. Mißhandelt, vergast und verbrannt wurde stets auftragsgemäß.

Der Lagerkommandant von Auschwitz, Rudolf Höß, begründete sein unmenschliches Handeln so: »Ob diese Massenvernichtung der Juden notwendig war oder nicht, darüber konnte ich mir kein Urteil erlauben, so weit konnte ich nicht sehen. Wenn der Führer die Endlösung der Judenfrage befohlen hatte, gab es für einen alten Nationalsozialisten keine Überlegung, noch weniger für einen SS-Führer, ›Führer befiehl, wir folgen Dir‹, war jedenfalls keine Phrase, kein Schlagwort für uns. Es war bitter ernst gemeint.«[18] – Auch andere KZ-Mörder bekannten sich als nicht schuldig; sie hätten lediglich befehlsgemäß gehandelt.

Was am lebenszerstörenden Gehorsam deutlich wird, gilt auch für die autoritätshörige Pflichterfüllung im Alltag: eigenes Denken wird ausgeschaltet, das Handeln ist fremdbestimmt, Gefühle werden unterdrückt oder abgespalten. Die pflichtbewußte Person fragt nicht nach dem Sinn dessen, was vorgeschrieben ist; moralisch haftbar sind die Autoritätspersonen, die das Verhalten bestimmen. Dadurch brauchen die Befehlsempfänger das *Ganze* nicht überblicken. Es ist unnötig, selbst zu urteilen, eigene Denkfähigkeit ist unerwünscht. Nur wer die autoritätshörige Pflichterfüllung als Unmoral entlarvt, kann blinden Gehorsam verweigern.

»Bruder Eichmann« in uns? – Gehorsamkeitsexperimente

Heinar Kipphardt machte in seinem Schauspiel »Bruder Eichmann« einen Hauptverantwortlichen für die Organisation der Judenvernichtung zum Bruder aller Menschen. Er fordert die Zuschauer dazu heraus, nicht zu verteufeln, sondern zu erkennen, nicht Sündenböcke zu schaffen, sondern sich selbst als Eichmann-Bruder wahrzunehmen. – Der Autor läßt in seinem Drama einen »Bösen« lebendig werden, »ohne es uns möglich zu machen, sich ihm zu entziehen: weder durch Verachtung, noch aus Erleichterung darüber, daß wir mit diesem fleißigen und in seinem ›Fach‹ so überaus erfolgreichen Spezialisten nichts gemeinsam haben. Der blinde, gefühllose Funktionalismus ist zunehmend das Merkmal dieses Jahrhunderts. Der Sachzwang hat das Gewissen ersetzt. Wer keine Fragen stellt, wer beziehungs- und inhaltlos ist, wer ›funktioniert‹, der wird seinerseits mit Fragen verschont: Wer er denn wirklich sei, was er empfinde, leide, welche Meinung er persönlich habe.«[19]

Viele Menschen tun ihre Pflicht und verleugnen dabei ihr Sachwissen und ihre Überzeugung. Sie bewirken Unheil, indem sie das Vorgeschriebene befolgen. Der uns anerzogenen Neigung zu Gehorsamsbereitschaft müssen wir uns bewußt werden. Es gilt, den »Bruder Eichmann« in sich und anderen wahrzunehmen. Er verleitet dazu, moralische Prinzipien durch »Sachzwänge« außer Kraft zu setzen. Gespräche in Gruppen eignen sich besonders dazu, sich mit der eigenen Hörigkeit auseinanderzusetzen: Wo ist meine Verwandtschaft zu »Bruder Eichmann«? Wo lasse ich mich dazu verleiten, das Gewissen durch Sachzwangdenken zu ersetzen? Wo bin ich in Gehorsamshaltungen erstarrt, obwohl ich selbständig handeln könnte? Ist meine Gleichgültigkeit in öffentlichen Angelegenheiten vielleicht uneingestandene Gehorsamsbereitschaft?

Wie lerne ich – mit Hilfe anderer –, meine Gehorsamsbereitschaft schärfer wahrzunehmen? In welchen Situationen kann ich die mir bewußte und unbewußte Hörigkeit bearbeiten?

Auf Autoritätshörigkeit beruhender Gehorsam ist weit verbreitet. Das haben Gehorsamkeits-Experimente wiederholt gezeigt, vor allem die von Milgram: 62,5% der Versuchspersonen befolgten die Weisung einer pseudowissenschaftlichen Autorität. Sie bestraften einen vermeintlichen Schüler mit bedrohlichen Elektroschocks bis zu 450 Volt, wenn er Fehler machte. »Viele gehorchten dem Versuchsleiter, gleichgültig, wie heftig das Opfer unter Schock auch fleht, gleichgültig, wie schmerzhaft die Schocks zu sein scheinen, gleichgültig, wie sehr er darum bittet, erlöst zu werden. Die Studie zeigt die Bereitschaft bei Erwachsenen, auf Befehl einer Autoritätsperson nahezu alles zu tun.« Das Experiment lief folgendermaßen ab[20]:

Zwei Leute betreten ein Psychologie-Institut, um an einer Untersuchung über Erinnerungsvermögen und Lernfähigkeit teilzunehmen. Eine der beiden Personen wird vom Versuchsleiter zum »Lehrer« bestimmt; die andere zum »Schüler«. Der Versuchsleiter erklärt, daß sich die Untersuchung damit befasse, wie sich Strafe auf das Lernen auswirkt. Der »Schüler« wird in einen Raum gebracht und setzt sich auf einen Stuhl. Seine Arme werden festgebunden, um übermäßige Bewegungen zu verhindern; an seinem Handgelenk wird eine Elektrode befestigt. Man erklärt dem »Schüler«, er habe eine Reihe von Wortpaaren zu lernen und werde bei jedem Fehler einen Elektroschock von wachsender Stärke erhalten.

Im Mittelpunkt des Experiments steht die zum »Lehrer« bestimmte Versuchsperson. Nachdem sie zugesehen hat, wie der Schüler festgeschnallt wird, bringt man sie in den Experimentierraum nebenan und läßt sie vor einem eindrucksvollen Schockgenerator Platz nehmen. Dieser hat dreißig Schalter, von 15 bis 450 Volt. Darunter stehen Aufschriften, die von »leichtem Schock« bis zu »bedrohlichem Schock« reichen.

Dem »Lehrer« wird erklärt, der Schüler, der im Nebenraum auf seinem »elektrischen Stuhl« sitzt, müsse sich nun dem

Lerntest unterziehen. Gibt der Schüler eine richtige Antwort, geht es zum nächsten Fragepunkt weiter; bei falscher Antwort versetzt ihm der Lehrer einen elektrischen Schlag. Es beginnt mit der niedrigsten Schockstärke von 15 Volt. Bei jedem Fehler wird die elektrische Spannung erhöht, auf 30 Volt, 45 Volt und entsprechend weiter.

Der »Lehrer« war die uninformierte Versuchsperson. Diese kam über eine Zeitungsanzeige ins Labor, um an dem Experiment teilzunehmen. Der Schüler hingegen *spielte* seine Rolle als Opfer und erhielt keinerlei Schocks. Es sollte herausgefunden werden, wie weit ein Mensch geht, dem befohlen wird, einem protestierenden und später vor Schmerzen schreienden Opfer Qualen zuzufügen.

Experimente mit Menschen sind problematisch, besonders wenn sie inhumane Forderungen enthalten. Zudem wurden die Versuchspersonen von den »wissenschaftlichen Autoritäten« im Rahmen der Versuchsanordnung angelogen. Es scheint, als wäre ein »verdinglichtes Bewußtsein«[21] nötig, um solche Experimente durchzuführen: »Erst haben die Menschen, die so geartet sind, sich selber gewissermaßen den Dingen gleichgemacht. Dann machen sie, wenn es ihnen möglich ist, die anderen den Dingen gleich.« – In Christa Wolfs »Sommerstück« wird das Milgram-Experiment so erzählt:

»Gerade hatten die westlichen Sender von einer Versuchsreihe berichtet, die ein paar weißbekittelte Sozialwissenschaftler mit Leuten von der Straße angestellt hatten: Mit Hilfe ihres autoritären Auftretens und einer technisch überzeugenden Versuchsanordnung hatten sie diese Leute dazu gebracht, andere Menschen, die sie nicht sahen, deren Schreie sie aber hören konnten, durch Stromstöße zu foltern. Daß es gar keine Gefolterten gab. Daß die Schreie simuliert waren. Daß gar kein Strom durch die Leitungen lief – darauf kam es nicht an. Es kam darauf an, daß die Versuchskaninchen das alles glaubten. Und daß sie trotzdem weitermachten, wenn der Experte es ihnen befahl, weitermachten fast bis zum eigenen Zusammenbruch. Und daß nur ganz wenige sich weigerten, die Stromdosis über einen bestimmten Punkt hinaus zu erhöhen. Und daß keiner die angeblichen Wissenschaftler in ihren weißen Kitteln in

Frage stellte oder gar angriff. Was ist das? fragten wir uns ratlos, und jeder für sich fragte sich, was er getan hätte. Eine Art Scham hinderte uns, lange darüber zu reden.«

Die Problematik von Milgrams Experimenten mit Menschen schmälert deren Erkenntniswert nicht; denn in wirklichen Befehlssituationen spielen Manipulation und Unwahrheit ebenfalls eine Rolle. Die bestürzende Erkenntnis ist, daß Menschen aller sozialen Schichten und Altersgruppen bereit sind, andere Personen auf Befehl einer Autoritätsperson zu quälen, und dabei moralische Grundsätze preisgeben.

Aus Folgsamkeit anderen Menschen schaden

Die als bestrafende »Lehrer« handelnden Versuchspersonen nahmen an, die von ihnen erteilten Elektroschocks wirkten tatsächlich; denn der bestrafte »Schüler« übermittelte ihnen immer heftigere Mißfallenskundgebungen und Schmerzensäußerungen, je intensivere Schocks der »Lehrer« verabreichte.

Der innere Konflikt begann für die Versuchsperson, wenn der vermeintliche Schüler sein Unbehagen ausdrückte. Bei 75 Volt murrte dieser. Bei 120 Volt rief das Opfer dem Versuchsleiter zu, die Schocks täten weh. Schmerzliches Stöhnen wurde bei 135 Volt vernehmbar. Bei 150 Volt schrie der »Schüler«: »Versuchsleiter, holen Sie mich hier raus. Ich will bei diesem Experiment nicht länger mitmachen! Ich weigere mich, weiterzumachen!« Schreie dieser Art setzten sich in wachsender Stärke fort, bis das Opfer bei 180 Volt schrie: »Ich kann den Schmerz nicht aushalten!« Bei 270 Volt war die Antwort ein qualvolles Brüllen. Das Opfer bestand darauf, aus dem Experiment entlassen zu werden. Bei 300 Volt schrie es verzweifelt, daß es keine Antworten mehr auf den Gedächtnistest geben werde.

Für die Versuchsperson war die gegebene Situation kein Spiel; ihr Konflikt wurde deutlich erkennbar. Die Qual des Schülers drängte sie dazu, das Experiment aufzugeben. Aber gleichzeitig befahl ihr der Versuchsleiter, das Experiment fortzusetzen. Jedesmal wenn die Versuchsperson zögerte, den Schockknopf zu drücken, befahl ihr der Versuchsleiter: Bitte machen Sie weiter. Oder: Bitte fortfahren! – Das Experiment erfordert, daß Sie weitermachen! – Es ist unbedingt erforderlich, daß Sie weitermachen.

Viele der »Lehrer« bekundeten Anzeichen von Unruhe und Unsicherheit, besonders wenn sie stärkere Schocks verabreichten. Sie schwitzten, zitterten, stotterten, bissen sich auf die Lippen, stöhnten und gruben sich die Fingernägel ins Fleisch. Die Pulsfrequenz stieg an – besonders bei jenen, die schließlich doch ungehorsam waren und abbrachen. Die meisten machten jedoch folgsam weiter.

Über 60 % der Versuchspersonen drückten alle Schocktasten, auch noch diejenigen mit der Aufschrift »Gefahr«, »Bedrohlicher Schock«, und »XXX«. Sie gingen bis 450 Volt, obwohl sie ab 180 Volt die Schmerzensschreie des »Schülers« hörten. – Von Kindheit an hatten sie gelernt, es sei ein Vergehen, andere Menschen zu verletzen. Dennoch wichen fast zwei Drittel von diesem Grundsatz ab und folgten der Autoritätsperson.

Die Versuchsergebnisse veränderten sich, wenn Opfer und Versuchsperson in denselben Raum gesetzt wurden. Der »Lehrer« konnte bei größerer Nähe nicht nur hören, sondern auch sehen, wie das Opfer litt. Dadurch ging die Zahl der Gehorsamen von 62,5 Prozent auf 40 Prozent zurück. Nur noch 30 Prozent gehorchten, wenn das Opfer in Berührungsnähe war. Auch wenn die späteren »Lehrer« vor Beginn des Experiments ihre zu strafenden »Schüler« kurz kennenlernten, nahmen die verabreichten Schocks deutlich ab. – Dies wirft ein Licht auf die moderne Kriegführung. Den meisten Menschen fiele es leichter, auf Befehl eine Atomrakete abzuschießen und Zehntausende von Kilometern entfernt unzählige Menschen umzubringen, als eine einzige Person in unmittelbarer Nähe zu quälen oder zu töten.

Untersuchungen wie die von Milgram wurden in Rom, Südafrika, Australien und München durchgeführt. Dabei war mancherorts das Maß an Gehorsam noch höher als im Milgram-Experiment. So leisteten in München 85 Prozent der getesteten Personen dem Versuchsleiter Gehorsam. – In anderen Experimenten wurde nicht körperliche, sondern seelische Gewaltanwendung gegen andere befohlen: Schikane, Diffamierung, Beleidigung. Auch in diesen Situationen kamen bis zu 90 % den Weisungen der Autoritätsperson nach. – Insgesamt gab es in unterschiedlichen Ländern und Orten keine wesentlichen Abweichungen von den Ergebnissen der ursprünglichen Milgram-Experimente.

Mehr als neunzig Prozent aller zu den Gehorsamsexperimenten befragten Personen waren davon überzeugt, ihre Gehorsamsbereitschaft ginge nicht so weit, wie die der Versuchspersonen; sie würden sich den Anweisungen widersetzen. Alle Beobachtungen sprechen jedoch dafür, daß dies eine Selbsttäuschung ist. Die Bereitschaft, auf Befehl einer Autoritätsperson Menschen zu quälen, findet sich bei beiden Geschlechtern, in allen Bildungsschichten und auf allen Altersstufen.

In weniger konflikthaften Situationen oder in solchen, in denen das Leiden des anderen verdeckt bleibt, mag die Versuchung zum Gehorsam noch stärker sein. Menschen verleugnen dann ihre ethischen Grundsätze und schalten das Mitgefühl aus, weil vorgesetzte Autoritäten und zwingende Vorschriften es von ihnen verlangen. Die Gehorsamsleistung an sich nimmt dann den höheren Rang unter den Werten ein, gleichgültig, ob die jeweilige Situation sie tatsächlich erfordert und ob sie mit dem eigenen Gewissen zu vereinbaren ist. Um Konflikte zu vermeiden, kommen die Gehorchenden der Rollenerwartung nach, die von außen auf sie gerichtet wird; denn sie sind darauf angewiesen, von »Eltern und Vorgesetzten« bestätigt zu werden. Durch diese Anpassung büßen sie allerdings einen Teil ihrer Selbstachtung ein. Um diesem Selbstverlust zu entgehen, ist eine Scheinlösung möglich: Die den inneren Konflikt auslösenden Gefühle werden abgespalten: »Das ist ja nicht so schlimm«, »Die sind das schon gewöhnt«, »Uns hat es auch nicht geschadet...« – Diese Gefühlsabspaltung geschieht um den Preis verminderter Lebendigkeit der Person.

»Ganz gewöhnliche Deutsche als Hitlers willige Vollstrecker« – Entartete Wertmaßstäbe

Bei Verbrechen gegen die Menschlichkeit spielt blinder Gehorsam eine wichtige Rolle. Bedeutsamer sind allerdings die persönlichen Wertmaßstäbe und Wahrnehmungen, die das Handeln leiten. Zwar können Vorgesetzte Menschen dazu zwingen, gegen ihre individuelle Sittlichkeit zu handeln; auch Erwartungsdruck der Umgebung begünstigt Autoritätshörigkeit. Das allein erklärt jedoch nicht, wie man Menschen dazu bringt, Verbrechen zu begehen, denen sie angeblich innerlich nicht zustimmen. Bei solch »pflichtgetreuer« Gehorsamshaltung ist vielmehr zu fragen, welche moralischen Werte für die Person Richtschnur sind: die Sorge um den Nächsten? Hilfsbereitschaft, Mut, solidarisches Handeln? Wertschätzung des Mitmenschen, Rücksichtnahme und Verantwortung?

Menschenverletzendes Handeln wird oft damit begründet, der einzelne sei nur willenloses Rädchen in einer bürokratischen Maschinerie. Tatsächlich aber kann sich jeder Mensch in jeder Situation selbst entscheiden, wie er sich gegenüber Mitmenschen verhalten will. – Daniel Jonah Goldhagen zeigt in seinem Buch »Hitlers willige Vollstrecker« auf: »Ganz gewöhnliche Deutsche« waren als *Täter* und nicht nur als Befehlsführende am Holocaust beteiligt. Er gibt sich mit den häufig genannten Ursachen für das unmenschliche Handeln gegen die Juden nicht zufrieden, die da sind:

– *Äußerer Druck*, durch den die Täter gezwungen wurden, Juden zu quälen.

– *Blinder Gehorsam*, in dem die Täter vollstreckten, wozu sie die staatliche Macht verpflichtete, nämlich jüdische Menschen zu ermorden.

– *Konformitätsdruck*, der als Gruppenzwang der Kameraden dazu beitrug, sich am Völkermord zu beteiligen.

– *Seelenloses bürokratisches Verhalten*, das die Täter an ihre technokratische Aufgabe band und ihr Verantwortungsbewußtsein für das Leiden der Opfer abstumpfen ließ.

– *Fragmentierung der Arbeit*, die den Tätern erlaubte, ihren

Beitrag zum Vernichtungsprogramm zu leugnen und die Verantwortung anderen zuzuschreiben.

Daniel Goldhagen stellt diesen verbreiteten Begründungen eine andere Auffassung gegenüber; sie gibt der Person ihre Verantwortung zurück:

»Jede Erklärung, die die *Urteilsfähigkeit* der Handelnden außer acht läßt, also deren Fähigkeit, die Bedeutung und moralische Qualität ihrer Handlungen zu verstehen und sich darüber eine Meinung zu bilden, jede Deutung, die das Gewicht der *Überzeugungen und Wertmaßstäbe* der Handelnden verkennt und die eigenständige Motivation übersieht, die in der nationalsozialistischen Ideologie und vor allem in deren zentralem Element, im Antisemitismus steckt, kann uns nicht wirklich verständlich machen, warum die Akteure so handelten.

Die Täter waren urteilsfähig, sie entschieden sich für eine unmenschliche Handlungsweise. Diese ganz ›normalen Deutschen‹ waren durch eine bestimmte Art des Antisemitismus motiviert; diese ließ sie zu dem Schluß kommen, daß die Juden sterben sollten. Die Täter, die sich an ihren eigenen Überzeugungen und moralischen Vorstellungen orientierten, haben die Massenvernichtung der Juden für gerechtfertigt gehalten, sie *wollten* nicht nein sagen.«[22]

In jeder Institution, die Rollen vorschreibt und Aufgaben vergibt, haben die Ausführenden Spielräume, innerhalb derer sie selbst entscheiden. Das galt auch für die Vollstrecker des Völkermords. KZ-Aufseher und Lagerverwalter konnten das Leiden ihrer Opfer erleichtern oder verschärfen; sie mußten nicht nur sklavisch Befehle ausführen. Immer spielte der Wille des Täters bei seiner individuellen Grausamkeit eine Rolle. – Wie eine Person handelt, hängt letztlich mit ihrer Motivation zusammen, ganz gleich, ob es befohlene Handlungen sind oder selbst verantwortete. Denn äußere Bedingungen liefern zwar Anreize, in bestimmter Weise zu handeln. Wesentlich sind jedoch die *Wertvorstellungen* und *Wahrnehmungen* der Person.

Der böswillige Entwurf vom Bild des Menschen als Motiv grausamen Handelns

Wie konnte es sein, daß »ganz gewöhnliche Deutsche« den Holocaust herbeiführten? Was hat sie veranlaßt, Juden herabzusetzen, schlechtzumachen, zu entwürdigen? Was trieb sie dazu, jüdische Menschen mit Eifer zu mißhandeln, zu erschießen oder aufzuhängen, Lagerinsassen zu Tode zu foltern? Was ließ sie in Mordeinsätzen Menschen nachts aus den Betten prügeln, wahllos zusammentreiben und mit Maschinengewehren niederschießen? Was bewegte sie dazu, jüdische Frauen und Männer bei Schnee und Frost barfuß arbeiten und ihre Füße erfrieren zu lassen? Was ging in ihnen vor, daß sie Juden auspeitschten, aushungerten, ihnen Schmerzen zufügten? Was waren die Motive, jüdische Frauen, Kinder und Männer auf Todesmärschen mit Gewehrkolben niederzuschlagen und jene abzuschießen, die geschwächt zusammenbrachen? Wie konnten sie dabei mitwirken, den Massenmord in den Gaskammern zu begehen? Was ließ sie Juden zu Hunderten in Scheunen einsperren und verbrennen, in Ghettos pferchen und bombardieren? Wie konnten sie Mütter mit ihrem Kind auf dem Arm erschießen, Jugendliche in den Wald führen und ermorden, Juden ihre Gräber schaufeln lassen und mit Genickschuß töten?

Goldhagen widerspricht der Ansicht, wonach diese Deutschen gezwungene oder entsetzte Mörder von Menschen gewesen seien, die sie für unschuldig hielten. Er verweist darauf, daß in Konzentrationslagern das Maß gängiger Gewalttaten überschritten wurde; die Täter verschärften die inhumanen Normen. Sie taten dies nicht auf Befehl, sondern weil sie überzeugt waren, daß Juden leiden müßten, weil diese ein »unwertes Leben« führten, das »Unglück der Deutschen« seien, abscheuliche Schwerverbrecher und Teufel darstellten. – Nur wenn man von der totalen Entwertung jüdischer Menschen ausgeht, versteht man, weshalb Soldaten nicht nur bereitwillig Mordbefehle ausführten, sondern auch von sich aus Juden quälten und töteten. Die Akzeptanz der Grausamkeit galt als Norm, »denn das jüdische Untermenschentum mußte vernichtet werden«.

Überlebende berichten von Quälereien und Morden, die »ganz normale Soldaten« bis zum letzten Augenblick begingen. Die Täter »waren keine gefühlskalten, nüchternen Vollstrecker höherer Befehle oder kognitiv und emotional neutrale Bürokraten, die ihren eigenen Taten teilnahmslos gegenüberstanden. Sie handelten aus eigenem Antrieb, ohne wirkliche Kontrolle von oben; sie orientierten sich an ihrer *eigenen Weltsicht*, ihrem eigenen Rechtsempfinden«.[23]

Daß es nicht nur um das »Befolgen von Befehlen« ging, zeigt sich auch darin, daß es den Soldaten der Polizeibataillone freistand, sich von Mordeinsätzen fernzuhalten, ohne mit Bestrafung rechnen zu müssen. Nur selten machten sie von dieser offiziell zugestandenen Befreiung Gebrauch. Selbst als Himmler vor Kriegsende befohlen hatte, das Morden einzustellen, ließen sie nicht ab, Juden zu peinigen und zu töten. Die Täter waren keine blind gehorchenden Befehlsempfänger, die aus zwanghaftem Gehorsam heraus handelten. Sie erklärten sich mit dem Massenmord einverstanden; denn sie waren überzeugt, daß es gerecht sei, Juden auszurotten. Aufwallungen von Mitleid wurden bei den Tätern blockiert, weil sie einen böswilligen Entwurf vom Bild der jüdischen Menschen hatten.

Wertblinder Gehorsam wird zur Apathie

Blinder Gehorsam wird gestützt durch fehlende individuelle Sittlichkeit oder durch verzerrte Wertvorstellungen. Im Extremfall führt das auf der einen Seite zu unmenschlichem Handeln, auf der anderen zu öffentlicher Gleichgültigkeit. Gehorsamsbereitschaft kann sich so tief in der Person festsetzen, daß sie nicht mehr als solche erkannt wird, sondern sich in Gleichgültigkeit gegenüber öffentlichen Angelegenheiten äußert. Spontane Impulse des Widerspruchs und Wünsche nach Veränderung gehen durch Gehorsamkeitserziehung unter. Dennoch wird die »innere Stimme« oft vernehmbar: Hier müßte ich öffentlich widerstehen, um kleines oder großes Unrecht zu verhindern. – Wir wagen jedoch den Widerspruch nicht; denn durch ihn verlieren wir die Geborgenheit, die wir uns durch Anpassung sichern können. Manche Menschen beschwichtigen diese Selbstzweifel damit, daß sie ihre berufliche Aufgabe besonders gut verrichten:

- Die Psychologin nimmt sich helfend eines »gestörten Kindes« an – aber kümmert sie sich auch um die Gesellschaft, die dieses Kind »gestört« hat? Tritt sie dafür ein, das lernstörende und krankmachende Schulsystem zu verändern? Und kritisiert sie das dahinterliegende Leistungsprinzip, das Rivalität schürt und Angst auslöst?
- Die Sozialarbeiterin hilft in Not geratenen Menschen – aber engagiert sie sich auch für eine menschliche Politik, die solche Not erst gar nicht aufkommen läßt?
- Der Pfarrer predigt das Evangelium – aber wird er auch politisch, um das Evangelium in die Tat umzusetzen? Legt er den Maßstab der Bergpredigt auch an politisches Handeln an? Kritisiert er öffentlich, wenn Gebote wie »Du sollst nicht töten« oder »Du sollst nicht lügen« staatlicherseits für ungültig erklärt werden?
- Die Erzieherin bemüht sich, die ihr anvertrauten Kinder im Kindergarten zu fördern und zu behüten. Denkt sie dabei auch daran, daß diese Kinder vor menschlichen Risiken behütet werden müssen, die ihnen die Zukunft rauben? Tritt sie gegen die rücksichtslose Beschädigung der Atmosphäre ein, durch welche den Kindern die Luft zum Atmen geraubt wird?
- Die Lehrerin unterrichtet Biologie, Ethik oder Physik. Aber nimmt sie auch öffentlich Stellung gegen Gefahren, die allmachtsbesessene Gen-Technologen heraufbeschwören? Protestiert sie dagegen, daß physikalische Entdeckungen für die Vernichtung von Menschen mißbraucht werden und nicht mit einer Ethik der Verantwortung einhergehen?
- Die Eltern wollen »das Beste« für ihr Kind; sie sorgen sich um sein körperliches Wohl und eine gute Schulbildung. Aber sorgen sie sich auch darum, diesem Kind eine Erde zu hinter-

lassen, in der es unversehrt leben kann – und mischen sie sich dafür öffentlich ein?

Wer sich einmischt, ist in der Regel mit einem gesellschaftlichen Bereich unzufrieden, den er wichtig findet. Sein Antrieb, etwas zu verändern, wird durch das Bewußtsein gelenkt, für alles, was geschieht oder nicht geschieht, mitverantwortlich zu sein. – Das Gefühl, mitschuldig zu sein, löste zum Beispiel in Peter Benenson die Kraft aus, für unterdrückte Menschen einzutreten. Er begründete *amnesty international*, die Hilfsorganisation für politische Gefangene. Sein Engagement für die Menschenrechte führt er auf ein Erlebnis zurück, das er mit fünfzehn Jahren als Schüler im elitären Eton College, einer der berühmtesten Schulen Englands, hatte und das sein Leben veränderte. »Er sah damals, wie eine Gruppe arbeitsloser Bergarbeiter aus Wales durch Windsor zog; die Männer waren auf dem Weg zum Unterhaus in London. ›Die Schule hatte so etwas noch nie gesehen‹, berichtete er. ›Tausende von abgerissenen und elenden Männern, die uns ihre Sammelbüchsen hinhielten. Ich war zutiefst erschrocken, daß nur wenige Jungen ihnen etwas gaben.‹ Die, die gespendet hatten, taten sich zusammen und nahmen sich um baskische Waisen an, später um deutsche und österreichische Kinder.«[24]

Von öffentlicher Gleichgültigkeit zur Einmischung

Der unmittelbare Anlaß für die Gründung von *amnesty international* durch Benenson wird so geschildert: »Er, ein junger Londoner Anwalt, war damals dreißig Jahre alt, saß in der U-Bahn und las Zeitung. Ein Artikel über zwei portugiesische Studenten schockierte ihn: In einem Lissaboner Lokal hatten sie einen Trinkspruch auf die Freiheit ausgebracht und waren dafür ins Gefängnis gesperrt worden. Peter Benenson stieg aus der U-Bahn und machte sich schnurstracks auf den Weg zur portugiesischen Botschaft ... Auf halbem Weg wurde ihm klar, wie vergeblich sein Vorhaben sein mußte. Deprimiert suchte er Zuflucht in der Kirche St. Martins-in-the-Fields. Er betete und dachte nach – und war schließlich überzeugt: Hier konnte nur eine internationale Aktion helfen.

Am 28. Mai 1961 druckte die Tageszeitung *Observer* einen großen Artikel von Peter Benenson. In diesem stellte er seine Idee von einer unparteiischen Organisation zur Befreiung politischer Gefangener vor. Der Artikel erschien auch in ausländischen Zeitungen, und die Reaktionen waren überwältigend. Acht Leute, darunter zwei Deutsche, gründeten wenig später in einem Café in Luxemburg *amnesty international*. – Was treibt den alten Mann noch heute in seinem Innersten an, den oft so aussichtslosen Kampf für die Menschenrechte immer wieder aufzunehmen? ›Ich werde von Schuld getrieben‹, bekennt er, ›ich fühlte mich schuldig, als ich die elenden Bergarbeiter sah. Ich fühle mich auch jetzt schuldig, da wir hier sitzen und Kaffee trinken, während die Menschen in Südafrika sich umbringen.‹«[24]

Die mutige Aktion hat bis heute segensreiche Folgen. Was hat dazu geführt? Ein Bürger nahm wahr, daß Menschen durch Unrechtshandlungen in Not gebracht werden. Er fühlte sich in andere ein, verschaffte sich Informationen, brachte das Unrecht an die Öffentlichkeit, suchte Menschen zum Mitmachen und gründete eine Initiative. – Bei vielen Bürgerinnen und Bürgern kommt es jedoch durch die Gehorsamshaltung zur Apathie: Du kannst ja doch nichts machen, was geht das dich an, »die da oben« machen ja doch, was sie wollen. Dorothee Sölle schreibt dazu: »Apathisch leben, an das Schicksal glauben und sich nicht berühren lassen, wissen, daß sich eigentlich nichts ändert, diese Einstellungen werden zu den selbstverständlich anerkannten Werten; Sympathie wird zur individuellen Ausnahme.«[25] – Sympathie ist Mitgefühl, nachfühlendes Verstehen des anderen, beruhend auf Zustimmung und Zuneigung, teilnehmendes Mitleiden und Mitfreuen. Sich auf den Weg begeben von der gesellschaftlich verordneten Apathie zur Sympathie macht den Kern zivilcouragierten Handelns aus.

Bei dem Versuch, die zur Apathie gewordene Gehorsamshaltung zu überwinden, geht es auch darum, den Widerspruch zwischen privater Anständigkeit und öffentlicher Gleichgültigkeit aufzuheben. Öffentliche Apathie kann das Ergebnis autoritätsängstlichen Gehorsams sein. Da ist zum Beispiel die private Anständigkeit der Eltern, die zu Hause ihre Kinder annehmen, sie trösten, sie unterstützen, sich mit ihnen freuen. – Dieselben liebevollen Eltern lassen in öffentlicher Gleichgültigkeit geschehen, daß ihren Kindern die Lebensluft vergiftet und der Bewegungsdrang von Amts wegen gedrosselt wird. Zunehmend öfter heißt es an sonnigen Tagen: Kinder, Alte und Kranke dürfen sich im Freien nicht körperlich anstrengen, weil sich der hohe Ozongehalt der Luft krankmachend auswirken kann. Manche Kinderärzte raten, Säuglinge sollten zwischen elf und sechzehn Uhr am besten überhaupt nicht an die »frische Luft«. – Für Kinder ist jedoch Bewegung ein existentielles Bedürfnis. Wenn sie sich nicht ausreichend bewegen können, werden sie psychisch und körperlich krank. Laut amtlicher Empfehlung sollen sie aber jetzt nicht an Luft und Sonne gelassen werden. Gehen die Eltern mit den Kindern dennoch ins Freie, gefährden sie sie gesundheitlich. – Auf Dauer muß das »Draußen« von kleinen Kindern als tiefwirkende Bedrohung empfunden werden, wenn es immer wieder heißt: Du darfst nicht in den Garten, in den Hof oder auf den Spielplatz, weil du sonst krank werden kannst.

Kinder werden ganz selbstverständlich eingeengt, den Ängsten vor Körperverletzung ausgesetzt und gesundheitlich gefährdet. Sie sollen – wie auch die Alten und Kranken – »ruhiggestellt« werden, wo es eigentlich darum ginge, daß Autofahrer aufs Fahren verzichten, daß sie in ihrem Geschwindigkeitswahn begrenzt und zum Einbau von Abgasfiltern gezwungen werden. Aber wo bleibt der massenhafte Protest der sonst so fürsorglichen Eltern? Warum zwingen auch die betroffenen Alten und Kranken die Politiker nicht dazu, Politik am Wohlergehen der Menschen zu orientieren, anstatt in Selbstzufriedenheit vor allem ihre Macht und wirtschaftlichen Interessen im Auge zu haben?

Wir sollten unser Verhalten nicht in private Anständigkeit und öffentliche Gleichgültigkeit aufspalten, sondern politisch mitwirken. Dazu müssen wir »der Versteinerung des Gefühls widerstehen und die menschliche Fähigkeit zum Mitleiden bewahren. Das ganze Elend dieser Welt kann niemand auf seinen Schultern tragen; wütende, hastige Aktivität hilft kaum. Jeder muß sich ernsthaft fragen, was er für das Wichtigste in seinem Umkreis hält, wo er sich engagieren will. Denn schuldig werden durch Unterlassen, das gibt es auch in unserer Zeit, an unserem Ort.«[26]

In militärischer Unterordnung aufgegebene Eigen-Bewegung

Gehorsamsbereitschaft zu überwinden ist schwierig, weil wir mehr zur Unterordnung angehalten als zur Verantwortung ermutigt werden. »Besonders beim Militär wird der Gehorsam kultiviert. Dort ist er seinem Wesen nach auf der absoluten, reflexartigen Befolgung von Befehlen aufgebaut, wobei jedes Fragen ausgeschlossen wird. Der Soldat, der andere tötet und zum Krüppel macht, der Bomberpilot, der in einem einzigen Augenblick Tausende von Menschenleben vernichtet, wird nicht von destruktiven Impulsen dazu veranlaßt, sondern vom Prinzip des Gehorsams, der keine Fragen stellt.«[27] Allerdings kann solcher Gehorsam aggressive Impulse wecken, die sonst erst gar nicht aufgekommen wären.

Soldaten müssen sich automatisch bewegen, wie ihnen befohlen wird: Die Augen links, Augen rechts, Stillgestanden, Abtreten. Äußere Haltungen werden eingedrillt, zum Beispiel Strammstehen, das Gewehr präsentieren, im Stechschritt marschieren. Solche Übungen stehen in keinem unmittelbaren Zusammenhang mit dem Kriegführen; sie dienen dazu, den eigenen Willen und das Gewissen auszuschalten. Es handelt sich um Dressur, die eine äußere Haltung bewirken soll, um innere Haltungen zu unterdrücken. Der Soldat muß seine persönliche Eigenbewegung aufgeben, um sich starr mit dem Befehlenden zu verbinden.

Befehle erlauben dem Soldaten kaum Widerspruch. Was befohlen ist, wird nicht erklärt oder diskutiert, es darf nicht angezweifelt werden. Die Handlung, die unter Befehl ausgeführt wird, mag als fremd empfunden werden; aber für den Soldaten zählt der Befehl mehr als sein Empfinden; denn im Dienst ist sein eigenes, aktives Leben eingeschränkt. Dies wird im Interview des Bomberkommandanten Captain Weiss deutlich:

»Reporterin: Captain Weiss, Sie sind der Kommandant dieser B-52, wie ist Ihr Dienst, wie oft fliegen Sie nach Vietnam?

Captain Weiss: Gegenwärtig dreimal wöchentlich und jeden zweiten Sonntag.

Reporterin: Was ist Ihre militärische Aufgabe?

Captain: Die Bomben ins Ziel zu bringen und wieder nach Hause zu kommen natürlich.

Reporterin: Wieviel trägt eine B-52?

Captain: Sie wissen, die Maschine wurde für nukleare Waffen entwickelt und wir auch, wir flogen einige Jahre mit diesen großen Koffern herum. Es zeigte sich aber, daß sie auch für konventionelle Aufgaben hervorragend ist. Wir bringen 150 Bomben unter, das entspricht einer Sprenglast von 45 Tonnen.

Reporterin: Was bombardieren Sie? Welche Art von Zielen?

Captain: Wir bombardieren die Ziele, die uns angegeben werden, strategische Ziele, wir tragen sie in unsere Karten ein, und wir tun die Arbeit, die unsere Befehle vorschreiben. Was das für Ziele im einzelnen sind, ich kriege sie nicht zu sehen. Wir fliegen so hoch, daß wir sie nicht zu sehen kriegen. Wir erfahren über Funk, ob unsere Bomben ordnungsgemäß im Zielgebiet explodiert sind. Das ist die Aufgabe der Luftspäher.

Reporterin: Kann es sein, daß sich unter Ihren Zielen auch rein zivile befunden haben?

Captain: Ich glaube nicht, daß man das tatsächlich heute noch trennen kann, wir bombardieren große Flächen.

Reporterin: Würden Sie zivile Ziele beunruhigen?

Captain: Ich habe nicht darüber nachgedacht, es ist nicht meine Sache, ich bin der Captain dieser B-52, der seine Arbeit macht. Es ist viel Routine.

Reporterin: Wie lange sind Sie jetzt hier in Thailand?

Captain: Zehn Monate.

Reporterin: Wann werden Sie zurückgehen?

Captain: Sobald ich befördert worden bin. Ich denke, es soll jeder seine Chance haben.

Reporterin: Hatten Sie bei irgendeinem Ihrer Einsätze moralische Probleme?
Captain: Wir haben immer sehr aufgepaßt, keinen Fehler zu machen. Wir sind, glaube ich, eine ziemlich gute Crew.«[28]

Der Inhalt des Befehls, durch Bomben Tausende wehrloser Opfer zu töten, ist nicht Sache des Kommandanten. Viele Menschen haben unter diesem Gesichtspunkt Gehorsam gelernt: Was die Vorgesetzten befehlen, muß ausgeführt werden. Der Bomberkommandant denkt nicht darüber nach, was seine Arbeit bewirkt: »Es ist nicht meine Sache.« Ihm muß daran liegen, »keinen Fehler zu machen«; das eigene Denken und Fühlen wird ausgeschaltet.

Für jedes gesellschaftliche Zusammenleben ist ein bestimmtes Maß an Gehorsam notwendig. In der Entwicklung von Kindern ist es zwar wichtig, bei den Heranwachsenden den »Eigensinn« als eigenen Sinn zu akzeptieren, die eigene Meinung und den Widerspruch zu respektieren. Aber auch der Gehorsam ist notwendig, der Kinder in der Zeit geringer Einsichtsfähigkeit vor seelischem und körperlichem Schaden bewahrt: vor den tödlichen Gefahren des Straßenverkehrs; vor siedendem Wasser; vor dem reißenden Fluß, in den das Kind hineinwaten möchte; vor der Treppe, die es hinabstürzen könnte; vor dem Fernsehen, das es ängstigen oder in seiner Aktivität einschränken würde; vor Süßigkeiten, die seine Zähne ruinieren; vor Schaden, den es anderen zufügen könnte ...

Dieser grenzensetzende Schutz vor uneinsehbaren Gefahren ist nicht gleichzusetzen mit autoritärem elterlichem Handeln, das zu unbedingtem Gehorsam führt. Beim unbedingten Gehorsam muß das Kind tun, was die Eltern befehlen – ohne daß es zunehmend einsehen lernt, *weshalb* es etwas tun muß und ob es richtig ist, so zu handeln. – Erwachsene müssen Orientierungshilfen geben, die es den Kindern zunehmend ermöglichen, selbst zu entscheiden. Gehorsamsforderungen müssen einsichtig sein, soweit das Kind schon einsehen kann.

Blinder und erkennender Gehorsam –
Weshalb Menschen den Gehorsam verweigern

Notwendiger Gehorsam muß erkennender Gehorsam sein. Dadurch lernt das Kind, sich verantwortlich zu entscheiden. Bei Gehorsamsforderungen sollten Eltern und Erzieher bedenken, daß die Heranwachsenden Selbstbestimmung entwickeln können, eigenes Denken wagen, ihr Leben führen lernen. Darüber lernen die Kinder auch, auf andere Rücksicht zu nehmen. Lebensnotwendiger Gehorsam darf nicht zu blindem, sondern muß zu sehendem Gehorsam führen: Die Person entscheidet, ob sie das Befohlene befolgt oder nicht. Diese Entscheidung orientiert der einzelne an Wertvorstellungen und sachlicher Notwendigkeit.

Beim sachblinden Gehorsam sind die Inhalte und die Befehlenden austauschbar. Wenn Menschen geübt haben, gewohnheitsmäßig zu gehorchen, kann ihnen jede beliebige Autorität auftragen, was dieser nützlich erscheint. Der Gehorchende überblickt nicht, was er tut, diesen Überblick überläßt er dem Befehlenden. Er entlastet sich von der Verantwortung und braucht sich nicht schuldig zu fühlen, wenn er anderen schadet, zumal wenn seine Pflichterfüllung auch noch belohnt wird.

Dorothee Sölle spricht von »sehendem« und »entdeckendem« Gehorsam; sie sieht diesen im Zusammenhang mit »befreiter Spontaneität«: »Der gehorsame Mensch bleibt re-aktiv, er erfüllt nur, was vorgegeben ist, er hat seine Spontaneität auf dem Altar des Gehorsams zu opfern. Menschen sollten nicht dazu erzogen werden, sich in Ordnungen einzufügen, sondern Freiheit zu lernen.«[29] Beim sehenden Gehorsam werden das eigene Denken und das persönliche Fühlen in die Gehorsamsleistung einbezogen.

Absoluter Gehorsam kann dazu führen, daß Menschen anderen Menschen Unrecht antun, diese benachteiligen oder schlecht behandeln, quälen oder töten. In Staaten, in denen Menschen politisch, rassisch oder religiös verfolgt werden, gibt es nur wenige Mitbürger, die den Verfolgten helfen. Diese Helfer riskieren durch ihren Ungehorsam die Freiheit oder gar das

Leben. Zwar erfordert dieser zivile Ungehorsam ungleich mehr Mut als Zivilcourage. Aber für Menschen, die Bürgermut lernen wollen, ist es aufschlußreich zu erfahren, weshalb Menschen den Gehorsam verweigern: Was bringt diese dazu, gegen den Strom zu schwimmen, während sich andere mitreißen lassen? Weshalb läßt sich diese Minderheit durch Befehle nicht dazu verleiten, anderen zu schaden oder Verstöße gegen die Menschlichkeit widerspruchslos hinzunehmen? Was bewegt sie dazu, mutig zu handeln?

Diesen Fragen gingen eine Psychotherapeutin und eine Psychologin nach. Sie sprachen mit Personen, die den Juden halfen, als diese von den Behörden verfolgt wurden. Die befragten Helfer fügten sich nicht den amtlichen Erlassen, sondern brachten den im Ghetto Eingesperrten Kleider und Nahrung. Sie halfen den Verfolgten bei der Flucht, versteckten sie in ihren Häusern, besorgten ihnen falsche Ausweispapiere. Dabei verhaftet zu werden, bedeutete Gefängnisstrafe oder Tod.

Die Psychologinnen Fogelman und Wiener führten Gespräche mit den Rettern und mit Überlebenden von Rettungsaktionen. In einigen Fällen interviewten sie sowohl den Retter wie auch dessen Schützling. – Außerdem informierten sie sich anhand historischer Dokumente. Dabei fanden sie über Menschen, die sich behördlichen Anordnungen trotz persönlicher Gefahr widersetzten, folgendes heraus:

»Obgleich von unterschiedlicher Persönlichkeit, teilten die Retter eine Charakteristik: Sie betrachteten sich nicht als Heldinnen oder Helden. Sie sagten uns, ihr Verhalten zur Nazizeit sei nur natürlich gewesen. Bis zur Zeit ihrer ungewöhnlich mutigen Taten lebten sie ein gewöhnliches Leben, das, zumindest an der Oberfläche, allen anderen ähnlich war. – Die Beweggründe der Retter können nicht auf eine Formel reduziert oder durch ein einziges persönliches Charakteristikum erklärt werden, es gibt jedoch einige Gemeinsamkeiten. Wir fanden heraus, daß sich die Helfer in zwei Gruppen teilen ließen: diejenigen, die besonders durch tiefverwurzelte moralische Werte motiviert waren, und jene, deren Motivation hauptsächlich emotional war und auf persönlichen Bindungen oder einer Identifikation mit dem Opfer beruhte. In unserer Auswahl fielen die Männer eher in die moralisch motivierte Gruppe, Frauen eher in die emotionale. Aber wir fanden beide Motivationsarten bei beiden Geschlechtern und häufig auch in demselben Menschen.«[30]

Moralische und emotionale Gegenkräfte zur Gehorsamsbereitschaft

Retter mit *moralischer* Motivation fühlten sich ethisch herausgefordert, anderen Menschen zu helfen. Sie traten für Gerechtigkeit ein. »Fragten wir moralisch motivierte Helfer, warum sie das alles taten, erhielten wir folgende nüchterne Erklärung: ›Es war doch nur recht so‹ oder ›Ich habe nur getan, was ein menschliches Wesen für einen anderen Menschen tun sollte‹. Einige moralisch motivierte Retter hatten einen starken religiösen Glauben, der alle Lebensbereiche beeinflußte. Sie handelten aus der religiösen Pflicht heraus, ›ihres Bruders Hüter zu sein‹. Moralisch motivierte Retter halfen Verfolgten unabhängig davon, ob sie diese mochten oder nicht. Oft halfen sie Menschen, die sie überhaupt nicht kannten. Im Gegensatz dazu entsprang das Verhalten emotional motivierter Retter häufig einer starken persönlichen Bindung.«

Durch ihr *Mitgefühl* motivierte Retter übertrugen die Situation der Hilfsbedürftigen auf sich selbst. Ihnen lag weniger daran, abstrakte moralische Verpflichtungen zu erfüllen; sie wollten einfach Menschen vor Leid bewahren. Ihre Beweggründe beruhten auf Verantwortung und Fürsorge. Sie identifizierten sich mit den Menschen, denen sie halfen. Sie fühlten sich in deren Not ein, blieben aber nicht beim Mitfühlen stehen, sondern waren bereit, deren Leid mit-leidend zu teilen. – Die Grenzen zwischen moralischer und emotionaler Motivation verwischten sich meist. Das Gemeinsame der Helfer-Haltung läßt sich mit Liebe, Mitgefühl und Fürsorge umschreiben.

Obwohl die Beweggründe der Retter nicht gleich waren,

fand sich Gemeinsames in der Familientradition. Bei vielen Helfern kennzeichnete Fürsorge das Miteinanderleben in der Kindheitsfamilie. Die Eltern verhielten sich freundlich zu Menschen unterschiedlicher Weltanschauung oder religiöser Einstellung. Sie lehrten ihre Kinder, keine Unterschiede zwischen Menschen zu machen. Viele Retter sagten, »ihr Verhalten sei stark durch Werte beeinflußt gewesen, die ihre Eltern gezeigt hätten. Die Eltern *sprachen* nicht nur über die Bedeutung, anderen Menschen beizustehen und menschliche Unterschiede zu akzeptieren, sondern *handelten* beispielhaft und ermutigten ihre Kinder, ihrem Beispiel zu folgen.«

Die Forscherinnen fanden in ihrer Untersuchung heraus: Bei den Helferinnen und Helfern handelte es sich nicht um psychisch abnorme Persönlichkeiten, die sich auf gefährliche Unternehmungen einlassen, weil sie masochistische Züge haben und selbstquälerische Neigungen befriedigen. Die Retter handelten auch nicht aus Größenphantasien heraus oder um neurotische Bedürfnisse auszuleben. »Die von uns interviewten Retter waren keine Draufgänger, obgleich sie eine hohe Toleranzschwelle für Risiken hatten, die es ihnen ermöglichte, Furcht und Angst zu überwinden. Gemeinsam war ihnen eine ungewöhnliche Beharrlichkeit und ein Glaube an ihre Fähigkeiten; der ließ sie, trotz Gefahr und widriger Umstände, zuversichtlich an den Erfolg ihrer Aktionen glauben. Die beschriebenen Retterinnen und Retter waren bereit, das Leben zu riskieren. Inmitten des Chaos und der Zerstörung hielten sie an einem höheren Prinzip fest. Dieses Verhalten belegt, daß es auch damals möglich war, Menschlichkeit zu praktizieren.«[30]

Tugenden, die diese ungehorsamen Menschen lebten, werden in unserer Leistungs- und Konsumgesellschaft gering eingeschätzt. »Sorge dich nicht – lebe!« heißt das Leitmotiv – und nicht: »Sorge dich – um dich selbst und deine Mitmenschen, damit wir befriedigend miteinander leben können.« – Täglich wird den Zuschauern durch geistlose Fernsehsendungen vor allem nahegelegt, sich passiv unterhalten, sich überfüttern, sich zum Kaufen und Verbrauchen verführen zu lassen. Wer vor dem Fernseher lacht oder knabbert, döst oder schläft, wird nicht ungehorsam. Selbst die Nachrichtensendungen sind von unterhaltsamer Sensation mitgeprägt und nicht nur vom Informationsgehalt. In jeder schulischen Unterrichtsstunde geht es darum, stark und womöglich der Erste zu sein, weniger darum, den Schwachen zu helfen – »die gehören nicht hierher«. An jedem Schultag werden mehr Kinder in Not gebracht, als daß denen, die in Not sind, herausgeholfen wird.

Auch im politischen »Geschäft« geht es mehr um Macht und Profit als um moralische Grundwerte und das Wohlergehen der Menschen. Von »moralischer Wende« reden viele Politiker – aber sie handeln unmoralisch, unberührt von ihren eigenen Reden. Lüge, Täuschung und Eigennutz gehören zum »politischen Spiel« und verdichten sich in Korruption und anderen Skandalen. Selbst Kirchen segnen jedes unheilige Mittel ab, wenn es darum geht, die Macht des Staates und ihre eigene nicht anzutasten. Verdächtigt werden jene, die ihren religiösen Glauben nicht nur in Kirchenfrömmigkeit ausdrücken, sondern in frommem Handeln leben wollen. – Unter solchen Umfeldbedingungen ist es für die Heranwachsenden schwer, wertgerichteten Ungehorsam zu entwickeln.

Familie und Schule – eine »Schule der Anpassung«?

Daß so wenig Menschen Bürgermut praktizieren, hängt auch mit ihrer Lebensgeschichte zusammen. Oft haben Jugendliche bis weit über die Pubertät hinaus kaum Gelegenheit, selbst zu bestimmen. Deshalb können sie wenig Selbstbewußtsein entwickeln. Zwar werden sie *belehrt*, sich selbstverantwortlich zu verhalten, aber die Chance, eigenständig zu *handeln*, wird ihnen durch eine Unzahl von Befehlen und Vorschriften genommen. Vielen Eltern und Erziehern ist vor allem daran gelegen, daß Kinder gehorchen. So werden in der Erziehung von Anfang an Bedingungen gesetzt, die lebenslang unmündig machen.

Schulen tragen über ein Jahrzehnt dazu bei, das Selbstwertgefühl von Kindern zu verunsichern; damit untergraben sie die wichtigste Voraussetzung für Zivilcourage, die Identität. Schüler werden nicht so akzeptiert, wie sie *sind*, sondern daran gemessen, wie sie sein sollen. Weil ihre Eigenart, ihre Individualität, wenig geachtet wird, lernen sie nicht, eigenständig zu handeln, sondern passen sich an. In der Regel entwickelt kaum jemand Bürgermut durch die Schule, sondern, wenn überhaupt, trotz der Schule.

Kritik ist unerwünscht, wenn sie sich gegen Lehrer oder Lehrplan richtet. Die Jugendlichen dürfen nicht aus der Reihe tanzen, sollen in Rede und Aufsatz jene Meinung vertreten, die vom Lehrer erwartet wird, beugen sich dem Zensurendruck, um ihr schulisches Fortkommen zu sichern. Auf Dauer sagen sie ihre eigene Meinung schon deshalb nicht mehr, weil sie gar nicht mehr wissen, was ihre Meinung ist. Für viele Kinder und Jugendliche wird Unterricht zu einer »Schule der Anpassung«. Ihre eigene Denk-Bewegung wird behindert und das Selbstwertgefühl beschädigt.

Vor allem die Zensurengebung blockiert das freie Wort. Was Kinder und Jugendliche sagen, wird in einem fort bewertet: in »gut« oder »schlecht« eingeordnet, von »eins« bis »sechs« eingestuft. Die Schüler sind dadurch unentwegt der Gefahr ausgesetzt, entwertet zu werden. Um dieser Entwertung zu entgehen, passen sie ihre Meinung der Lehrermeinung an; so werden sie womöglich zu Schweigern, Mitläufern oder gar zu Duckmäusern. Die heimliche Losung in vielen Familien und Schulen lautet: »Du darfst nicht sein oder werden, wer du bist, sondern mußt dich so verhalten, wie die Erwachsenen es von dir erwarten.«

Vielen Menschen ist von früh an durch Familien- und Schulerziehung der Hang zu Ein- und Unterordnung geblieben: Sie sind gewohnt zu funktionieren, den Vorgesetzten zu folgen, in Autoritätsgläubigkeit Befehle auszuführen. Sie trachten unkritisch nach Übereinstimmung, haben Angst vor Widerspruch und Widerstand, fürchten sich vor Konflikten mit der Mehrheit und vor dem Ausgeschlossenwerden aus der Gruppe. Es fällt ihnen schwer, erwachsen zu werden und selbständig zu handeln.

Das kindliche Ich ist noch nicht stark genug, um das Alleinsein zu ertragen, das für Zivilcourage nötig ist. Schülerinnen und Schüler sollten deshalb ermutigt werden, kritisch ihre Meinung zu äußern. Aber wie häufig sind Zeugnisbemerkungen folgender Art? – »Daniela vertritt eigenständig ihre Meinung – auch wenn diese den Vorstellungen der Lehrer widerspricht ...« – »Als Klassensprecher nimmt Klaus eine selbständige Position ein. Er argumentiert engagiert und sachbezogen – in bestimmten Situationen ebenso gegen die Klassenmeinung wie gegen die Lehrermeinung ...« – »Hervorzuheben ist der Mut zur Kritik, den Christine in Sachdiskussionen mit den Lehrern über Schulprobleme zeigt ...«

Nicht nur Gehorsam und Zustimmung, auch Ungehorsam und Widerspruch müssen als demokratische Tugend erfahren werden. Zum Beispiel beim Verhalten Kathrins: Deren Lehrerin stellte während einer Unterrichtsstunde einen Jungen vor die Tür, weil er gestört hatte. Nach einigen Minuten meldete sich Kathrin zu Wort und fragte die Lehrerin: »Weshalb soll eigentlich der Dieter vor der Tür stehen, können Sie mir das sagen? Ich finde das nicht gut, denn der versäumt jetzt, was wir hier lernen.« Die Lehrerin stammelte erstaunt eine Begründung und holte den Schüler herein. – Zu Hause erlebte Kathrin, daß ihre Mutter sie bewunderte, weil sie so unerschrocken ihre Kritik aussprach. Dadurch wurde sie in ihrem Mut bestärkt.

Die Schule hat viele Möglichkeiten, Bürgermut zu fördern: durch freien Unterricht, entdeckendes Lernen, Partner- und Gruppenarbeit, durch Kreisgespräch und Diskussion, Projektunterricht und freien Aufsatz. All das stärkt das Ich der Heranwachsenden. Kinder und Jugendliche sollten von früh an die Chance bekommen, Einfluß zu nehmen und etwas zu bewirken. Da sie einen großen Teil ihres Lebens in der Schule verbringen, ist dort der Ort, an dem sie Mitsprache und Mitbestimmung einüben können. Nur wenn Schüler in schulischen Entscheidungen mitbestimmen, fühlen sie sich später der Politik gegenüber nicht ohnmächtig: Mitbestimmen bei den Formen des Unterrichts wie bei der Auswahl der Lerninhalte, bei der Gestaltung des Schulalltags und den Regeln des Zusammenlebens. Aus Betroffenen müssen Beteiligte werden, damit sie sich später als Beteiligte für eine menschliche Politik einsetzen.

3. Die Autoritätsangst bearbeiten Auseinandersetzung mit Vorgesetzten

Wer »er selbst« werden will, beraubt sich der Geborgenheit, die er durch Anpassung erkaufen kann. Er nimmt die Spannung auf sich, die es kostet, sich der Uniformierung zu widersetzen. Er weigert sich, vorgeschriebene Rollen zu verinnerlichen. Er bewahrt sich davor, sich mit den andern immer nur als Gleichgeschalteter zu treffen. Dadurch wird er erst unmittelbar menschlicher Beziehung fähig. Selbstfindung und Mitmenschlichkeit gehören zusammen.

Horst-Eberhard Richter

Ich brauche vielmehr einen neuen großen Brauch, den wir sofort einführen müssen, nämlich den Brauch, in jeder neuen Lage neu nachzudenken.

Bertolt Brecht

Angst vor dem Widerspruch – Innerer Anpassungszwang beschädigt die Selbstachtung

Viele Bürger hindert die Furcht vor Autoritäten daran, sich öffentlich zu engagieren; das behindert ihre persönliche Entwicklung: Der mit der Vorgesetzten-Angst einhergehende Autoritätsgehorsam führt zu erstarrten Beziehungen innerhalb der Familie, im Berufsalltag, in öffentlichen Einrichtungen und in der Gesellschaft. Autoritätsängstlichkeit, Autoritätsgläubigkeit und Gehorsamsbereitschaft machen es dem einzelnen schwer, in sozialen Bewegungen tätig zu werden.

Manche Menschen erleben sich in Alltagssituationen in einem Zwiespalt. Sie möchten nach ihren persönlichen Wertvorstellungen handeln, auch wenn Vorgesetzte anders denken als sie. Gleichzeitig neigen sie dazu, sich anzupassen, um keine

Konflikte mit der Obrigkeit auszulösen. Entscheiden sie sich für die Anpassung, fühlen sie sich nicht wohl dabei; denn letztlich greift es die Persönlichkeitsstruktur an, wenn ein Mensch nicht so lebt, wie es seinem Selbstbild entspricht. Die Lehrerin Lea Fleischmann erzählt davon. Sie sitzt in einer Lehrerkonferenz, die von der Direktorin, Frau Ullmann, geleitet wird.

»›Ich möchte nochmals ausdrücklich darauf hinweisen, daß jeder Ausflug vorher angemeldet werden muß. Ich konnte Frau Rothe den Ausflug in die Weinkellerei nicht genehmigen, weil ein Beschluß vorliegt, daß alle Ausflüge vorher angemeldet werden müssen‹, sagt Frau Ullmann. – Frau Rothe widerspricht aufgebracht: ›Wir haben hier beschlossen, daß nur längere Studienfahrten genehmigt werden müssen‹, und sie erklärt dem Kollegium: ›Ich hatte mit der Klasse einen Tagesausflug geplant. Alles war organisiert, und dann mußte ich den Ausflug abblasen, weil Frau Ullmann der Meinung war, die Konferenz müßte auch Tagesausflüge genehmigen.‹ Sie spricht schnell und erregt. Frau Ullmann verträgt keinen Widerspruch. ›Das ist falsch. Alle Ausflüge müssen von der Konferenz genehmigt werden.‹

Sie besteht darauf, daß sie recht hat, und ich weiß genau, es stimmt nicht. Man müßte nur das Protokoll einsehen. Frau Rothe wiederholt, sie sei sicher, es müßten nur längere Studienfahrten genehmigt werden, und die Direktorin weist sie noch schärfer zurecht. – Während des Disputs haben alle anderen Lehrer geschwiegen. In dem Raum sitzen 43 Menschen, von denen die meisten wissen, daß Frau Rothe recht hat. Es hätte genügt, sich zu Wort zu melden und zu sagen: ›Ich habe es genauso verstanden wie Frau Rothe.‹ Aber keiner sagt ein Wort. Ich auch nicht. Ich traue mich nicht, der Direktorin zu widersprechen. Ich habe Angst, einem Menschen, der zu Unrecht getadelt wird, beizustehen. Die Angst kriecht in mir hoch und verschließt mir den Mund.

Hundert Ausreden fallen mir ein, warum ich schweige. Es wird schon nicht so schlimm sein, ich will mich nicht unbeliebt machen, wo ich sowieso manchmal zu spät komme, nächste Woche muß Frau Ullmann eine Beurteilung über mich schreiben. All das geht mir durch den Kopf, und gleichzeitig brennt mir die Seele bei dem Gedanken, hier geschieht ein Unrecht, du siehst es und sagst nichts. Ich empfinde über mein Schweigen eine tiefe Scham, ich muß doch nur ein Wort sagen und habe dieses Wort nicht gesagt.«[31]

Autoritätsangst zu überwinden beginnt damit, die Angst vor dem Widerspruch nicht zu verleugnen, sondern aufzudecken und zuzulassen. Das vermindert zunächst die Selbstachtung – aber es eröffnet die Chance, den inneren Anpassungszwang zu verstehen. – Viele kennen aus eigenem Erleben Situationen, wie die von Lea Fleischmann berichtete. Die moralische Lebensregel fordert, anderen zu helfen, auch wenn das schwierig wird. Gelingt es nicht, dieser Lebensregel zu folgen, vergrößert sich die Kluft zwischen dem angestrebten wert-erfüllten Tun und dem tatsächlichen Handeln; das kränkt das Selbstgefühl. Diese Kränkung erschreckt oder beunruhigt; aber sie kann weiterhelfen. Vorausgesetzt, die Person verharrt nicht darin, sich selbst zu verurteilen, sondern nimmt das Versagen zum Anlaß, genau hinzusehen:

Welche von mir als gültig anerkannten Werte verleugne ich? Weshalb handle ich gegen mein Selbstbild? Was passiert schlimmstenfalls, wenn ich widerspreche? Wie kann ich mein Wert-Bewußtsein festigen, um so zu handeln, wie ich möchte? – Es geht darum, die Angst vor dem Widerspruch zu bearbeiten, den inneren Anpassungszwang zu verstehen, ihn aufzulösen und schließlich *mit* der Angst den Konflikt zu riskieren. Dazu ist es notwendig, sich mit Hilfe der Scham auf den moralischen Konflikt in einem selbst einzulassen. Das schafft die persönliche Freiheit, sich seinem »identischen« Handeln anzunähern. – Lea Fleischmann hat diesen inneren Konflikt ausgetragen. Sie wagte genau wahrzunehmen, wie es ihr wirklich geht. Zudem schrieb sie sich die Not mit ihrer Autoritätsängstlichkeit »von der Seele«. Damit begann sie, die Vorgesetzten-Angst zu bearbeiten und später tatsächlich zu überwinden.

Verordnungen führen zu Unterordnung

Zahlreiche Menschen konnten im Verlauf ihrer Lebensgeschichte keinen Widerspruchsmut entwickeln. Das hängt damit zusammen, daß sie in vielen Lebensbereichen stark reglementiert wurden. Genaue Vorschriften bestimmen bis ins Detail, was der einzelne tun muß. Das verführt dazu, sich wortlos unterzuordnen. Verwaltungsbeamte, Angestellte, Lehrer, Studenten, Fernsehjournalisten, Zeitungsleute, Rundfunkredakteure, Politiker und andere klagen darüber, wie sehr sie an Weisungen gebunden sind. Sie würden sich gern kritisch engagieren, so beteuern sie, »wenn es nur mehr Spielraum gäbe«.

Wo viel verordnet wird, führt das zwangsläufig zur Unterordnung. Die Einschüchterung durch Politiker, Behörden und Vorgesetzte verstärkt die unselbständige Haltung der Bürger. So etwa, wenn ein führender Politiker die Künstler belehrt, sie hätten sich nicht in Politik einzumischen. Er nannte die Künstler, letztlich aber maßregelte er alle Bürger, die aktuelle politische Mitsprache beanspruchten. – Ein Minister ermahnte die Pfarrer, sie sollten sich »um die letzten Dinge« kümmern, anstatt um Klimakatastrophe und den Frieden; er hat noch nicht erkannt, daß es sich dabei um die letzten Dinge handelt. – Der Kardinal predigt den Gläubigen, Ostern sei nicht dazu da, um für den Frieden zu marschieren. – Der Abteilungsleiter einer Rundfunkanstalt kritisiert einen Mitarbeiter, weil er zu »einseitig« gegen Atomreaktoren Stellung genommen habe, der Schulleiter eine Lehrerin, weil diese ihren Schülern erklärte, warum sie am Wochenende an einer Demonstration gegen Atomreaktoren teilgenommen hatte.

Besonders die jungen Menschen sind einer Vielzahl von Anordnungen ausgesetzt, die sie unmerklich dazu zwingen, sich unterzuordnen. In der Schule wird ihnen von Stunde zu Stunde, von Lehrer zu Lehrer gesagt, was zu tun ist; jede Arbeit wird bis ins kleinste vorgeschrieben. – Die Rechte der Schülervertretung werden so eingeschränkt, daß die Mitsprache der Jugendlichen nur noch vorgetäuscht ist. In den Fragen, zu denen Schüler etwas zu sagen hätten, dürfen sie nicht mitreden: Unterrichtsgestaltung, Auswahl der Lerninhalte, Arbeitsformen, Lehrerkritik. Aber gerade hier könnten sie als Betroffene und Sachverständige viel Fantasie und Initiative einbringen, um das Lernen und das Schulleben wirkungsvoller und humaner zu gestalten. Selbst Schülerzeitungen werden in manchen Bundesländern zensiert.

In vielen Ausbildungsbereichen werden Jugendliche durch Leistungsdruck und Rivalitätszwänge, durch die Diktatur von Schulaufgaben, Extemporalien, mündlichen Prüfungen, durch fortdauernde Autoritätsdrohungen zur Unterordnung gezwungen. Dazu kommt ihre Unsicherheit, ob man sie nach ihrer Ausbildung tatsächlich braucht, ob sie überhaupt Berufspläne machen können. Dieser Prozeß der Ausbildungszwänge vermindert die Bereitschaft, sich politisch einzumischen und die Möglichkeiten zur Einmischung wahrzunehmen. – In manchen Fachrichtungen der Hochschulen sind die Studierenden so eng in – zum Teil unsinnige – Prüfungsordnungen eingezwängt, daß sie vor lauter Prüfungen nur noch pauken müssen, um »durchzukommen«, nicht aber vernünftig und selbstbestimmt lernen können. Auch zu hochschulpolitischer Mitsprache bleibt keine Zeit.

Vorgesetzte, Regierende und Behörden versetzen den Bürger in einen Zustand der Bedürftigkeit und Hilflosigkeit. In hilfloser Lage neigen Menschen dazu, sich bereitwillig anzupassen. Werden sie durch Vorschriften reglementiert und durch Kontrolle bedroht, geben sie leicht das eigene Denken auf. Es kommt zum Denkstillstand oder zur »Denkmimikry«: Der einzelne schützt sich, indem er sein Denken den erwünschten Normen anpaßt. – Nachdem der polnische Oberleutnant Pekala befehlsgemäß den Arbeiterpriester Popieluszko ermordet hatte, drückte er seinen Denkstillstand so aus: »Ich hörte auf zu denken. Ich sagte mir selbst, daß ich weiter den Befehlen zu gehorchen hätte.«

Man beobachtet bei autoritätshörigen Menschen geradezu eine »Gedankentrübung«; die intellektuelle Beweglichkeit geht verloren. Durch das »vernebelte Bewußtsein« werden Wert-Konflikte weder wahrgenommen noch ausgetragen. Damit ist ein Ziel erreicht, das in Teilen unserer Gesellschaft erwünscht ist: »Menschliche Gruppen werden dadurch beherrscht, daß man sie zu anpassungswilligen, konformistischen und tief opportunistischen Wesen macht. Man kann sich fragen, ob der Opportunismus nicht das eigentliche Zeichen der Kultur ist, in der wir leben.«[32]

Die Handlungsräume, die es dennoch gibt, werden von den Bürgern wenig genutzt. Um die Angst vor Vorgesetzten zu lindern oder nicht aufkommen zu lassen, machen sich manche von vornherein unmündig. Sie tun nicht, was sie eigentlich möchten, sondern führen aus, was erwartet wird. Freiwillig opfern sie sich der Obrigkeit, ohne ernstlich auszuprobieren, wie weit sie mit ihren eigenen Wünschen etwas verändern könnten. – Als »Untergebene« und »Weisungsabhängige« nehmen Erwachsene oft eine Kind-Rolle an und lassen die Obrigkeit über sich verfügen. Sie versuchen nicht, mit den ihnen wichtigen Anliegen in die Vorgesetzten-Beziehung zu gehen, sondern stellen sich auf den Vorgesetzten ein. In Konflikten mit Übergeordneten neigen sie dazu, ihre persönlichen Wertvorstellungen und Gefühle nicht erkennen zu lassen.

Obrigkeitsangst oder »Loyalität«?

Georg, ein zivilcouragierter Klassensprecher, hat das Risiko, benachteiligt zu werden, bewußt in Kauf genommen. Der Jugendliche sagt: »Ich finde es wichtig, sich in der Gesellschaft mit seiner Meinung erkennen zu lassen. Ich wurde wiederholt zum Klassensprecher gewählt. Meine Mitschüler schätzten an mir, daß ich kein Blatt vor den Mund nahm, wenn es darum ging, die Schulverhältnisse zu kritisieren und die Unmenschlichkeit und Ungerechtigkeit von Lehrern anzuprangern. Dabei mußte ich immer wieder erfahren, daß die Lehrer am längeren Hebel sitzen, weil sie alle Macht haben. Oft setzte ich mich als Klassensprecher für andere Mitschüler ein – und mußte darunter leiden, weil ich zwar die Kritik an Mißständen im Namen der Klasse vorbrachte, aber letztlich doch ganz allein dastand. Von manchen Lehrern wurde ich wegen meines Eintretens für die Klasse ganz schön untergebuttert. Ich mußte deswegen auch schlechtere Noten einstecken – und die Lehrer hatten immer die Macht, die Zensur durch rechnerische Tricks als korrekt hinzustellen. – Trotz der Unannehmlichkeiten fand ich es dennoch gut, wenn ich zu mir selber stand.«

Autoritätsangst ist häufig bei Politikern anzutreffen, die sich ihre Parteikarriere nicht nur durch politischen Sachverstand, sondern auch durch Anpassung und Gehorsam erkaufen müssen. Es kommt selten vor, daß sie ihren Parteiführern nachhaltig widersprechen. In der Regel lassen sie sich von den Fraktionsvorsitzenden vorschreiben, was Meinung der Partei zu sein hat. Anschaulich zeigt sich die Autoritätshörigkeit in der parlamentarischen Gepflogenheit des Hammelsprungs. Bei diesem Abstimmungsverfahren im Parlament verlassen alle Abgeordneten den Saal und betreten ihn durch drei verschiedene Türen wieder: die der Zustimmung, der Ablehnung oder der Stimmenthaltung, wobei die Stimmen gezählt werden. Dabei folgen die Abgeordneten in der Regel wie die Hammel ihren Vorsitzenden, den Leithammeln.

Richard von Weizsäcker bedauert die »Stromlinienförmigkeit« von Politikern: »Politiker werden immer mehr von Jugend an zu parteiabhängigen Berufspolitikern; Selbständigkeit und Qualität nehmen ab. Bei uns ist ein Berufspolitiker im allgemeinen weder ein Fachmann noch ein Dilettant, sondern ein Generalist mit dem Spezialwissen, wie man politische Gegner bekämpft. Der Hauptaspekt des ›erlernten‹ Berufs unserer Politiker besteht in der Unterstützung dessen, was die Partei will, damit sie einen nominiert, möglichst weit oben auf der Liste. Man lernt, wie man die Konkurrenz der anderen Parteien abwehrt und sich gegen die Wettbewerber im eigenen Lager durchsetzt.« Der frühere Bundespräsident ist ein Beispiel für zivilcouragierte Politiker. Er äußerte stets mutig seine Überzeugung, auch wenn ihn das in Gegensatz zu seiner Partei brachte.

Zum Selbstwertkonflikt kann es kommen, wenn Politiker gegen die eigene Einsicht und Überzeugung stimmen. Sie müßten dann beschämt zugeben: »Ich hatte Angst und folgte deshalb gehorsam dem Fraktionsvorsitzenden.« Aber solches Eingeständnis wäre peinlich. – In vielen Fällen geht das anderen Menschen ebenso: Wir vermeiden die Scham; dabei wäre sie eine Chance, unsere Selbstachtung zu wahren. Denn wenn wir uns schämen, merken wir, daß wir in Gefahr sind, Ich-Ideale aufzugeben. Sich mit dem Schamgefühl auseinanderzusetzen, unterstützt uns darin, unabhängig zu werden und über das eigene Verhalten eigenständig zu entscheiden. Den Beginn eines solchen scham-vollen Prozesses hat Lea Fleischmann in dem Bericht über die Sitzung des Lehrerkollegiums geschildert.

Oft kommt es allerdings nicht zu dieser offenen Auseinandersetzung mit sich selbst. Vielmehr wird aus der Not der Autoritätsangst eine Tugend gemacht. Abgeordnete der Regierungspartei hatten zum Beispiel in einer Bundestagsdebatte überzeugend geäußert, weshalb sie Zivildienstleistenden keine längere Dienstzeit zumuten möchten als den Soldaten. Bei der nachfolgenden Abstimmung stimmten sie jedoch gegen ihre Überzeugung und unterwarfen sich dem Fraktionszwang. Anschließend sagten sie nicht: Ich gehorchte der Fraktion, weil ich Angst hatte, andernfalls keinen sicheren Listenplatz zu bekommen, mein Mandat zu verlieren, etwas von meinem Ansehen oder meiner Macht einzubüßen. Vielmehr lobten sie sich selbst: Wir haben aus Loyalität zur Partei gegen unsere Ansicht gestimmt. Aus der Not des inneren Anpassungszwanges wurde die Tugend der Loyalität gemacht: Ich handle treu gegenüber meiner Partei, nach dem Motto: Die Partei hat immer recht.

Die ehrenhafte Bezeichnung »Loyalität« hilft also – so Václav Havel – »die ›niedrigen‹ Fundamente des Gehorsams und somit auch die ›niedrigen‹ Fundamente der Macht zu verstekken. Der Mensch verbirgt sich hinter der Fassade des ›Höheren‹ der Loyalität.« Dies bietet ihm die Illusion, »er sei eine mit sich identische, würdige und sittliche Persönlichkeit«. Die Vorstellung der Loyalität wird zur »Attrappe zweckfreier Werte, die es dem Menschen möglich macht, sein Gewissen zu betrügen. Er kann vor der Welt und vor sich selbst seine wirkliche Lage und sein ruhmloses Verhalten maskieren. Es ist eine Legitimation ›nach oben‹, ›nach unten‹ und ›seitwärts‹ den Menschen und Gott gegenüber. Es ist ein Schleier, mit dem der Mensch seinen ›Existenzverfall‹, seine Verflachung und seine Anpassung an die gegebene Lage verdecken kann.«[34] Die kränkende Selbstentmündigung braucht durch die Vorstellung »loyalen Verhaltens« nicht wahrgenommen werden.

Nicht in die schutzverheißende Kind-Rolle flüchten

Selbstvertrauen ist eine Grundlage dafür, Mut zu entwickeln. Wer jedoch Vertrauen in sich selbst nicht in dem Maße hat, in dem er es sich wünscht, braucht nicht darauf zu warten, bis es ihm gegeben wird. Er kann durch schrittweises Handeln Angst abbauen. Mut und Selbstvertrauen wachsen nicht allein durch Denken oder Reden, sondern durch praktisches Tun. Es geht darum, die Autoritätsangst zuzulassen und mit ihrer Hilfe die Bedrohung herauszufinden, die sie signalisiert.

In einem Seminar über Autoritätsängste berichtete die siebenundvierzigjährige Lehrerin Margarete A. begeistert, sie würde gern einen Schulgarten anlegen. Sie malte aus, wie bereichernd das für Unterricht und Schulleben wäre und wie gern sie es auch für sich persönlich täte. Einen geeigneten Platz auf dem Schulgrundstück gäbe es. Der Schulleiter stünde allerdings dem Vorhaben ablehnend gegenüber. Deshalb habe sie Angst, mit ihm darüber zu sprechen. Sie befürchte, er könne sie »kleinmachen« und ihre Vorschläge entwerten.

Frau A. war bereit, sich im Rollenspiel auf die ängstigende Situation einzulassen. Sie ging im Spiel zum Schulleiter hin und begann das Gespräch mit dem Satz: »Ich wollte mit Ihnen endlich darüber reden, wie Sie über das Schulgartenprojekt denken ...« – Mit diesen Worten stellte sie die Weichen für das Gespräch von Anfang an gegen sich. Der Schulleiter, dessen Rolle ich spielte, legte ihr dar, weshalb er von dem Vorhaben nichts hielte. Die Lehrerin gab dem *Vorgesetzten* das Wort und nahm es sich selber weg. Sie sagte nicht, was *sie* wollte.

Wir brachen das Rollenspiel ab und arbeiteten heraus, wie selbstverständlich die Kollegin dem Schulleiter größere Fähigkeiten einräumte und wie sie ihn den Gesprächsverlauf bestimmen ließ. Ohne es zu merken, hatte sie sich fremdbestimmt. – In einem nochmaligen Rollenspiel begann die Lehrerin damit, die Schulgartenidee pädagogisch zu begründen; sie argumentierte mit Lehrplan und Schulordnung. Jetzt stand die *Sache* im Mittelpunkt: die erzieherische Bedeutung für die Kinder, der Beitrag zum Umweltbewußtsein...

Diese beiden »Rollen« von Frau A. verglichen wir anschließend mit dem, was sie in der Gruppe ursprünglich von ihren Schulgarten-Wünschen erzählt hatte. Die Lehrerin war erstaunt; denn von *ihr* war in den gespielten Gesprächen fast nicht die Rede: von ihrem persönlichen Wunsch, den Garten anzulegen, davon, daß Kolleginnen und Kollegen gern mitmachen würden, von den konkreten Ideen, die sie bereits entwikkelte, von dem Sachverständnis, das sie sich durch ihre Gartenarbeit angeeignet hatte. All das kam in der Konfrontation mit dem Vorgesetzten nicht vor. Dadurch machte sie es diesem unmöglich, sie mit ihren persönlichen Vorstellungen zu begreifen, und nahm sich selbst die Chance, ihn anzustecken. Die Begeisterung, mit der sie zuvor das Projekt geschildert hatte, spürte man im Gespräch mit dem Rektor nicht mehr. Es schien, als hätte die Frau auf dem Weg zum Vorgesetzten ihr Ich aufgegeben.

Es war mehrerlei, was den Mut von Frau A. blockierte: Für sie stand von vornherein fest, der Vorgesetzte würde sich gegen sie wenden. Dadurch nahm sie dem Gespräch die Chance eines positiven Fortgangs. Sie gab von Anfang an nicht nur sich auf, sondern auch den Vorgesetzten. – Zudem wollte sie sich ausschließlich sachbetont auseinandersetzen. Sich selbst mit ihren Gefühlen und Fantasien, ihren konkreten Vorstellungen, ihrem Wunsch nach Arbeitszufriedenheit, stellte sie zurück. Dadurch fehlte ein wesentlicher Teil ihrer Person. – Und schließlich: Um den Konflikt zu vermeiden, bot sie sich dem Vorgesetzten als Untertan an. Durch ihre Unterwerfungsgeste forderte sie den Schulleiter heraus, sich machtbehauptend zu verhalten.

In solchen Situationen das eigene Ich aufzugeben, erspart zwar Konflikte – aber um den Preis, etwas von der persönlichen Lebendigkeit einzubüßen. Frau A. wollte eigentlich innerhalb des Schulsystems etwas verändern. Aber sie konnte noch nicht für ihre Entscheidung verantwortlich sein. Sie spürte die eigenen Wünsche, aber durfte sich diese nicht zugestehen. Die Autorität des Vorgesetzten sollte ihr dazu verhelfen. Sie hatte Angst, die untertänige Rolle zu verlassen; denn diese war ihr vertrauter als die Eigeninitiative. Damit engte sie ihre Spontaneität ein.

All das konnten sie und die Gruppe im Rollenspiel unmittelbarer wahrnehmen als im Gespräch. Die Konfrontation mit einem »leibhaftigen« Vorgesetzten machte die Angst spürbar; das Probehandeln war wirklichkeitsnäher. Durch das Rollenspiel wurden korrigierende Erfahrungen möglich.

Sich begreifen lassen und der »Autoritätsperson« kenntlich machen

Das re-aktive Verhalten, das sich in der szenischen Darstellung zeigte, kennzeichnet viele Vorgesetzten-Beziehungen: Man wartet ab, wie sich der Chef verhält, wonach er fragt, was er für Vorstellungen hat, um dann darauf zu re-agieren. Dadurch vermindern sich die Chancen, sich selbst in der Beziehung lebendig zu vertreten. Es kommt zu Rechtfertigungsreden – statt zum Ausdruck eigener Wünsche und persönlicher Ansichten.

Aus früher Autoritätsabhängigkeit heraus neigen viele Menschen dazu, sich zu Untergebenen zu machen. Sie sehen in Vorgesetzten die mächtigen »Erwachsenen«, gegen die sie keine Chance haben. Oft bieten sie die Rolle des braven Kindes geradezu an. Nicht *was* sie tun, ist dann von Belang, sondern ob sie es den Vorgesetzten recht machen. Diesen Folgsamkeits-Reflex gilt es wahrzunehmen und durchzuarbeiten.

Im Folgsamkeits-Reflex sind »Untergebene« von vornherein passiv: sie antworten auf das, was der Vorgesetzte fragt; sie sagen, was er hören will; sie lassen sich auf das ein, was ihn interessiert. Sich selbst stellen sie zurück – mit der Folge, daß der andere nicht auf sie eingehen kann. Diese Flucht in die Kind-Rolle soll den Schutz durch die Vorgesetzten bewirken. Sich unterzuordnen ermöglicht gleichzeitig, an der Macht des Übergeordneten teilzuhaben. Aber damit hört der einzelne auf, er selbst zu sein. Indem die Person ihr Ich teilweise aufgibt, erlangt sie zwar Scheinsicherheit, weil sie den Vorgesetzten wohlwollend zu stimmen hofft. Dieser Scheinsicherheit durch

Selbst-Aufgabe steht eine wachsende persönliche Unsicherheit gegenüber.

Wer seine Autoritätsangst bearbeiten will, muß sich die Flucht in die schutzverheißende Kind-Rolle bewußt machen und versuchen, aus ihr herauszutreten. Dazu gehört, sich der eigenen Wünsche und Überzeugungen, des eigenen Denkens und Sachverstandes bewußt zu werden und die damit verbundenen Ängste wahrzunehmen. Dazu gehört weiter, sich begreifen zu lassen: mit den eigenen Argumenten und Gefühlen in der Beziehung zum anderen zu bleiben und sich zu verständigen. Es geht um das Wagnis, echt zu sein, statt eine Rolle zu spielen, sich wahrnehmen zu lassen, statt zu taktieren, so deutlich wie möglich die Meinung mitzuteilen, statt die der anderen zu bekämpfen. Das vermindert die Gefahr, sich im Vorgesetzten-Kontakt seiner persönlichen Vorstellungen zu entfremden.

Nur wer sich immer wieder mit seinen Überzeugungen auseinandersetzt und seine Sachkenntnis vertieft, kann seine Meinung mit Mut auch »nach oben« vertreten. Andernfalls führen Autoritätsangst und Autoritätsgehorsam zu Resignation. Beim Bearbeiten des untertänigen Verhaltens geht es darum, die Resignationspunkte aufzudecken; denn hinter ihnen verbirgt sich verlorengegangene Lebendigkeit; diese gilt es wieder zu entdecken.

Nachdem die autoritätsängstliche Lehrerin ihre Angst vor dem Vorgesetzten in der Gruppe durchgearbeitet hatte, wagte sie es, ihr Schulgartenproblem in der Lehrerkonferenz vorzubringen. Ängstlich, aber deutlich stellte sie die Situation dar und erläuterte offen ihre konkreten Wünsche. Die Reaktion von Schulleiter und Kollegium war anders, als sie befürchtet hatte. Sie konnte die anderen interessieren für das, woran ihr lag; der Schulleiter vermittelte den Eindruck, als sähe er es gern, wenn an »seiner« Schule ein solches Projekt zustande käme. Es stellten sich mehr Mitmach-Wünsche ein als erwartet.

Freilich kommt es vor, daß Regierende den demokratischen Mut von Bürgern unerbittlich verfolgen. So wurde der zivilcouragierte Major Prieß durch den Verteidigungsminister in einem skandalösen Disziplinarverfahren um zwei Dienstgrade degradiert, weil er sein Recht auf Meinungsfreiheit wahrnahm. Der erniedrigte Major hatte zusammen mit anderen Soldaten öffentlich das »Soldatenurteil« gutgeheißen. In diesem wurde ein Arzt freigesprochen, der im Hinblick auf einen Atomkrieg sagte: »Jeder Soldat ist ein potentieller Mörder.« Major Prieß begründete seine Haltung mit der Gewissensnot, in die er käme, wenn er massenhaft und unterschiedslos töten müßte. Obwohl sich der Offizier mit seinem zivilen Mut keines Dienstvergehens schuldig machte, erzwang der Verteidigungsminister einen Prozeß gegen ihn. Der Minister wollte das Grundgesetz außer Kraft setzen, um einen kritischen Soldaten durch obrigkeitliche Willkür zu demütigen – und gleichzeitig andere Bürger einzuschüchtern.

Der zivile Mut des Majors wurde allerdings durch das Oberste Disziplinargericht als demokratische Tugend gewürdigt. Es hob die vom Verteidigungsminister verhängte Bestrafung auf und sprach dem degradierten Heeresmajor »ehrenhafte und von hohen ethischen Maßstäben getragene« Beweggründe zu. Jeder Bürger dürfe über Sinn und Rechtfertigung seines Handelns in ethischen Grenzsituationen nachdenken. Diensttreue und Gehorsam gewännen erst in der ethischen Bindung ihren wahren Sinn.

Furcht vor »Eltern und Vorgesetzten« führt zu Autoritätshörigkeit – Gehorsamserfahrungen bewußt machen

Eigener Wille und eigene Meinung von Heranwachsenden werden häufig nicht als Eigen-Sinn akzeptiert, sondern als »Eigensinn« mißbilligt. Das Kind versucht dann, sich vor Strafen und Verlust der elterlichen Zuwendung zu schützen, indem es gehorcht. Später wird die als Kind erfahrene Gehorsamsforderung in der Eltern- und Erziehersituation wieder inszeniert. Der Erwachsene wirkt dann selbst im Strafsystem mit, das ihn anpaßte. Nun bekämpft er den Eigensinn, der ihm ausgetrieben wurde, in seinen Kindern. Aus dem Gehorsamsein in der Kindheit wird Gehorsamfordern in der Erzieherposition.

Passen sich Kinder und Jugendliche nicht an, müssen sie fürchten, die Zuneigung der Eltern zu verlieren und allein gelassen zu werden. Die dadurch ausgelösten Trennungsängste erschweren den Aufbau eines widerstandsfähigen moralischen Selbstbildes. Die Heranwachsenden trachten ängstlich danach, es den Eltern und Erziehern recht zu machen. Die moralische Identität wird dadurch in Frage gestellt. Es schwindet die Kraft, an menschlichen Grundtugenden festzuhalten, die man als wertvoll erkannt hat. Die Anpassung kann zu unbewußter Hörigkeit führen: In sozialen Entscheidungssituationen werden nicht persönliche Wünsche, Überzeugungen und Sachkenntnisse wirksam; vielmehr läßt sich die Person von äußeren Autoritäten vorschreiben, wie sie handeln muß – auch wenn dieses Handeln den eigenen Vorstellungen und allgemein anerkannten sittlichen Werten widerspricht. Der einzelne scheint wie durch einen Anpassungszwang gefesselt zu sein.

Nach der psychoanalytischen Entwicklungslehre ist das so zu erklären: Das Kind verinnerlicht Normen der Eltern und Erzieher. Durch Identifikation übernommene Gebote und Verbote der Erwachsenen werden zum Über-Ich. Dieses schreibt als »innere Stimme« der Person vor, was sie zu tun hat: Es droht mit Strafen, befiehlt, schürt das schlechte Gewissen. Das Über-Ich verhält sich wie die Eltern und Vorgesetzten, mit denen sich das Kind identifiziert hat. Es kontrolliert nicht nur, was gut und böse ist. Das Über-Ich besteht darauf, daß Befehle und Verbote *an sich* befolgt werden: Du sollst gehorchen! Widersprich nicht! Ich will, daß du tust, was ich dir sage! Du sollst nicht immer das letzte Wort haben! Sei nicht so eigen-sinnig! – Durch diese Forderungen wird das Gehorchen zum Selbstwert.

Das »Prinzip Gehorsam« beherrscht schließlich das Wertsystem der Heranwachsenden. Deshalb können die Werte beliebig ausgewechselt werden. »Da die fordernden Eltern immer recht haben, muß man sich nicht im einzelnen den Kopf darüber zerbrechen, ob das von ihnen Geforderte richtig ist. Wie soll das auch beurteilt werden, woher sollen die Maßstäbe vorhanden sein, wenn man sich immer sagen ließ, was recht und unrecht war? Wenn man keine Gelegenheit bekam, Erfahrungen mit den eigenen Gefühlen zu machen, und darüber hinaus Ansätze zur Kritik, die die Eltern nicht ertrugen, gefährlich waren? Hat der Erwachsene nichts Eigenes aufgebaut, dann erlebt er sich in der gleichen Art auf Gedeih und Verderb der Obrigkeit ausgeliefert wie ein Säugling den Eltern: ein Nein dem Mächtigen gegenüber erscheint ihm für immer lebensgefährlich.«[35] »Lebensgefährlich« meint hier die Gefahr, von den Eltern verlassen zu werden – und dieser Gefahr kann sich kein Kind aussetzen.

Auch das biblische Gebot wirkt verunsichernd: »Du sollst Vater und Mutter ehren.« Wer Vater und Mutter nicht »ehrt«, sündigt. Deshalb macht es Angst, nicht so zu handeln, wie es den Eltern gefällt. »Es heißt nicht, Du sollst Vater und Mutter lieben, sondern ehren; Elternliebe kann sich entfalten oder nicht, je nach der Liebesfähigkeit der Eltern; als Pflicht gefordert wird deshalb, die Herrschaftsrolle anzuerkennen. Die Gebote appellieren ausdrücklich an ein zu erlernendes Verhalten und nicht an Reaktionen aus einem spontan sich entwickelnden Handeln.«[36] Das kann zu blindem Gehorsam führen. Über diesen sagt Adolf Eichmann in dem nach Gesprächsprotokollen gestalteten Schauspiel von Heinar Kipphardt:

»Von der Kinderstube angefangen, war bei mir der Gehorsam etwas Unumstößliches, etwas nicht aus der Welt zu Schaffendes ... Trotz liebevollster Zuneigung und Freude an mir war der Vater sehr streng gewesen, gab es keine Widerworte, mußte gehorcht werden ... Bei den Mahlzeiten zum Beispiel, Tischgebet, Reichen der Speisen, hieß es von Anfang an, was auf den Tisch kam, mußte gegessen werden. Wer etwas nicht aß, bekam es bei der nächsten Mahlzeit wieder, bis er es aufgegessen hatte. So lernten wir Genügsamkeit ... Es war den Kindern nicht erlaubt, während des Essens zu sprechen, nur wenn ein Kind direkt gefragt wurde, durfte es antworten ... Wir waren so erzogen, daß man sich beherrscht, daß auch Weinen nicht gezeigt wird ... Ich anerkannte meinen Vater als absolute Autorität, wie ich später auch meine Lehrer und Vorgesetzten als Autorität anerkannte. Als ich zur Truppe kam, schien mir das Gehorchen keinen Deut schwerer als das Gehorchen in der Kinderstube ... Es wäre denkbar gewesen, daß das berühmte Kamel durch das Nadelöhr geht, aber undenkbar, daß ich mir gegebenen Befehlen nicht gehorcht hätte ... Ich weiß natürlich heute, daß ein solches Leben, eingespannt in Gehorsam, Befehle, Weisungen, ein sehr bequemes Leben ist ... Verantwortung und Gewissen hat die befehlsgebende Ebene, aufwärts vom General ... Es hat der Befehl für die Allermeisten auch etwas Entspannendes: Ist befohlen, wird gemacht ...«

Aus solch blindem Gehorsam heraus kommt es zu verhängnisvoller Pflichterfüllung. Die Person befolgt jede Weisung der Vorgesetzten – ohne den Inhalt der Weisung selbstverantwortlich zu prüfen. Auf dem Weg von Autoritätshörigkeit zu selbstbestimmtem Handeln müssen wir uns Gehorsamserfahrungen der Kindheit bewußt machen: Wie habe ich das »Folgen« gelernt? Durfte ich in Autoritätsbeziehungen »eigenen Sinn« und Widerspruch wagen? Wurde ich mit meiner kindlichen Meinung ernstgenommen? Konnte ich, wenn ich ungehorsam war, mit dem Verständnis von »Eltern und Vorgesetzten« rechnen? Wie stand ich selbst innerlich zu meinem Gehorchen und Nicht-Gehorchen?

Solche Selbstwahrnehmung kann im Gespräch mit Freunden, Ehepartner, Kolleginnen und Kollegen, aber auch mit den eigenen Kindern erfolgen. Gespräche in Gruppen eignen sich besonders, um über Gehorsamsforderungen nachzudenken und nachzufühlen. Dadurch wird der innere Anpassungszwang besser verstanden, und manche gegenwärtigen Autoritätsängste erscheinen als unangemessen. Wir sind nicht mehr das ohnmächtige Kind von damals, sondern können erwachsen handeln. – Es ist wichtig, nicht dabei stehenzubleiben, Kindheitserfahrungen zu *beklagen*; denn damit verharren wir in der Kind-Rolle. Vielmehr müssen wir aus dem schutzsuchenden Kind-Verhalten heraustreten, dann kommen Ängste hoch, die wir erkennen und bearbeiten können. Wertvorstellungen und Ideale, die uns etwas bedeuten, unterstützen uns dabei.

Durch Einsicht und Übung die Vorgesetzten-Angst überwinden

Wer seine Autoritätsangst mildern will, kann üben, damit umzugehen. Im folgenden geht es um Übungen, die das bewußte Erleben erweitern und den Betroffenen mit sich selbst konfrontieren – denn nur wer mehr »zu sich« kommt, kann die angstverursachende Hilflosigkeit überwinden.

Die gedankliche »Angstkonfrontation« (Willi Butollo) besteht darin, anhand von Vorstellungen zu üben.

Sich die Angstsituation vorstellen

Bei der ersten Übung kommt es darauf an, sich angstmachende Situationen bei der erwarteten Konfrontation vorzustellen – wie zum Beispiel der Chef das Zimmer betritt, wie es im Verlauf des Gesprächs mit ihm zu gegensätzlichen Ansichten kommt. Oder: Wie ich als autoritätsängstliche Person an der Tür des Vorgesetzten anklopfe, wie ich eintrete, wie ich das Gespräch beginne, wie ich auf eine ablehnende Haltung reagiere.

»Achten Sie darauf, wie Sie sich beim Vorstellen dieser Bilder fühlen. Spüren Sie wirklich hin: Was ist es, was ich fühle? Hören Sie auf die inneren Kommentare, die Sie dabei abgeben. Wichtig an dieser Übung ist, den inneren Zustand bewußt zu merken und jene Vorgänge zu registrieren, die sich bei angstauslösenden Situationen einstellen. Sagen Sie zu sich selbst: Jetzt will ich genau wissen, wie sich dieser Zustand anfühlt.«[38]

Es geht darum, nicht zu *verleugnen* oder zu verdrängen, was in der Beziehung Angst macht. Durch Verleugnung wird ein Teil der angstmachenden Wirklichkeit in der Art der Vogel-Strauß-Politik nicht mehr wahrgenommen: Ich schaue nicht hin, dann bin ich nicht bedroht. – Durch Verdrängung werden die von innen kommenden Ängste aus dem Erleben ausgeschaltet. Verleugnung und Verdrängung stören das Ich dabei, wahrzunehmen, was sich tatsächlich abspielt. Der Verleugnende erkennt die Gefahr nicht zutreffend; daher kann er ihr nicht wirklichkeitsgerecht begegnen. Die Verleugnung erschwert es zudem, mit Kolleginnen, Freunden oder dem Ehepartner über die Angst zu sprechen. Dadurch erfährt der Geängstigte nicht, daß es anderen ähnlich geht und daß er über gemeinsame Ängste in Kontakt mit anderen kommen kann.

Bei der beschriebenen Übung lehnen wir uns nicht gegen das Angstgefühl auf, sondern wenden uns ihm zu. Oft tun wir in Angstsituationen das Gegenteil: Wir flüchten in Alltagsroutine, lenken uns von den angstbezogenen Gedanken ab und wähnen uns sicher. Beim ruhigen Sich-Versenken hingegen werden die Ängste spürbar; sie drängen uns dazu, den Konflikt zu bearbeiten. Wer genau hinsieht, erfaßt die Gefahr deutlicher und spürt auch die damit verbundene Hilflosigkeit. Diese Hilflosigkeit kann mit dem Unvermögen zusammenhängen, klar zu argumentieren. Deshalb regt die Auseinandersetzung mit der Vorgesetztenangst auch dazu an, sich ernsthaft mit einer Sache zu beschäftigen, sich das Wissen anzueignen und die Informationen einzuholen, die für das Gespräch nötig sind.

Sich vorstellen, die Angstsituation erfolgreich zu bewältigen
Bei der zweiten Übung stellen wir uns wiederum die Situation vor, zum Beispiel das Gespräch mit einer Autoritätsperson, die Wortmeldung in einer Sitzung oder die Diskussion in einer Versammlung. Jetzt bleiben wir aber in der Fantasie nicht das erduldende Objekt, sondern machen uns zur handelnden Person. Wir gestalten die Situation in unserer Vorstellung so, wie wir es uns für einen guten Verlauf wünschen. Wir verharren nicht in der »Opferrolle«, sondern machen uns zu »Tätern«.

Dabei treten wir aktiv in die Begegnungssituation mit dem Vorgesetzten, bleiben aber in kritischen Situationen echt, zum Beispiel unsicher – anstatt Sicherheit vorzutäuschen. Wir gehen nicht als Re-agierende ins Gespräch, sondern versuchen das Gespräch zu *führen*. Wir lassen uns nicht nur vom Vorgesetzten fragen, sondern informieren von uns aus über Sachverhalte, an denen uns liegt. – Wir stellen uns vor, wie wir in der Situation die angemessenen Handlungen trotz der Angsterregung ruhig fortführen und abschließen und daß die Angsterregung im Verlauf dieser Handlung abnimmt. Wir versuchen unsere Handlungen in dieser Situation möglichst deutlich und fortlaufend zu sehen.[38] – Gefühle der Ohnmacht vermindern sich, wenn wir den Fantasien Raum geben, wie wir uns gegenüber Autoritätspersonen einstellen und in bestimmten Situationen verhalten können. Der fantasierte gute Ausgang wirkt entspannend. Das Gefühl, ohnmächtig zu sein, weicht der Hoffnung, selbst etwas in die Hand nehmen zu können.

Überlegungen sind zum Beispiel: Wie kann ich in der Situation *mit* meiner Angst die Meinung äußern? Welche Informationen und Sachkenntnisse kann ich mir aneignen? Wie kann ich möglichst »zivil« meine Argumente vorbringen, um die Angst vor Gegenaggressionen zu mindern? Wie kann ich Gefühle der Wut und Empörung zulassen, ohne beleidigend oder kränkend zu sein? Wie kann ich das Gespräch selbst lenken, um nicht in Gefahr zu kommen, nur auf den Vorgesetzten zu reagieren? Mit wem könnte ich die Gesprächssituation vorher übend durchspielen oder wenigstens durchsprechen? Was kann mir dabei helfen, Kränkungen zu ertragen und trotz der Verletzung in der Beziehung zu bleiben?

Sich das Mißlingen vorstellen –
»Bei sich selbst« und in der Beziehung bleiben

»Lassen Sie genau die Dinge in der Fantasie geschehen, die Sie am meisten fürchten – und zwar Schritt für Schritt. Achten Sie darauf, daß Sie die Vorstellung nicht abbrechen, sie nicht abstrakt werden lassen, daß Sie nicht vorausspringen. Versuchen Sie vielmehr, sie möglichst lebendig zu halten, die Gedanken zu registrieren, die Empfindungen und Gefühle dabei zu spüren. Tasten Sie sich an die vermeintliche oder reale Katastrophe sorgfältig heran. Sehen Sie zu, ob es Ihnen gelingt, sie in der Fantasie durchzuleben.«[38]

Diese Übung bedeutet nicht, sich auf das »Unheil« im Sinne einer Erwartung einzustellen. Sie hat vielmehr zum Ziel, sich auch bei einem ungünstigen Ausgang nicht passiv-resignierend zu verhalten, sondern aktiv-gestaltend. Einen »katastrophalen Ausgang« auszufantasieren soll befähigen, gerade dann »bei

sich selbst« zu bleiben und das Geschehen weiterhin zu beeinflussen, wenn wir dazu neigen, in kindliche Ohnmacht abzu-
gleiten oder in Selbstmitleid zu verfallen. – Dazu gehört zum
Beispiel, dem Vorgesetzten hier und jetzt die eigene Erregung
oder Angst vor ihm mitzuteilen. Sich nicht »zusammenzurei-
ßen«, sondern sich echt zu zeigen, kann die Situation entspannen. Voraussetzung dafür ist, nicht aus der Beziehung heraus-
zugehen – und ebenso den anderen nicht »weggehen« zu lassen.

Sich einen ungünstigen Verlauf auszumalen dient auch der
Realitätsprüfung: Bin ich tatsächlich bedroht durch die ge-
fürchtete Auseinandersetzung? Was kann passieren, wenn ich
zu der angstmachenden Person hingehe? – Was sind die
schlimmstmöglichen Folgen, wenn ich dem Vorgesetzten sage,
was ich mir wünsche? – Wie schädlich sind die möglichen Folgen für mich, wenn ich meine eigene Position deutlich mache?
– Was kann mich in der ängstigenden Situation beruhigen? –
Welches Wort, welchen Leitsatz zum »Festhalten« könnte ich
in die Auseinandersetzung mitnehmen?

Butollo faßt den Grundgedanken des Übens so zusammen:
»Die Angst ist eine Kraft. Es geht darum, jene Fähigkeit zu
entwickeln, die es uns möglich macht, die in den Ängsten noch
ungerichtete Kraft einzusetzen; und zwar so, daß sie dazu
dient, das Problem zu bewältigen. Mit Hilfe der Angstsituation
können wir erkennen, welche inneren Barrieren wir gegen den
Ablauf der Ereignisse unseres Lebens aufbauen. Im Angsterle-
ben steckt aber auch die Kraft, mit der wir die Ereignisse verarbeiten können, die uns bedrohen.«[38]

Die Übungen führen an persönliche Fragen heran: Weshalb
ist es für mich so bedeutsam, die Zustimmung der Amtsautori-
tät zu erlangen? – Wie kommt es, daß mein Selbstbild wankt,
wenn mich ein Vorgesetzter kritisiert? – Bin ich tatsächlich weniger wert, wenn die »Autorität« an mir etwas auszusetzen hat?
– Kann ich die Kritik akzeptieren oder zurückweisen – ohne
gleich mein Selbst in Frage zu stellen? – Sehe ich die »Autorität« nur in den anderen und erkenne nicht auch die Autorität in
mir selbst? – Welches Selbstbild möchte ich verwirklichen? –
Welche Werte sind für mein Leben bedeutsam?

Trotz der Furcht die »Wortmeldung« wagen –
Angst wird zur Kraft

Eine Angestellte, die einundfünfzigjährige Frau U., wollte couragierter werden. Deshalb besuchte sie ein Seminar über Autoritätsangst, das einmal wöchentlich stattfand. Sie klagte in dieser Gesprächsgruppe darüber, wie wenig mutig sie sei. Sie traue sich nicht, in einem Volkshochschulkurs über ökologische Themen etwas zu sagen. Die Lerninhalte interessierten sie, und sie wünschte sich sehnlich, mitarbeiten zu können. Aber wenn sie sich vorstelle, sich zu Wort zu melden, bekäme sie Herzklopfen und einen trockenen Mund. Sie befürchte, es würde ihr vor Angst die Stimme verschlagen. Durch den blockierten Wunsch, ihre Meinung mitzuteilen, geriete sie in einen quälenden Spannungszustand. Sie sei beschämt darüber; denn sie wolle so gern öffentlich mitreden.

Die Gruppenteilnehmer ermutigten sie, die Angst nicht abzuwehren, sondern genauer zu betrachten. Dabei tauchte hinter dem Angstsignal die Gefahr auf, von der »Lehrerin« bloßgestellt zu werden. Frau U. befürchtete, sich der Kritik auszuliefern. Sie meinte, nicht »gut genug« zu sein – jedenfalls nicht so gut wie die anderen. Zwar erkannte sie, daß sie die Seminarwirklichkeit verzerrt sah. Denn die Teilnehmerinnen und die Dozentin hatten sich nie abwertend gegenüber dem gezeigt, was andere äußerten; real war keine Bedrohung sichtbar. Aber ihre Angst vor der Autoritätsperson und davor, sich öffentlich zu zeigen, saß tief.

Bei der Frage nach der Herkunft der Angst erzählte Frau U., wie sie in der Schule oft bloßgestellt worden war. Sie erinnerte Situationen, in denen Erwachsene ihre Mitsprache-Wünsche nicht ernst nahmen oder sie wegen ihrer Äußerungen blamierten. Die verächtliche Bemerkung einer Lehrerin –»Setz dich« – hatte sie immer noch im Ohr. Nach diesen Erfahrungen zog sie es vor, sich nicht mehr spontan zu äußern.

Indem sich die Gruppenteilnehmerin mit ihrer Angst auseinandersetzte, kam es zur »Wiederkehr des Verdrängten«. Es tauchten angstmachende Erfahrungen auf, die sie aus kindlicher Ohnmacht nicht bewältigen konnte und deshalb verdrängen mußte. Sie erkannte, für welche Gefahr ihre Angst zum Signal wurde – nämlich für die Gefahr, hilflos zu sein. Diese nacherlebte Einsicht wollte sie nicht mehr als Entschuldigung für ihren mangelnden Mut gelten lassen. Vielmehr ging sie daran, ihre Angst zu bearbeiten. Sie blieb nicht bei der bequemen Selbstverurteilung stehen: »Mit mir ist ja doch nichts anzufangen«, sondern erkannte, wie sie mit dieser Resignation ihre Selbstachtung untergrub. Selbstachtung ist jedoch eine wichtige Grundlage von Mut.

Die Hauptgefahr lag für die Seminarteilnehmerin darin, zurückgewiesen zu werden. Deshalb versuchte sie, vor Beginn des Kursabends und zwischendurch, mit anderen Kontakt aufzunehmen. Dabei erlebte sie, daß sie mit ihren Diskussionsängsten nicht allein stand. Sie wagte bald, sich mit ihrer Angst, mit ihrem Herzklopfen zu Wort zu melden. Schließlich erwuchs ihr aus der ursprünglichen Angst die Kraft, an dem Volkshochschul-Seminar nicht nur teilzunehmen, sondern es auch mitzugestalten.

Die diskussionsängstliche Frau entdeckte im Verlauf dieses Prozesses eine andere Quelle der Angst. Diese bezeichnete Erich Fromm als »Furcht vor der Freiheit«. Auf der einen Seite erlebte Frau U. das befreiende Gefühl, in der Seminarsituation Selbstbestimmung zu wagen. Gleichzeitig merkte sie, wie riskant die neue Freiheit war, die sie herausforderte, sich persönlich für das Risiko zu entscheiden. Sie war nun nicht mehr abgesichert gegen Kritik, Zurückweisung und Fehlverhalten. Sie wagte, mit ihren Wünschen und Gefühlen abgelehnt zu werden, aber es erwuchs ihr auch die Chance, angenommen zu werden.

In der Folgezeit ergriff sie im Seminar zunehmend häufiger das Wort. Sie merkte, daß die anderen Teilnehmerinnen auf ihr verändertes Verhalten reagierten: Sie wurde angesprochen, gefragt, bekam Zustimmung, das Gespräch ging nach dem Seminar weiter ... Sie merkte auch, daß jene, die viel sagten, nicht unbedingt bessere Ideen als sie hatten, sondern daß sie sich zu reden trauten. Es kam darauf an, in der Gesprächssituation das zu sagen, was sie zu sagen hatte. Dadurch konnte sie ihr Selbstwertgefühl festigen. Ihre Mitarbeit war nicht mehr durch die Fragen blockiert: Was ist »richtig« und was »falsch«? Jetzt ging es ihr mehr darum: Wie denke ich? Was fällt mir dazu ein? Was möchte ich fragen? Was ist meine Information? Was ist meine Meinung? – Sie entdeckte, daß die kontrollierende Frage nach »Richtig« und »Falsch« das kreative Denken hemmte. Solange Frau U. in ihrer Angst beharrte, war sie blind dafür, die Situation zu verändern. Nachdem sie begann, ihre Angst zu bearbeiten, wurde es ihr möglich, etwas zu gestalten.

Auch berühmte zivilcouragierte Persönlichkeiten sind nicht frei von Angst. Da war zum Beispiel ein kleiner, schüchterner Mann, dem es schwerfiel, öffentlich seine Meinung zu äußern. Er fand, daß er ängstlich sei und gar nicht couragiert – und hat doch später gewaltfrei ein Weltreich ins Wanken gebracht. Mahatma Gandhi berichtete von seiner Unsicherheit:

»Während andere auf den Versammlungen ihre Meinung äußerten, saß ich schweigend da. Nicht als hätte es mich nie zum Reden gedrängt. Aber ich war in Verlegenheit, wie ich mich ausdrücken sollte. Alle übrigen Teilnehmer schienen mir besser unterrichtet zu sein als ich. Auch kam es oft vor, daß gerade dann, wenn ich meinen Mut zum Sprechen zusammengerafft hatte, das Thema gewechselt wurde. – Erst in Südafrika bezwang ich diese Schüchternheit, obwohl ich sie nie ganz überwunden habe. Es war mir unmöglich, ohne niedergeschriebenen Text zu sprechen. Wann immer ich einem fremden Publikum gegenübertreten sollte, bekam ich Hemmungen, und ich vermied es zu sprechen, wo ich nur konnte.«[39] – Öffentlichen Mut zu lernen muß nicht »harte Arbeit an sich selbst« oder Selbstüberwindung sein. Das Lernen wird vielmehr zur Selbsterweiterung; denn die Person erlebt sich lebendiger und ganzheitlicher.

Ablösung von der Elternautorität –
»Endlich erwachsen werden«

Zivilcourage erfordert, dem »Vater« Staat, der »Mutter« Kirche, den »Eltern und Vorgesetzten« eigen-ständig gegenüberzutreten. Deshalb ist die Autoritätsangst auch an ihrer Quelle zu bearbeiten: im Verhältnis zu den eigenen Eltern. Ob man 60 Jahre alt ist und die Mutter 86 oder ob man als Zwanzigjähriger einen Vater von 45 hat: die Einmischung der Eltern scheint lebenslänglich zu sein – und sei es nur im Kopf der Töchter und Söhne. Dort bleiben Mütter und Väter verinnerlicht als Kritiker, Vorbilder, Forderer, Mahner, Idealfiguren, Bewerter. Was früher die Eltern verboten, verbietet jetzt die »innere Stimme«. Diese mahnt oft so unerbittlich, daß die Person ihre Eigen-Bewegung aufgibt. Elterliche Gebote und Verbote zu verinnerlichen hat in der Kindheit den Sinn, die Sicherheit durch Mutter und Vater nicht zu verlieren, man konnte diese gleichsam »mitnehmen«.

Selbst wenn erwachsen gewordene Kinder alles anders und besser als ihre Eltern machen wollen, ordnen sie sich deren Autorität unbewußt oft mehr unter, als sie wahrnehmen. Nicht nur der schärfste Protest von Heranwachsenden kann ein Ausdruck von Abhängigkeit sein, wenn er nur re-aktiv gegen die Eltern gerichtet ist, sondern auch die Idealisierung der Eltern. Für das Kind war sie notwendig, weil es dadurch an der elterlichen Stärke teilhaben konnte. Jetzt aber gälte es zu erkennen, daß die Eltern stark *und* schwach, gut *und* böse sind. Diese realistische Sicht macht andere Beziehungsformen und neue Freiheiten möglich. Sie bringt aber auch größere Verantwortung mit sich. Die Freiheit des Erwachsenseins wird oft nicht genützt, die Verantwortung nicht übernommen, weil die kindliche Rolle nicht aufgegeben werden kann. Das starke Band von Ge- und Verboten wirkt fort.

Ein vierundzwanziger Student, Udo H., beklagte sich darüber, daß er an Weihnachten wieder nach Hause und dort das übliche Familienzeremoniell über sich ergehen lassen müsse. Vorwurfsvoll berichtete er, wie unzumutbar er es fände, die üppige Esserei über sich ergehen zu lassen, das harmonische Getue mitzuspielen, das Singen unterm Weihnachtsbaum und die »Geschenke-Diktatur« zu ertragen. Am liebsten würde er nicht heimfahren; aber das wolle er seinen Eltern nicht antun. Der junge Mann fand kein Ende, über das ihm aufgezwungene Familienfest zu lamentieren.

Danach gefragt, wie er sich das Weihnachtsfest zu Hause vorstelle, begann er erneut zu schimpfen: Die Eltern ließen nicht mit sich reden, behandelten Sohn und Tochter wie kleine Kinder, da wäre gleichgültig, was man sage. – Auf die beharrliche Frage, wie er es denn gern hätte, geriet er in Verlegenheit. Es wurde ihm bewußt, daß er darüber nicht nachgedacht hatte. In seiner kindlichen Rolle konnte er nur »folgen« und anderen gegenüber klagen. Eigene Ideen zu entwickeln und sich mit seinen Wünschen den Eltern erkennen zu lassen: Das hatte er nie geübt. Er erlebte es als Tugend, seine Kind-Rolle zu spielen.

Auch auf andere Situationen bezogen erkannte Udo H., wie sehr er seine Lebensmöglichkeiten einschränkte, weil er trotzig in seiner Kind-Rolle verharrte. Er wartete darauf, daß sich die Eltern veränderten. Dabei geriet ihm aus dem Blick, daß er von sich aus die Beziehung verändern könnte. Mit seinem kindlichen Vorurteil gegenüber den »schuldigen« Eltern gab er nicht nur sich selbst auf; er ließ auch den Eltern keine Chance, etwas zu verändern. In dieser erstarrten Haltung verloren beide Seiten Möglichkeiten zu größerer Eigen-Bewegung und selbstbestimmtem Leben. Denn auch die Eltern können neue Wege gehen, wenn sich die Kinder von ihnen loslösen.

Manche Menschen sind autoritätshörig an die Eltern gebunden und entwickeln zu wenig ihr eigenes Ich. Sie brauchen auch als Erwachsene elterliche Bestätigung. Deshalb müssen sie immer nachgeben, die Erwartungen der Eltern erfüllen und die eigenen Wünsche zurückstellen. – Andere protestieren unentwegt gegen ihre Eltern, aber binden sich gerade durch diesen Protest an diese und kommen ebenfalls nicht zu dem, was sie eigentlich wollen. – Wieder andere ziehen sich völlig von den Eltern zurück. Auch in diesem Fall »haben die Eltern immer noch ungeheure Macht über die Gefühle und Handlungen des

Kindes. Solange man so stark auf sie reagiert, verleiht man ihnen die Macht der Kontrolle.«[40]

Das beschriebene kindliche Verhalten des jungen Mannes hat eine Entsprechung im gesellschaftlichen Zusammenleben. Da gibt es Bürger, die immerfort über die Politiker klagen, aber keine Möglichkeit sehen, selbst etwas zu tun. Sie schimpfen über die »gesellschaftlichen Strukturen«, die sie daran hindern, demokratisch zu handeln – aber sie nehmen nicht wahr, daß sie an ihrer Stelle beginnen könnten, das »System« zu verändern. Sie jammern über die »Umstände«, aber wollen sich nicht individuell engagieren, um bessere Umstände zu schaffen. In vorwurfsvoller Erwartung mahnen sie eine »bessere Gesellschaftsordnung« an, bleiben aber untätig und geben sich damit selbst auf.

Wer sich auf den Weg von Autoritätsängstlichkeit zu Eigenständigkeit und Widerspruchsmut begibt, sollte genau auf seine Beziehung zu den allerersten Autoritäten sehen: Wird die Einmischung der Eltern immer noch hingenommen oder gewünscht? Findet diese Einmischung womöglich nicht wirklich, sondern nur im Kopf der erwachsenen Kinder statt? Werden Abhängigkeiten aufrechterhalten, die in der Realität nicht mehr existieren? Wird die elterliche Autorität idealisiert oder abgewertet? Werden eigene Lebensentscheidungen von den Eltern abhängig gemacht? Wird diesen damit Macht über sich eingeräumt und ihnen gleichzeitig die Verantwortung übertragen? Beruht das Verhalten gegenüber den Eltern auf freier Entscheidung oder auf dem trotzigen Bedürfnis, Unabhängigkeit zu beweisen?

Sich von den Eltern abzulösen bedeutet nicht, sich von ihnen zu trennen. Es bedeutet, Mitglied der Familie zu bleiben, aber zugleich eine eigenständige Person zu sein: Ich kann so sein, wie ich bin, und ich kann meine Eltern so sein lassen, wie diese sind. Wenn ich mich frei genug fühle, eigene Überzeugungen, Gefühle und Verhaltensweisen zu leben, die von denen der Eltern abweichen, bin ich selbstbestimmt. Wenn meinen Eltern nicht gefällt, was ich denke oder tue, erlebe ich unangenehme Situationen. Das müssen meine Eltern und das muß ich aushalten, wenn ich mich nicht ihnen und mir zuliebe anpassen möchte. Ich kann mit den Eltern Kompromisse schließen, solange ich frei entscheide und mir selbst treu bleibe. Es geht um eine neue, andere Liebe zu den Eltern. Diese ist frei von dem Wunsch, die Eltern möchten anders gewesen sein, als sie waren; sie bejaht die Tatsache, für das eigene Leben allein verantwortlich zu sein.[41]

In den Auseinandersetzungen, die mit diesem Prozeß einhergehen, ist es hilfreich, nicht verteidigend auf die Eltern zu reagieren, sondern sich selbst begreifen zu lassen: Den Kreis aus Angriff und Verteidigung, Schuldzuweisung und Schuldabwehr zu durchbrechen, verhindert eine Eskalation. Dies gelingt am sichersten, wenn man »bei sich« bleibt; das bedeutet: klar mitzuteilen, was einen selbst bewegt, was wir denken, wovon wir überzeugt sind, was wir uns wünschen, was wir zu tun bereit sind, was uns freut oder traurig stimmt, wo wir unsere Grenzen abstecken, wie wir die Beziehung gestalten möchten. Wir versuchen nicht, die Meinung oder das Verhalten der Eltern zu ändern, sondern verändern selbstbestimmt die Beziehung zu ihnen.

Mutig-Sein stärkt das Selbstwertgefühl –
Die »Häutung vom Wurm zum Schmetterling«

Menschen mit sicherem Ich-Gefühl können Autoritätsängste leichter überwinden als solche mit einem schwachen Ich. Sie erleben sich als innere Einheit; sie haben Ich-Identität. Ihr Selbstbild – die Vorstellung, wie sich ein Mensch verwirklichen möchte – stimmt weitgehend mit dem überein, wie sie tatsächlich handeln. Ich-Identität ist eine Voraussetzung seelischer Gesundheit. Die »identische« Person verarbeitet Erfahrungen so, daß es für sie »stimmt«. Das Echt-Sein wird auch für andere Menschen wahrnehmbar. Identität bedeutet »das Ich-Gefühl, das anfängt, wenn das Kind zum ersten Mal bewußt weiß und sagt: Das bin ›ich‹, und das schließlich den aufgeklärten mündigen Bürger auszeichnet, der seine Gefühle wahrnimmt, der selber denkt und im Einklang mit seinem Gewissen handelt.«[42]

Wer Ich-Identität besitzt, hatte in Kindheit und Jugend die Chance,

- ein Gefühl von Vertrauen zu entwickeln. Er hat erfahren, daß seine Mitmenschen zuverlässig und glaubwürdig sind.
- Er konnte ein eigenständiges Ich verwirklichen, mit eigenen Vorstellungen und Wünschen.
- Und er durfte sich selbst handelnd erfahren, eigene Initiativen verwirklichen, Gedanken in die Tat umsetzen und dadurch Selbstbewußtsein aufbauen.

Wer kein sicheres Ich-Gefühl hat, kann es stärken, indem er zum Beispiel die Autoritätsangst bearbeitet. Das Bemühen, identisch zu handeln, also das eigene Denken, Fühlen und Tun in Einklang mit den Wertvorstellungen zu bringen, ist ein lebenslanger Prozeß; man muß sich immer wieder neu in ihn hineinbegeben. Als »Häutung« erlebte Lea Fleischmann die Erfahrung, ihre Autoritätsangst durch Widerspruchsmut zu überwinden:

»Morgen hat meine Klasse Abschlußprüfung. Zwei Jahre habe ich die Schülerinnen unterrichtet, Arbeiten geschrieben, sie beobachtet, Noten gegeben, und die morgige zehnminütige Prüfung ist unser letzter gemeinsamer schulischer Akt. Wie oft habe ich ihnen gesagt: ›Wehrt euch, wenn euch etwas nicht gefällt, macht wenigstens den Mund auf, ihr werdet Erzieher, und wenn ihr in der Erziehung etwas verändern wollt, dürft ihr nicht alles hinnehmen.‹

Am Abend bin ich sehr aufgeregt. Morgen muß ich prüfen, und ich weiß, wie sich Herr Leuenberger verhalten wird. Er wird wie bei den anderen Prüfungen das Wort ergreifen, die Schüler verunsichern und anschließend seine fachlich unqualifizierten Kommentare abgeben. Und an diesem Abend beschließe ich, mich gegen ihn zu wehren, seine Einmischungen nicht hinzunehmen, obwohl ich noch in der Ausbildung bin und meine weitere schulische Entwicklung von seinem Urteil abhängt.

Am nächsten Morgen gehe ich in den Prüfungsraum. Die Prüfungskommission sitzt im Halbkreis, und in ihrer Mitte Herr Leuenberger. Die erste Schülerin nimmt mit aufgeregtem Gesicht vor dieser Lehrermauer Platz. Sie ist eine gute Schülerin, aber die Aufregung des Tages und die kritisch beobachtenden Lehrerblicke verunsichern sie. Zögernd beginnt sie mit der Beantwortung der Frage.

Ich will ihr ein wenig Zeit lassen, sich zu fangen, sehe sie lächelnd an und nicke zum Zeichen, daß sie so fortfahren soll. Mitten in mein aufmunterndes Lächeln platzt Herr Leuenberger mit seiner gewohnten Prüfungsmethode hinein. ›Halten Sie sich nicht bei Nebensächlichkeiten auf, sondern kommen Sie bitte zum Kern der Frage.‹ Ich bin sicher, daß er nicht weiß, was der Kern der Frage ist, aber sein Kommentar zeigt Wirkung. Marion Endes verstummt, schluckt ein paarmal und sieht mich hilflos an.

›Fahren Sie fort, wie Sie begonnen haben‹, ermuntere ich sie. Aber an Fortfahren ist hier nicht zu denken. Es ist, als könne Marion nicht mehr sprechen, sondern nur noch stammeln. ›Sie müssen doch etwas gelernt haben in den zwei Jahren‹, läßt Herr Leuenberger vernehmen, ›Sie werden auf die Note ›gut‹ geprüft, da müssen Sie schon etwas von Ihrem Können unter Beweis stellen.‹ – Zu beweisen gibt es nichts mehr. Die Angst verschlägt ihr die Sprache, verschüttet ihre Gedanken und läßt ihre totale Hilflosigkeit zutage treten.

Als Marion den Raum verlassen hat, sage ich, obwohl ich innerlich zittere, zu Herrn Leuenberger: ›Wenn ich in der Lage bin, die Schüler zwei Jahre lang zu unterrichten, dann bin ich auch in der Lage, eine zehnminütige Prüfung ohne Unterstützung des Vorsitzenden abzuhalten. Ich bitte bei künftigen Prüfungen zu warten, bis ich das Wort für Fragen erteile, damit die Schüler nicht unnötig verunsichert werden.‹

Das sitzt. Herr Leuenberger, der den Mund gerade geöffnet hat, um einen fachmännischen Kommentar abzugeben, sieht mich mit großen Augen erschrocken an. Er wird gerügt, er, der nur Rügen zu verteilen und von den Lehrern keine einzustecken hat, er, der sich devot dem Schulrat oder Regierungsvertreter gegenüber verhält, aber herrisch den Untergebenen entgegentritt, wird vor versammelter Prüfungskommission von einer Referendarin angegriffen. Er ist so betroffen, daß er in der anschließenden Diskussion über Marions Note nichts sagt und überhaupt an diesem Vormittag verstummt. – Ich habe es nie mehr erlebt, daß er sich bei einer Prüfung, bei der ich anwesend war, irgendwann eingemischt oder Kommentare abgegeben hat.

An diesem Vormittag erlebte ich eine Umwandlung, eine Häutung wie eine Raupe, die vom Wurm zum Schmetterling wird. Ich streife die Haut der Angst ab und entschlüpfe ihr in eine freie Sphäre.«[43]

Lea Fleischmann fühlte sich durch ihr Handeln im Einklang mit ihrem Selbstbild. Sie erlebte ein Gefühl größerer Freiheit und spürte, wie diese Erfahrung ihr Ich stärkte. – Mut verkümmert, wie andere Fähigkeiten auch, wenn man ihn brachliegen läßt. Sich mutig zu zeigen ist nicht nur eine *Leistung* des Ich, vielmehr wird umgekehrt das Ich dadurch *geschaffen*, gefestigt und erweitert. – Die Erfahrung, zu sich selbst zu stehen, das »wahre Gesicht« zu zeigen, stützt die Selbstachtung und läßt die Chance persönlichen Frei-Seins erleben.

Diese Freiheit ermutigt wiederum dazu, über das individuelle Anliegen hinauszugehen und jene gesellschaftlichen Bedingungen kritisch zu betrachten, die für die Autoritätsangst mitverantwortlich sind. Daraus kann das gesellschaftliche Engagement erwachsen, autoritäre Strukturen zu überwinden, die obrigkeitliche Beaufsichtigung abzuschaffen, hierarchische Gliederungen aufzulösen, mehr Mitsprache und Mitwirkung der Bürger zu bewirken, für demokratische Lebensformen einzutreten.

4. Bürgermut ist lernbar
Gegen den Strom schwimmen

Unsere Generation wird eines Tages nicht nur die ätzenden Worte und schlimmen Taten der schlechten *Menschen zu bereuen haben, sondern auch das furchtbare Schweigen der* guten.

Martin Luther King

In trostlosen Momenten wollen mir die heutigen Formen von Zerstörungswut und Menschenverachtung übermächtig erscheinen. Doch unbeirrt und besonnen sollte man in der Gesellschaft so weit wie möglich an Veränderungen mitwirken. Sie sind notwendig, um diese Erde für das nächste Jahrtausend wohnbar zu erhalten. – Da ich dazu neige, großes Unglück aus den vielen kleinen Unglücken herzuleiten, neige ich auch dazu, kleine Unglücke bessern zu wollen.

Christa Wolf

Mit moralischer Überzeugung und emotionalen Motiven den Herrschenden widerstehen

Jahrhunderte hindurch wurde gelehrt, Gehorsam gegenüber der staatlichen wie der kirchlichen Obrigkeit sei die höchste Tugend; der Gehorchende trage keine Verantwortung für das, was ihm befohlen wird. »So haben Bürger verwerfliche Anweisungen, Soldaten verbrecherische Befehle, Richter ungerechte Gesetze, Christen Irrlehren der Kirche ohne Gewissensbisse blind befolgt. Widerstand zu leisten, war nicht ihre Sache. Der evangelische Theologe Dietrich Bonhoeffer war eine der führenden Persönlichkeiten der Widerstandsbewegung gegen die Nazi-Herrschaft und wurde 1945 im Konzentrationslager ermordet. Er hat den scheinbar paradoxen Satz geschrieben: ›Wer wollte dem Deutschen bestreiten, daß er im Gehorsam immer wieder das Äußerste an Tapferkeit und Lebenseinsatz vollbracht hat, daß aber fast nirgends Zivilcourage bei ihm zu finden ist.«« [44]

Auf dem Wege von Gehorsamsbereitschaft zu Bürgermut steht jeder an einem anderen Ausgangspunkt. Für den einen mag es mutig sein, sich in einer öffentlichen Sitzung zu Wort zu melden und einen Vorschlag einzubringen; für den anderen bedeutet es Mut, auf einer Schul-Elternversammlung für bessere Lernbedingungen einzutreten. Einer traut sich, auf einer Bürgerversammlung aus umweltschützerischen Gründen gegen den Bau einer Straße zu sprechen; ein anderer bringt den Mut auf, mit den Nachbarn über seine ökologischen Gartenvorstellungen zu reden, obwohl sie im Widerspruch zu deren chemischer Pflanzenbehandlung stehen.

Vor der Bundestagswahl 1980 mischte sich eine achtzehnjährige Gymnasiastin in den Wahlkampf ein. [45] Chrstine Roth (damals Christine Schanderl) wollte den bayerischen Ministerpräsidenten Franz Josef Strauß nicht als Bundeskanzler haben: wegen dessen Intoleranz gegenüber Andersdenkenden, weil er wiederholt in Skandale verwickelt war, weil er das Parlament belog, Schriftsteller mit Ratten und Schmeißfliegen verglich und weil er eine Politik betrieb, die vorrangig an Macht orientiert war. Im Rahmen einer Bürgerbewegung heftete sich die Jugendliche eine Plakette mit der Aufschrift »Stoppt Strauß« an ihre Bluse. Diese trug sie auch in der Schule und bekannte sich argumentativ zu ihrer Überzeugung.

Die Schülerin verhielt sich so vorbildlich demokratisch, wie es in den Lehrplänen als Erziehungsziel angestrebt wird. Darin heißt es: Die Heranwachsenden sollen politisches Interesse entwickeln, sich aktiv am politischen Leben beteiligen, das gesellschaftliche Leben kritisch verfolgen und mündige Bürger werden. – Die Jugendliche wurde jedoch in ihrem demokratischen Bürgermut weder von der Schule unterstützt, noch von ihren Lehrerinnen und Lehrern dafür belobigt. Im Gegenteil: Die Schulbehörde ermahnte die kritische Schülerin, ihre politische Meinungsäußerung innerhalb der Schule einzustellen und die »Stoppt-Strauß«-Plakette abzunehmen. Die Jugendliche

bestand trotz der Verwarnung auf ihrem grundgesetzlich ver-
brieften Recht auf demokratisches Engagement. Deshalb
wurde sie zwei Wochen vom Unterricht ausgeschlossen, und
man drohte ihr mit Schulausschluß. Da sie auch angesichts dieser Drohung ihre politische Überzeugung nicht verleugnete,
wurde sie vom Gymnasium verwiesen.

Dieser Schulausschluß verstieß gegen das Grundgesetz;
denn Meinungsfreiheit bei erwachsenen Schülern wiegt mehr
als die Schulordnung. Die Lehrer wußten das, aber sie unterwarfen sich gehorsam der undemokratischen kultusministeriel-
len Entscheidung. Christine Roth mußte fast zwei Jahre warten, ehe ihr in einem Prozeß durch verschiedene Instanzen der
bayerische Verfassungsgerichtshof ihr zivilcouragiertes Handeln als rechtmäßig bestätigte. Die Richter bescheinigten der
Bürgerin, daß sie ihr demokratisches Grundrecht im Einklang
mit Grundgesetz und Verfassung wahrnahm. Zu Unrecht war
sie von der Schule ausgeschlossen und von den Behörden verfolgt worden.

Auch als Jura-Studentin blieb Christine Roth ihrer demokratischen Haltung treu, als ein Professor dafür eintrat, Ausländer, die in der Bundesrepublik gegen das Gesetz verstießen, für
die gleiche Tat härter zu bestrafen als Deutsche. Denn, so
meinte der Professor, »diese Täter haben infolge der Gewöh-
nung an ihr heimatliches Strafniveau auch eine geringere Straf-
empfindlichkeit«.

Die Studentin empörte sich über die »gelehrte« Un-Gerech-
tigkeit und kritisierte den Strafrechtsprofessor öffentlich als
»rassistisch«. Dieser verklagte sie daraufhin wegen Beleidigung. Das Landgericht gab der mutigen Bürgerin recht und bestätigte ihre aktive Verfassungstreue. Dennoch verfolgte sie
der Verfassungsschutz weiter. Im Zusammenhang mit anderen
Aktionen wertgerichteter politischer Einmischung wurde die
Rechtsreferendarin nicht in das Beamtenverhältnis übernommen. Das Oberlandesgericht zweifelte an ihrer Treue zur Verfassung – obwohl die junge Frau auch in einem weiteren Fall
engagiert-demokratischen Handelns von den Verfassungsrich-
tern bestärkt worden war, ihr Grundrecht wahrzunehmen.

Das Beispiel von Christine Roth macht Angst und Mut. Es zeigt, wie beharrlich Behörden und Verfassungs-»Schützer« – gegen die im Grundgesetz zugesicherte Freiheit – eine demokratisch handelnde Bürgerin zu Unrecht verfolgen. Ermutigend ist das vorbildliche Verhalten der jungen Frau. Sie ließ ihre Identität von regierungsamtlichen Verfolgern nicht beschädigen und widerstand der Einschüchterung. Solches vorbildliche Handeln kann Menschen, die weniger zivilcouragiert sind, darin bestärken, zivilen Mut zu entwickeln. Ermutigend ist ferner, daß das Grundgesetz auf seiten der Bürgerinnen und Bürger steht, wenn sie politisch-moralischen Protest äußern.

Zwar ängstigt das Wagnis zivilcouragierten Einspruchs, aber es bringt auch Erfahrungen persönlicher Freiheit. Als Gegenkraft zur Angst wirkte bei Christine Roth eine starke moralische Motivation: Sie war davon erfüllt, für Gerechtigkeit einzutreten, anderen Menschen zu helfen, Persönlichkeitsrechte zu verteidigen, sich für benachteiligte Bürger einzusetzen.

Aber nicht nur moralische Gründe bewegten die junge Frau zu ihrem mutigen Handeln, sondern auch emotionale Motive. Früh schon hatte sie sich in der Schule mit-leidend türkischer Mitschüler angenommen, denen es nicht gut ging. Aus ihrer Hilfsbereitschaft heraus hat sie ihren Klassenkameradinnen, wenn diese in der Prüfungssituation nicht weiter wußten, »eingesagt« – und dafür die Note Sechs bekommen. »Ich hoffe, daß ich mich nie selber verrate«, sagte sie in dem Gespräch, das ich mit ihr führte. – Ihr auf menschliche Grundwerte gerichtetes Handeln ist aber nicht »märtyrerhaft«, verbissen oder fanatisch. Vielmehr ist ihr couragiertes Engagement für mehr Menschlichkeit von fröhlicher Zuversicht, spontaner Kontaktnahme und persönlicher Lebendigkeit getragen.

Kleine Schritte riskieren –
Individuelle Formen der Einmischung

Wertgerichteter Widerspruch wird von Václav Havel[46] als »der Versuch, in der Wahrheit zu leben« bezeichnet:

- Sich nicht anpassen, sondern aus der eigenen Person heraus handeln. Sagen, was ich wirklich denke – und die Kraft finden, mich mit denen zu solidarisieren, mit denen mich zu solidarisieren mir mein Gewissen nahelegt.
- Sich nicht zum Objekt herrschender Verhältnisse machen, sondern als Subjekt diese Verhältnisse mitgestalten. Dazu gehört: sich nicht in die schutzgewährende Rolle des gehorsamen Kindes drängen lassen, sondern eigenes Handeln selbst zu verantworten.
- Die widerspruchslose Übereinstimmung mit den als unabänderlich vorgegebenen Zwängen brechen; statt dessen die innere Einheit der Person wahren. Dem »besseren Ich« eine Chance geben gegen Erniedrigung und Entfremdung, die ihm das System aufzwingen möchte.
- Sich nicht in der »anonymen Menge auflösen und mit ihr bequem im Fluß des Pseudolebens mitschwimmen«. Den höheren Sinn individuellen Lebens nicht den Verlockungen »herdenhafter Unbekümmertheit« opfern.
- Aus dem gesellschaftlich verordneten »Leben in Lüge« heraustreten, vorgeschriebene Spielregeln verletzen, wenn diese den menschlichen Grundwerten entgegenstehen. Der Sehnsucht nach menschlicher Würde und moralischer Unbescholtenheit folgen.

Zivilcourage, Mitsprache, Einspruch, Widerstand, Rebellion sind Versuche, das Leben in Wahrheit zu verwirklichen. Und sie sind der Mut, Freiheit zu riskieren. – Wie können wir persönliche Freiheit entwickeln? Manche Menschen möchten gern mutiger sein und sich mit Wünschen und Veränderungsvorschlägen zeigen, aber sie trauen sich die Einmischung nicht zu. Darunter leidet dann ihre Selbstachtung; sie werden unsicher oder gleichgültig. Sie könnten jedoch die umgekehrte Erfahrung machen: die Einmischung in kleinen Schritten wagen und dadurch das Selbstbewußtsein stärken.

Die arbeitslose Bibliothekarin Karin M., siebenundzwanzig Jahre alt, wollte bei einer staatlichen Behörde angestellt werden. Für das bevorstehende Wochenende hatte sie sich vorgenommen, an einer Anti-Atomkraft-Demonstration teilzunehmen. Sie geriet jedoch in Angst bei dem Gedanken, es könne ihr beruflich schaden, falls sie festgenommen und erkennungsdienstlich behandelt würde. Andererseits fühlte sie sich ihrem Selbstbild verpflichtet und wollte gegen die lebenszerstörende Energie protestieren. Sie verachtete sich, weil sie nicht zu dem stehen konnte, was sie dachte.

Solche Selbstverurteilung kann Abwehr dagegen sein, sich mutiger zu zeigen: »Ich bin zu feige . . ., ich traue mich nicht . . ., mit mir ist da nichts los . . .« Mit diesen Eingeständnissen ist die Selbstachtung nicht zu retten. Hilfreicher ist es, genau hinzusehen: Welche Ängste kommen in mir auf? Was würde ich gern tun? Was blockiert meine Wünsche? Dann wird für den einzelnen deutlich, mit welchen Schritten er beginnen kann. – Eine andere Form der Abwehr ist, die zivilcouragierte Handlung zu entwerten: »Ich halte das für Blödsinn, demonstrierend auf die Straße zu gehen . . .« oder: »Das ist doch lächerlich, zu meinen, daß man hier mit Unterschriften etwas erreichen kann . . .«

Karin M. brachte ihr Selbstwertproblem in ein Gruppengespräch ein. Für sie war jetzt wichtig, *mit* ihrer Angst den Konflikt auszutragen. Sie mußte sich darüber informieren, welche wirkliche Bedrohung bestand, wenn sie an der Demonstration teilnahm. Dann konnte sie abwägen, ob die zu erwartende Gefährdung für sie aushaltbar war. – Schließlich ging sie nicht auf die Demonstration, weil sie zu große Sorge hatte, polizeilich erfaßt zu werden. Sie wollte jedoch ihren Wunsch, sich für die Umwelt einzusetzen, nicht aufgeben. Deshalb schloß sie sich einer Initiativgruppe für alternative Energie an. So hielt sie ihr Streben nach Bürgereinmischung wach und rettete mit einem weniger angstmachenden Schritt die weitere Entwicklung ihres zivilen Mutes.

Beide Schritte waren für Frau M. wichtig: Sie bekannte sich zu ihrer Angst und setzte sich damit auseinander; dadurch überforderte sie sich nicht. Gleichzeitig blieb sie ihrem Wunsch treu, sich gegen inhumane Zustände zu wehren, indem sie in einer Initiativgruppe mitarbeitete. Sie verknüpfte kritisches Denken mit kritischem Handeln an einer Stelle, an der es ihr jetzt möglich war.

Für den einen ist es Ausdruck von Bürgermut, eine Resolution zu unterschreiben oder die Anstecknadel einer Initiative zu tragen, während der andere wagt, im Gemeinderat mit naturschützerischen Vorschlägen aufzutreten; ein weiterer ruft innerhalb seines Berufsverbandes eine Umwelt-Initiative ins Leben. Am naheliegendsten ist zivilcouragierte Mitsprache dort, wo der einzelne von der Problematik unmittelbar berührt ist: im Personalrat, im Elternbeirat der Schule, in der Schülermitverwaltung, in der Studentenvertretung, im Gemeinderat, auf einer Bürgerversammlung, in einer politischen Partei, bei einer Bürgeraktion, in einer örtlichen Bürgerinitiative, in der Nachbarschaft, im Stadtteil, am Arbeitsplatz.

Wie für den einzelnen Zivilcourage aussieht, ist nicht durch Normen festzulegen. Jeder sollte lernen, in seiner persönlichen Situation so viel Bürgermut zu entwickeln, wie er jetzt kann. Wer beruflich unabhängig ist, hat es leichter als jemand, dessen Existenz bedroht wird, wenn er sich politisch einmischt. Es geht nicht allgemein um *die* Zivilcourage, sondern um die jeweils *meine*. – Zu dem Problem, ob es überhaupt einen Sinn hat, sich als einzelner einzumischen, schreibt Thea Bauriedl:

»Ist es nicht Größenwahn zu glauben, als einzelner etwas ausrichten zu können? – Die Antwort ›Ich kann nichts ändern, und weil ich so ohnmächtig bin, bin ich als einzelner auch unschuldig‹, folgt dem Prinzip ›Alles oder Nichts‹: Wenn ich nicht alles verändern kann, brauche ich gar nichts zu versuchen. Für mich ist die Frage ›Kann ich als einzelner die Gesellschaft verändern?‹ so zu beantworten: Ich kann nicht nichts und ich kann nicht alles, aber ich kann soviel, wie ich kann, und dieses, was ich kann, wird von mir selbst und von allen anderen dringend gebraucht.«[47]

Mit eigenen Wertvorstellungen auf andere zugehen – Überzeugungs-Machtkämpfe vermeiden

Zivilcourage besteht nicht darin, andere zu »erziehen«, sondern anderen gegenüber auszudrücken, was wir denken und fühlen bei dem, wofür wir überzeugt eintreten. Je glaubhafter wir das tun und je mehr wir dabei versuchen, Andersdenkende zu verstehen, um so größer wird die Chance der Verständigung. Wir ermöglichen es dem anderen, uns zu begreifen; das erleichtert es ihm, selbst weiterzudenken. Das folgende Beispiel verdeutlicht, was es heißt, sich im Rahmen bürgermutiger Einmischung erkennen zu lassen, ohne andere mit Macht überzeugen zu wollen.

In einem friedenspädagogischen Seminar, das ich mit Studentinnen und Studenten an der Universität München durchführte, diskutierten wir die Frage: Wie können wir Interesse für die Lebensfragen der Menschheit entwickeln? Wie hängen Profit- und Wohlstandsdenken, Machtstreben, Rivalitätshaß und militärische Strategie damit zusammen, daß die ökologische Krise anwächst und sich die Kluft zwischen Armen und Reichen vergrößert?

Eine Studentengruppe war in einer Initiative der Dritte-Welt-Bewegung aktiv. Sie wollte auch im Seminar ihre Ideen veröffentlichen und zum Mitmachen anregen. Dazu zeigten die Mitglieder der Initiative auf, wie die Armut in bestimmten Regionen der Dritten Welt mit hohem Fleischverzehr in den Industrienationen zusammenhängt. Sie berichteten über Länder, in denen Menschen verhungern, weil ihre Nahrungsmittel als Viehfutter an reiche Länder geliefert werden. Die engagierte Studentengruppe wollte einsichtig machen: jene Tiere, die wir essen, fressen womöglich zuvor den Menschen in den Dritte-Welt-Ländern die Nahrung weg. Diese hungern, während bei uns Lebensmittelberge vernichtet werden. Geht uns das etwas an – außer daß wir es bedauern?

Die Studentinnen und Studenten machten zu diesem Thema Informationsstände und verfaßten Flugblätter. Im Verlauf des Seminars luden sie die Seminargruppe in ihre Wohngemeinschaft zu einem vegetarischen Essen ein. Neben persönlichen Unterhaltungen diskutierten wir auch in lockerer Form die Seminarthemen weiter. Einzelne erzählten, wie sie dazu kamen, kein Fleisch mehr zu essen: über die Friedensfrage, weil sie ökologische Zusammenhänge erkannten, über das Problem der Gewaltfreiheit und weil sie gesund leben wollten ... – Dabei fragten wir uns auch: Wieso ist es eigentlich unbestritten, daß der Mensch Tiere töten, zerhacken, sieden und braten darf, obwohl wir wissen, daß er auf den Verzehr von Tierleichen verzichten kann – und dabei nicht ungesünder oder karger leben muß? Wieso ist es selbstverständlich, daß wir zu diesem Zweck Tiere quälen: Hühner, Schweine, Fische, Rinder und andere, die massenhaft auf unzureichendem Raum eingepfercht, krank gemacht und mit pharmazeutischen Mitteln vollgestopft werden?

Mehrere Teilnehmer des Seminars – darunter auch ich – ließen sich »anstecken«. Die friedenspädagogische Argumentation, das Vorbild der Studentinnen und Studenten und die Verbundenheit mit ihnen bewegten uns dazu, kein Fleisch mehr zu essen. Wir tauschten in der Folgezeit Erfahrungen aus und entdeckten, daß wir nichts entbehren und die Lust am Essen nicht aufgeben mußten. Wir diskutierten auch, wie wichtig es sei, von unseren Erfahrungen anderen zu berichten – ohne uns dabei als die »besseren« Menschen hinzustellen, also in einen moralisierenden Überzeugungs-Machtkampf zu verfallen. Wir freuten uns darüber, daß es für uns stimmte, kein Fleisch mehr zu essen.

Später analysierten wir die Seminargespräche, um herauszufinden: Was wirkte so überzeugend, daß die Seminarteilnehmer problembewußter wurden, einige ihre Lebensführung veränderten, andere Interesse an der politischen Arbeit bekamen? – Es waren die Studentinnen und Studenten aus der »Dritte-Welt-Initiative«, die uns Seminarteilnehmer nachdenklich gestimmt und angesteckt hatten, indem sie von ihren Sachkenntnissen berichteten, von ihren Überzeugungen erzählten und erkennen ließen, was sie bewegte. Sie bewerteten jene nicht, die Fleisch essen, sie sprachen nicht davon, was

»richtig« und »falsch« ist. Aber sie ermöglichten anderen, an den Erfahrungen ihrer Gruppe teilzuhaben. Zudem schufen sie ein leib-haftiges Erlebnis, indem sie die Seminarteilnehmer zu einem vegetarischen Essen einluden. Alles zusammen trug dazu bei, eigene Überlegungen und Entscheidungen anzuregen.

Es kam nicht darauf an, sich zu beruhigen, indem man auf Fleisch verzichtete, sondern sich zu beunruhigen, indem man einen Teilaspekt jenes Krieges wahrnahm, durch den Millionen Menschen mit wirtschaftlichen Waffen getötet werden: zum Beispiel jene 50 000 Kinder, die täglich durch die ökonomische Gewalt an Hunger und Krankheit sterben müssen. Ihnen könnte nach Berechnungen der UNESCO geholfen werden, wenn in den nächsten zehn Jahren nur zwei Milliarden Mark aufgebracht würden – weniger als die Summe, die an einem halben Tag für Rüstung ausgegeben wird. – Es ging in der Initiativ- und Seminararbeit aber auch darum, an möglichst vielen Stellen des Alltags das eigene Leben mit Fantasie so zu verändern, daß es den angestrebten gesellschaftlichen Zielen entspricht. Diese Veränderung festigt das Selbstbild und die Glaubwürdigkeit der Person – und stärkt damit den Mut, politisch zu handeln: dabei mitzuwirken, menschlichere gesellschaftliche Bedingungen zu schaffen.

Das Beispiel veranschaulicht eine wichtige Seite der Zivilcourage: Erkennen zu lassen, wie man selbst denkt, fühlt und handelt, ist wichtiger als »harte Überzeugungsarbeit«. Dazu gehört, auch den anderen so umfassend wie möglich wahrzunehmen; sich danach zu erkundigen, wie er denkt und fühlt, ihn sagen zu lassen, was er sich vorstellt. Indem wir nicht so tun, als ginge es nur um die Sache, ermuntern wir andere, mit ihren persönlichen Ansichten und Gefühlen in der Beziehung zu bleiben.

Sachverständnis erarbeiten –
Durch Argumente mitsprachefähig werden

Zu lange blieben Angelegenheiten der Bürger, bis hin zu
Menschheitsfragen, ausschließlich den Experten überlassen:
den Verkehrsexperten, Städtebauexperten, Rüstungsexperten, Militärexperten, Wirtschaftsexperten, Unterrichtsexperten, Fachwissenschaftlern, Politikexperten, Atomexperten.
Sie nahmen den Bürgern das Denken ab, und diese ließen sich
bereitwillig entmündigen. Eine Folge davon ist, daß manche
dieser Experten in ihrer Gefühlsabgespaltenheit Millionen
Tote in einem begrenzten Atomkrieg einkalkulieren, andere
»nur« Zehntausende in einem »konventionellen« Krieg. Wieder andere muten uns durch die Atomreaktoren Bedrohungen
zu, die sie das »Restrisiko« nennen: Hunderttausende von
Strahlenverseuchten bei einer Reaktorkatastrophe. Jene halten
es für unabwendbar, daß Lebensluft, Boden und Wasser vergiftet werden, nur um keinesfalls das Wirtschaftswachstum anzuhalten. Andere finden es zweckmäßig, Zehntausende von
Schulkindern täglich mit einer Fünf oder Sechs zu demütigen ...
Bürger, die sich nicht entmündigen lassen, müssen sich selbst
mit den Sachverhalten vertraut machen. »Sinnvollerweise
könnte Demokratie heute bedeuten: Entscheidung nicht durch
die Sachverständigen, sondern durch die Betroffenen. Diese
Forderung verlangt, daß die Betroffenen sich hinreichend sachverständig machen« (Carl Friedrich von Weizsäcker).
Wer sich innerhalb seines Lebensbereiches, der Gemeinde,
einer Institution, des Arbeitsplatzes über eine öffentliche
Frage sachkundig macht, erkennt: Es ist möglich, Einblick zu
bekommen und argumentationsfähig zu werden. Er staunt aber
auch darüber, wieviel Unwissen und einseitige Informationen
bei jenen vorzufinden sind, die über unsere Belange entscheiden. Oft fragt man sich, ob sie wirklich wissen, worüber sie
reden und urteilen. Eigentlich müßten wir erschrecken, wenn
uns vorgeführt wird, daß man Minister werden kann, ohne
auch nur die geringste Sachkompetenz nachweisen zu müssen.
Es scheint auszureichen, wenn jemand Machtbesessenheit,

Durchsetzungskraft, Anpassungsfähigkeit und Medienbegabung mitbringt.

Sich sachkundig zu machen bedeutet auch, den Mut zu einfachem Denken zu bewahren und sich gegen die Unvernunft zu wehren. In Bayern erkannten engagierte Bürgerinnen und Bürger, daß es zwar wichtig sei, in den Haushalten den Müll zu sortieren. Zudem müsse man aber politisch gegen die Produzenten von Müllbergen vorgehen. Bürgerinitiativen eigneten sich in fast einjähriger Vorarbeit ein gründliches Sachverständnis an und erarbeiteten daraus »Das bessere Müllkonzept«. Sie zeigten auf, daß es darum geht, Müll zu vermeiden. Das sieht zwar jeder Mensch ein, aber die Regierung kann diese Erkenntnis nicht entschieden in die Tat umsetzen; denn sie wagt nicht, den wirtschaftlichen Interessen der Industrie zu widerstehen. Deshalb forderten die Bürgerinitiativen dazu auf, durch einen Volksentscheid die Regierenden zu zwingen, Gesetze zur Müllvermeidung zu schaffen, in denen zum Beispiel vorgeschrieben wird, in öffentlichen Kantinen und Schulen Einwegverpackungen zu verbieten. Die Bürgerinitiative forderte mit qualifizierten Konzepten, daß alle geeigneten Abfälle wiederverwendet oder stofflich verwertet werden müssen, etwa durch Kompostierung. In jedem Fall habe die Wiederverwertung unbedingten Vorrang vor der Müllbeseitigung; das Müllverbrennen sei auf ein Mindestmaß einzuschränken.

Die bayerische Staatsregierung hat alles versucht, um diese demokratische Initiative und deren Sachverstand nicht aufkommen zu lassen. Verfassungsrichter mußten gegen die Regierenden entscheiden, damit ein Volksbegehren stattfinden konnte. In diesem forderte rund eine Million Bürger einen Volksentscheid, durch den die Bayern über »Das bessere Müllkonzept« abstimmen konnten. Im Ergebnis wurde der Regierungsvorlage knapp zugestimmt – sicher begünstigt durch wahrheitswidrige Behauptungen der Regierungspartei CSU, das »bessere Müllkonzept« hätte Ratten, Gestank und eine Kostenexplosion zur Folge, außerdem verletzten zahlreiche Bürgermeister und Landräte ihre Neutralitätspflicht, indem sie die Bürger einseitig und unzutreffend informierten.

Die Ablehnung des »besseren Müllkonzepts« bedeutet allerdings nicht, die Bürgerinitiative wäre vergebens gewesen. Die Regierenden wurden durch die Alternativvorlage dazu angestoßen, das Abfallgesetz zu verändern und das eigene Konzept weiterzuentwickeln, und es gibt Gemeinden, die sich trotz der landesweiten Ablehnung durch eine knappe Mehrheit dem »besseren Müllkonzept« der Umweltinitiativen angeschlossen haben. Auf jeden Fall wurde durch die Bürgeraktion das öffentliche Bewußtsein für das Problem der Abfallbeseitigung gestärkt. Zudem breitete sich die Bürgerinitiative auf die ganze Bundesrepublik aus.

Viele lebenswichtige Themen mußten den Regierenden durch Bürgerinitiativen erst aufgezwungen werden und sind mittlerweile populär: die Schonung der Umwelt, die Gleichberechtigung der Frau, Frieden und Abrüstung, sanfte Energie, die Problematik der Tierversuche, die Not der Menschen in der Dritten Welt, die Probleme des Straßenverkehrs ... Bürgerinnen und Bürger, die vor den Gefährdungen warnen und neue Wege suchen, »sind nicht Ungebildete und Neuanhänger der Steinzeitkultur, sondern mehr und mehr Menschen, die selbst Wissenschaftler sind – Kerntechniker, Biochemiker, Ärzte, Genetiker, Informatiker ... – sowie unzählige Bürger, bei denen sich Gefährdungsbetroffenheit und Kompetenz überschneiden. Sie wissen zu argumentieren und sind gut organisiert, verfügen teilweise über eigene Zeitschriften und sind in der Lage, Öffentlichkeit und Gerichte mit Argumenten zu bedienen.«[48]

Diese Menschen bemühen sich vor allem um *ursachen-orientiertes* Denken, während das verbreitete politische Handeln davon gekennzeichnet ist, daß nur die Symptome behandelt oder gar zugedeckt werden; denn dadurch bleiben die Machtstrukturen und Wirtschaftsinteressen unangetastet. Dagegen wenden sich Bürger in den sozialen Bewegungen. Sie richten den Blick auf das Ganze, auf die Zusammenhänge, treten heraus aus der isolierten Betrachtungsweise. Ihre Kreativität ist darauf gerichtet, Symptombehandlung durch Ursachenbeseitigung zu ersetzen.

Statt »Wissen ist Macht«:
Wissen macht für die Mitwelt verantwortlich

Um sich aufgezwungener Unmündigkeit zu erwehren, ist es wichtig, daß viele Bürger ihr Fachwissen und ihre beruflichen Fähigkeiten auf Bedürfnisse der Allgemeinheit und die Probleme der gefährdeten Welt anwenden – und Wege aus dem Dilemma erarbeiten. Man muß sich fragen: Verbinde ich mein berufliches Wissen und Können mit Problemen von öffentlichem Interesse – zum Beispiel mit ökologischen, sozialen, friedenspolitischen Fragen? In welchem Fachbereich bin ich Experte und könnte mein Wissen für zivilcouragierte Einmischung öffentlich nutzen? In welcher Weise könnte ich die Verknüpfung von fachlichen Fähigkeiten und Zivilcourage in der Bürgerinitiativ-Arbeit praktizieren? Wie kann ich mein Sachverständnis mit meinem Selbstverständnis in Einklang bringen? – Darüber hinaus müssen die Bürger auch an solchen Entscheidungen mitwirken, die nichts mit ihrem beruflichen Bereich zu tun haben. Das begründet Günther Anders so:

»Wer das Gewissen der Bürger auf die ihnen zugeteilten Ressorts, auf ihre Ämter, auf ihre Arbeitsfelder einschränkt, der setzt an die Stelle des Gewissens die bloße Gewissenhaftigkeit, die sich auch in Vernichtungslagern bewähren könnte und dort sich auch bewährt hat. Wenn das Wort ›Demokratie‹ einen Sinn hat, dann gerade den, daß wir das Recht und die Pflicht haben, über die Angelegenheiten der Öffentlichkeit mitzuentscheiden, also über solche Angelegenheiten, die jenseits unserer beruflichen Kompetenz liegen und uns nicht als Spezialisten angehen, sondern als Bürger und Menschen. Davon, daß wir uns dadurch ›einmischen‹, kann gar keine Rede sein, denn als Bürger und Menschen sind wir schon immer eingemischt. Eine Angelegenheit, die mehr ›öffentlich‹ gewesen wäre als die heutige Entscheidung über unser Überleben, hat es niemals gegeben und wird es niemals geben. Wenn wir auf ›Einmischung‹ verzichten, ist das ein Versäumnis unserer demokratischen Pflicht.«[49]

Das Schlagwort »Wissen ist Macht« muß durch die Erkenntnis ersetzt werden: »Wissen macht für die Mitwelt verantwortlich.« Es dient dazu, die Welt zu erhalten – statt sich ihrer zu bemächtigen. Das Bemächtigungswissen hat in Atomenergie, Gentechnologie und den militärischen Menschen-Vernichtungsmitteln zerstörerische Höhepunkte erreicht. Heute brauchen wir das Erhaltungswissen, das zum Beispiel zu den sanften Technologien führt. – Menschen, die in Bürgerinitiativen und Bürgeraktionen an der Bewegung »von unten« teilhaben, müssen sich immer wieder der Entmündigungsversuche durch die »Obrigkeit« bewußt werden und sich durch Sachkenntnis argumentationsfähig machen. Je sachverständiger Bürger werden, um so wirkungsvoller können sie sich einmischen.

Ein Hindernis, sich sachverständig zu machen, ist oft die eigene, unreflektierte Erfahrung. Viele Eltern sehen, wie unzulänglich die öffentlichen Schulen sind: wie die Individualität von Kindern mißachtet wird, wie unmündig Schüler gehalten und wie sie verunsichert werden, wie wenig Gelegenheit zu eigen-tätigem Handeln sie haben, wie viele Kinder überfordert, mit welch unsinnigen Stoffmengen sie vollgestopft werden. Die Eltern erkennen, daß vielen Kindern genau das ausgetrieben wird, was für das Lernen am wichtigsten ist: Interesse, Lernfreude, Lernwille. Obwohl dies offensichtlich ist, schauen Mütter und Väter resigniert zu, wie die Kinder Schaden nehmen. »Schule ist eben so«, heißt es dann, »da muß man durch« und »Uns hat es auch nicht geschadet«. Dabei offenbart dieser letzte Satz, wie sehr es denen geschadet hat, die ihn aussprechen müssen.

Sich in diesem bedeutsamen Lebensbereich sachverständig zu machen beginnt damit, eigene Schulerfahrungen so zu erinnern, wie sie wirklich waren, ehrlich darüber nachzudenken, was einem widerfahren ist. Dann können Eltern mitfühlender wahrnehmen, was ihre Kinder jetzt in der Schule erleben. Daraus erwachsen Impulse, etwas zu verändern; das macht es notwendig, sich pädagogisches Sachwissen anzueignen. Eltern sehen dann ein, wie widersinnig es ist, daß zum Unterricht Zensuren gehören. Sie erkennen, daß Kinder ohne Noten nicht nur lieber, sondern auch mehr lernen würden. Bereits mit Hilfe einfachsten lernpsychologischen Wissens durchblicken sie, wie lernstörend die verbreiteten Unterrichtsmethoden sind.

Wenn Schülereltern dann noch Gelegenheiten suchen – zum Beispiel in Gruppen –, ihre Autoritätsängste zu bearbeiten, können sie sich sachverständig einmischen und die Schule mitgestalten. Was heute Ausnahmen sind, könnte zur Regel werden: Lernen nach individuellem Tempo und auf der jeweils persönlichen Leistungsstufe, Arbeiten in Partner- und Kleingruppen, Selbst-tätig-Sein durch Lernen mit Kopf und Hand, Projektunterricht und entdeckendes Lernen, Helfen statt Aussondern, zielerreichendes Lernen und individuelle Lernfortschrittsbeurteilung, kooperatives Zusammenleben in der Schule, Zusammenarbeit mit den Eltern, Angstnehmen statt Angstmachen, die Lerninhalte auch im Hinblick auf die bedrohte Welt auswählen, soziale Empfindsamkeit und Fantasie entwickeln. – All das wäre möglich, wenn sich genügend Eltern, Lehrerinnen und Lehrer sowie Politiker mit Zivilcourage, Einfühlungsgabe und psychologischer Argumentation in die Schulverhältnisse einmischten.

Vorgänge zutreffend benennen –
Aus dem modernen »Wörterbuch des Unmenschen«

Derzeit droht die Gefahr, daß wir mit der Technik die Natur zerstören und damit unsere eigene Lebensgrundlage. Soll diese Krise überlebt werden, brauchen wir einen höheren Grad von Einsicht, ein verfeinertes Gewissen und ein öffentliches, politisches Bewußtsein. »Alle politischen, ökonomischen, sozialen, ökologischen Probleme unserer Gegenwart und Zukunft wären grundsätzlich in gemeinsam angewandter Vernunft lösbar. Diese Vernunft setzt einen tiefgehenden Bewußtseinswandel voraus. Die drei großen weltgeschichtlichen Aufgaben der Gegenwart – die Überwindung des Ungleichgewichts zwischen Dritter Welt und Industrienationen, die Überwindung der Institution des Krieges und die Rettung der Natur – bleiben unerfüllbar, solange es keinen tiefgreifenden Bewußtseinswandel gibt. Wandel des Bewußtseins heißt, die Bewegung auf die Katastrophe hin wahrzunehmen und darauf zu verzichten, den Schrecken zu verdrängen« (C. F. v. Weizsäcker).[50]

Eine Konsequenz aus diesem Wahrnehmen ist, die Wirklichkeit zutreffend zu benennen. Politiker, Funktionäre von Verbänden, Regierungssprecher, Werbefachleute tun oft das Gegenteil: Sie verwenden eine »zudeckende« Sprache. Besonders das bürokratische Papierdeutsch verschleiert die tatsächlichen Sachverhalte. Man spricht beispielsweise von »thermischer Verwertung«; denn bei »Müllverbrennung« haben die Bürger zutreffende Vorstellungen von Feuer, Rauch, Gestank und Dunstglocke. Genau diese Vorstellungen sollen verschleiert werden, um keinen Anlaß für Protest zu liefern.

Ein anderes Beispiel: Seit Jahrzehnten führen Unterhändler Gespräche über Abrüstung von Chemiewaffen, Atomraketen, Panzern und Kampfflugzeugen sowie über Truppenreduzierung. Was bei diesen unendlichen Verhandlungen herauskam, ist beschämend wenig, während gleichzeitig die atomaren und chemischen Vernichtungsarsenale vergrößert wurden. Die jeweils neue Hochrüstung wird aber nicht als das bezeichnet, was sie ist; sie wird hinter dem Tarnwort »Modernisierung« versteckt. Modernisierung heißt: Die Menschen-Vernichtungsmittel werden »effizienter« gemacht (dies ist auch ein häufig gebrauchter Ausdruck aus dem modernen Wörterbuch des Unmenschen), die Waffen können noch wirkungsvoller töten.

Wie verachtend solch politische Sprachverfälschung ist, zeigt sich zum Beispiel in dem Ausdruck »Freisetzung von Arbeitskräften« als Umschreibung dafür, daß Betriebe geschlossen und Arbeiterinnen und Arbeiter arbeitslos werden – oder entläßt man sie etwa durch die »Freisetzung« in die Freiheit? Auch der Begriff »Arbeitgeber« klingt so, als würde von diesem den Arbeitern nur etwas gegeben – Beschäftigung und Bezahlung –, und als nähme nicht der Unternehmer die Gewinne. In Wirklichkeit geben die Arbeiter ihre Arbeitskraft für das Gemeinwohl und um die eigene Existenz zu bewahren. Trotzdem werden sie »Arbeitnehmer« genannt, als dürften sie etwas in Empfang nehmen und als würden sie zuweilen nicht sogar ausgebeutet. – Ähnlich wird die Sprache – und damit die Sache – verfälscht, wenn der »gezielte polizeiliche Todesschuß« umgetauft wird in »finalen Rettungsschuß«. Darf nicht offensichtlich werden, daß hier jemand getötet werden soll?

Durch eine verfälschte Sprache wurden die Bürger während des Golfkrieges zynisch getäuscht. Aus dem mörderischen Krieg machte man eine »Kampagne«, aus dem tausendfachen Tod von Frauen und Kindern, dem lebenslangen Leid unzähliger Menschen eine »moderne Schlacht«. Die Brutalität wurde zum »sauberen Krieg« umgelogen und der Unrechtskrieg heuchlerisch als »heiliger Krieg« und »gerechter Krieg« ausgegeben. Wendungen wie »operative Eingriffe« und »chirurgische Schnitte« mit »intelligenten Waffensystemen« verharmlosten die erbarmungslose Vernichtung. In der Berichterstattung wurde nicht gebombt, zerstört, getötet; vielmehr wurden »Einsätze absolviert« und »Präzisionsbomben in Ziele gebracht«, »Bomben aus Kampfflugzeugen trafen strategische Punkte«. Menschen kamen in diesem modernen »Wörterbuch des Unmenschen« nicht vor. Es ist in seiner unheimlichen Sterilität und Lügenhaftigkeit ein Wortschatz der Gewalt, der Überheblichkeit, der Unfähigkeit zu fühlen und der Lieblosigkeit. – Zudem wurde über das Kriegsgeschehen eine totale Zensur verhängt. Wenn die Bürger nichts wissen, können sie nicht mitdenken und mitfühlen, folglich auch nicht mitsprechen und protestieren. Sie wurden von den Regierenden unmündig gemacht.

Allerdings handelte es sich bei der Militärzensur und der »technischen« Sprache der Berichterstattung nicht nur um eine bewußte Verharmlosung mit dem Ziel, die Realität zu verheimlichen: zerfetzte, verbrannte Menschen, vernichtete Gebäude, zerstörtes Land. »Es ist vielmehr die Art zu denken, also die Opfer nicht mehr wahrzunehmen. Das eigene Handeln und damit die Verantwortlichkeit verschwinden hinter den Waffensystemen und Einsatzplanungen. Dieses Denken setzt sich fort in Begriffen wie ›Waffenfamilien‹ und ›Verwundbarkeit‹ von Waffen. Hier geht die Ausblendung von Menschen einher mit der ›Vermenschlichung‹ von Vernichtungsinstrumenten.«[51]

Wer als Bürgerin und Bürger öffentlich mitreden möchte, muß scharf hinhören, um die Sprache der Politiker und Werber, Organisatoren und Verkäufer, Funktionäre und Verwalter demaskieren zu können. »Soviel und welche Sprache einer spricht, soviel und solche Sache, Welt oder Natur ist ihm erschlossen. Und jedes Wort, das er redet, wandelt die Welt, worin er sich bewegt, wandelt ihn selbst und seinen Ort in dieser Welt. Darum ist nichts gleichgültig an der Sprache, und nichts so wesentlich wie die Art und Weise, in der ein Mensch sich ausdrückt. Der Verderb der Sprache ist der Verderb des Menschen.«[52]

In der Sprache mancher Politiker zeigen sich verwaschenes Denken und unbestimmter Ausdruck besonders deutlich. Da verdrängt das abstrakte Wort das anschauliche, an die Stelle von Tatwörtern treten Hauptwörter, die Redeweise wird formelhaft und mechanisch. So entstehen monströse Wortungeheuer wie: Es besteht kein »Klärungsbedarf«; der Sprechende ist offensichtlich unfähig, entschieden zu sagen: »Ich möchte das nicht klären« oder »Ich kann das nicht klären«, oder »Ich habe das längst geklärt«. Im derzeitigen Sprachgebrauch vieler Politiker kommt zum »Klärungsbedarf« noch der »Handlungsbedarf«. Da muß man sich fragen, ob hinter solch papierener Schablonensprache noch eigenständig gedacht und treffsicher geurteilt werden kann. Eine verflachte Sprache verflacht auch das Denken.

Menschen, die sich politisch einmischen, müssen der formelhaften Politikersprache und bürokratischen Amtssprache entgegentreten, indem sie beweglich denken, lebendig urteilen und sich kraftvoll ausdrücken. Wer um den klaren Ausdruck ringt, verbessert nicht nur seinen Stil, sondern schult sein Denken und formt seine Persönlichkeit.

Wenn sich Bürgerinnen und Bürger sachverständig machen wollen, begegnet ihnen oft die Schwierigkeit der wissenschaftlichen Spezialsprache. Manche Wissenschaftler verwenden auch dort eine fremdwortreiche Fachsprache, wo Sachverhalte mit dem Wortschatz der Umgangssprache ebenso genau beschrieben werden können. Spezialsprachen schrecken interessierte Laien davon ab, sich fachliches Wissen anzueignen. Sie verwehren den Unkundigen den Zugang zu bestimmten Sachverhalten. In manchen Wissenschaftsbereichen ist es tatsächlich schwierig, die Inhalte allgemein verständlich aufzubereiten. Oft kann man jedoch beobachten, wie einfache Gedanken aus dem alltäglichen Erfahrungsbereich durch Fremdworte so verschlüsselt werden, daß sie unzugänglich werden. Wer sich durch solche Darstellungen mit Hilfe von Fremdwörterbuch, Fachwörterbüchern und Wortschatzsammlungen »durchbeißt«, ist oft erstaunt darüber, welch einfache Erkenntnisse sich hinter einem aufgeblasenen Fachjargon verbergen.

Bei der politischen Einmischung »von unten« ist es wichtig, die verharmlosende und verfälschende Sprache mancher Regierenden und der Bürokratie zu entlarven. Auch der unnötig komplizierten Wissenschaftssprache ist die genaue, wahrheitsgemäße Benennung der Dinge und Vorgänge entgegenzusetzen – entsprechend dem Ausspruch von Bertolt Brecht: »Die Begriffe, die man sich von was macht, sind sehr wichtig. Sie sind die Griffe, mit denen man die Dinge bewegen kann.«

In Gruppen arbeiten erhöht die Sachkompetenz und vermindert die Isolationsfurcht

Je mächtiger die Institutionen werden – zum Beispiel Schule, Gemeindeverwaltung, Ämter und Behörden –, um so mehr verlernen die Bürger, sich verantwortlich zu fühlen für sich selbst und gegenüber Mitmensch und Umwelt. In der Bewegung der Selbsthilfegruppen, Gemeinschaftsvorhaben, Bürgeraktionen, Friedens- und Umweltinitiativen werden Menschen spontan aktiv. Sie wenden sich gegen »Sachzwänge«, die normieren und reglementieren.

In Gruppen zu lernen und zu arbeiten ist heute besonders wichtig. Es sollte zu den bevorzugten Arbeitsweisen gehören, um die gegenwärtigen Bedrohungssituationen zu überwinden. In der Gruppe übernimmt der einzelne Verantwortung für das

Ganze, er ist bereit zur Initiative, zu Gespräch, Einfühlung und Zusammenarbeit. Der notwendige Bewußtseinswandel schließt ein, das zerstörerische Konkurrenzprinzip durch Kooperation zu ersetzen; denn viele Probleme können am besten durch Zusammenarbeit gelöst werden. – Man hat untersucht, wie schwierige Situationen, in denen etwas entschieden werden muß, am erfolgreichsten zu bewältigen sind. Dabei schnitten jene Gruppen besonders gut ab, denen es erlaubt war, in allen Phasen der Aufgabenbearbeitung miteinander Kontakt aufzunehmen. Besonders schlecht arbeiteten die Gruppen, in denen isoliert gearbeitet werden mußte und die Gruppenmitglieder nicht miteinander sprechen durften.

In den erfolgreichen Gruppen, in denen die Teilnehmer ungehindert miteinander in Beziehung treten konnten, war es den einzelnen Personen möglich, sich gegenseitig zu informieren. Sie durften ihre Gedanken darüber austauschen, wie die Dilemma-Situation überwunden werden könnte, und sich beim konkreten Vorgehen aufeinander abstimmen.[53] Auch bei anderen Untersuchungen zeigte sich, daß Kooperation dem Wettbewerb überlegen ist – entgegen den Annahmen unserer Konkurrenzgesellschaft.

Die größere Sachkompetenz beim Arbeiten in Gruppen ist jedoch nur ein Aspekt. Wer Bürgermut zeigt, läuft leicht Gefahr, in der bisherigen Bezugsgruppe isoliert zu werden. Um die dadurch aufkommende Isolationsangst zu vermindern, ist es hilfreich, mit Gleichgesinnten Kontakt zu haben, ohne den Kontakt mit Andersdenkenden abzubrechen. Zusammen mit Gleichgesinnten gelingt es besser, so zu handeln, wie es der eigenen Überzeugung entspricht.

Das Handeln in der Gruppe unterstützt die Fähigkeit, gemeinschaftlich zusammenzuarbeiten, und es stärkt die Kritikfähigkeit; diese macht wach gegenüber der Gehorsamshaltung. In der Gruppe wird auch das Thema »Zivilcourage« selbst zum Inhalt gemeinsamer Gespräche, in denen es zum Beispiel um folgendes geht:

• Miteinander reden über unsere Schwierigkeiten mit der Zivilcourage.

- Erfahrungen austauschen über Situationen, in denen es galt, Zivilcourage zu zeigen.
- Miteinander überlegen, wie es dazu gekommen ist, daß viele von uns weniger Bürgermut entwickeln konnten, als sie haben möchten.
- Gemeinsam über Wege nachdenken, wie jeder zu seinem Maß an Zivilcourage gelangen kann, und versuchen, sich darin zu ermutigen, mehr Zivilcourage zu entwickeln.

Für viele Menschen wirken Gruppen zunächst angstmachend; denn der einzelne ist sich nicht sicher, ob er die vermeintlichen Anforderungen der Gruppe erfüllen kann. Nicht wenige haben in Schule oder Arbeitsleben negative Gruppenerfahrungen gemacht, die wieder geweckt werden und sich in Selbstzweifeln äußern. Deshalb bedarf es einigen Mutes, um den Schritt in die Gruppe zu wagen. Dann allerdings kommt durch das gemeinsame Ziel und den näheren Kontakt eine Gruppenzugehörigkeit zustande, die sicherer macht.

Wie rückhaltgebend die Gruppe wirkt, erlebte ich selbst in Situationen, in denen mich der Bürgermut zu verlassen drohte. Mich überkamen viele Ängste, als ich zum Beispiel an einer Blockade gegen die Atomraketen teilnahm: Was hat es für Folgen, wenn ich gegen die Rechtsordnung verstoße? Halte ich es aus, wenn die Polizei anrückt? Isoliere ich mich nicht zu sehr von den Menschen meines Umfeldes? Setze ich mich nicht auch körperlichen Gefahren aus? Kann ich so lange sitzen und stehen – womöglich bei Regen und Kälte?

Was mir im »Friedenscamp« dabei half, die Angst auszuhalten, war die Bezugsgruppe. Weit über tausend Blockadeteilnehmer hatten sich – zum Teil bereits vorher – zu Gruppen von zehn bis zwanzig Personen zusammengefunden. In diesen Gruppen wurde alles gemeinsam diskutiert und beschlossen. Als ich in der Gruppe über meine Angst sprach, verhaftet zu werden, sagte niemand: »Du brauchst doch keine Angst zu haben.« Die Gruppenteilnehmer gingen auf mich ein, andere erzählten von ihren eigenen Ängsten. Sie schlugen mir vor, ich sollte mich im Falle eines Polizeieinsatzes nicht auf den Boden setzen, sondern stehend den Beobachter und Verbindungsmann zur Polizei machen. Außerdem könne ich für die Gruppe Hilfsdienste übernehmen. Mich beruhigte das Verständnis der Gruppe; im Laufe der Woche wurden meine Ängste geringer, und ich nahm bald auch unmittelbar an der Blockade teil. Hilfreich empfanden meine Frau und ich auch, daß wir als ältere Aktionsteilnehmer in die Gruppe einbezogen wurden, als gäbe es keinen Altersunterschied.

In Initiativgruppen sollten wir darauf achten, Zivilcourage nicht in militärischen Mut umschlagen zu lassen, indem wir aus eigener Angst heraus ausschließlich mit dem »Freund« gegen den »Feind« zusammengehen. Wir kämpfen nicht gegen Außenfeinde, sondern treten für die Ziele der Initiative ein. Dazu gehört, Feindbilder zu korrigieren, den Konflikt mit Andersdenkenden zu riskieren und gewaltfrei auszutragen. – Leitend ist der Wunsch nach Verständigung, nicht nach Überlegenheit.

Die »Tapferkeit vor dem Freund«

Das Problem mit Andersdenkenden gibt es auch in der »Freund«-Gruppe, der man sich zugehörig fühlt. Hier besteht die Gefahr, aus falsch verstandener Solidarität heraus Konflikte zu unterdrücken, um gemeinsam »gegen den Feind« vorzugehen. – Thea Bauriedl weist auf die Angst hin, durch Zivilcourage die eigene Bezugsgruppe zu verunsichern: Der zivile Mut des einzelnen »führt dazu, daß man unter Umständen die eigenen ›Schlachtreihen‹ stört. Man wagt es, unterschiedliche Gefühle und Überzeugungen gegenüber Mitgliedern der eigenen Gruppe bei sich zu entdecken. Das bedeutet oft, daß man in bestimmten Punkten Ähnlichkeiten mit den Gefühlen und Überzeugungen der ›anderen‹ bei sich bemerkt und deutlich macht.«[54]

Mit dem »Feind« zu sympathisieren, etwas gut an ihm zu finden und in den »eigenen Reihen« etwas zu kritisieren, paßt nicht in das Freund-Feind-Denken des politischen Alltags. Hier haben immer die einen gegen die anderen zu sein. Deshalb führt es zum Konflikt, wenn man innerhalb der Gruppe

»aus der Reihe tanzt«, indem man einen Vorschlag akzeptiert, der von der anderen Partei kommt. Die Konfliktspannung innerhalb der eigenen Gruppe auszuhalten, ist für ein gewaltfreies Verständnis politischen Handelns wichtig.

Es geht um den Mut, mit der eigenen Bewegung aus der »Fraktion« herauszutreten, sich mit dem eigenen Stand-Punkt zwischen die Stühle zu setzen. Wir sind schnell irritiert, wenn ein »Gegner« etwas vorschlägt, was wir ursprünglich auch gedacht haben und für zutreffend halten. Nur weil er es sagt, werden wir unsicher: Ob wir etwas für richtig halten dürfen, was von ihm kommt?

Man kann vom »Gegner« Argumente anerkennen, die der Sache dienen; man kann von ihm lernen und läßt das erkennen. Wenn wir den Mut und die Spontaneität aufbringen, in der eigenen Gruppe »aus der Reihe zu tanzen«, halten wir nicht nur die Gruppe lebendig, sondern bauen Brücken zu Andersdenkenden. Gleichzeitig schärfen wir unser Gewissen für die Grundwerte, denen wir uns verpflichtet fühlen. »Tapferkeit vor dem Freund« nennt Ingeborg Bachmann jenen Mut, bei dem wir innerhalb der eigenen Gruppe den Widerspruch wagen oder gar Argumente des »Gegners« gut finden.

Ein Jugendlicher berichtet, daß es für ihn schwierig war, aus der Klassenkameradschaft herauszutreten und eine gegensätzliche Meinung zu vertreten. Es gehörte zum »Klassenspaß« der Gymnasiasten, den Religionslehrer »fertigzumachen«. Jan erzählt: »Der war ein weicher Mensch und versuchte im Unterricht, Probleme mit Sanftmut zu lösen. Das zahlten wir ihm bitter heim. Wir versäumten keine Gelegenheit, ihn zu ärgern, lächerlich zu machen und den Unterricht zu stören. Er war vollkommen hilflos, und mir tat er oft leid, aber ich wollte nicht aus der Solidarität der Klassengemeinschaft herausfallen und als Streber oder Spaßverderber gelten. Zwar verhielt sich der Religionslehrer wirklich ungeschickt; aber ich fand unsere Scheußlichkeiten unrecht. Es wurmte mich an mir, daß ich nach außen nicht zu meinem Unrechtsbewußtsein stand.

Schließlich wagte ich dann doch mit großer Angst nach einer neuerlichen Quälerei den Widerspruch: ›Ich find das nicht so gut, was wir da machen. So übel ist der M. gar nicht, daß wir ihn so schlecht behandeln müßten. Beim Mathelehrer hocken wir eine Stunde lang drin wie die Ölgötzen und lassen uns widerspruchslos herumkommandieren – und in der Religionsstunde lassen wir dann die Sau raus. Ich mach da nicht mehr mit.‹

Von den Hauptakteuren dröhnte mir höhnisches Gelächter entgegen, ob ich etwa jetzt Ministrant werden wolle. Einige in der Klasse schwiegen und ein Mädchen stand mir bei und sagte, daß sie es schon lange gemein findet, wie wir den M. behandeln. Tatsächlich kam es zu einer Diskussion innerhalb der Klasse, in der sich außer mir und dem Mädchen noch einige auf den Standpunkt stellten, wir sollten mit unseren Quälereien aufhören. Die Diskussion riß nicht ab und irgendwie ist uns dadurch tatsächlich der Spaß an unseren ›tollen Streichen‹ vergangen. Zwar hatte ich mir durch mein Ausscheren die Verachtung einiger Mitschüler zugezogen, aber dafür auch die Sympathie anderer, die ich mit meiner Zivilcourage ›angesteckt‹ hatte.«

Immer wieder geht es darum, die eigene Stellung deutlich zu zeigen. Dazu muß der Mut kommen, die gegnerische Meinung anzuhören. Die Bereitschaft, Ansichten und Motive beider Seiten zu verstehen, eröffnet den Weg, selbst weiter zu lernen. »Erst wer fähig wäre, ein zusammenhängendes Plädoyer für die Meinungen zu geben, die seiner eigenen Meinung entgegengesetzt sind, der ist reif, die eigene Meinung überzeugend zu vertreten. Das wäre Gerechtigkeit im Denken.« (Carl Friedrich von Weizsäcker)[55]

5. Der gewaltfreie Einspruch
Bürgermut ist »zivil«

Auch der Haß gegen die Niedrigkeit
Verzerrt die Züge.
Auch der Zorn über das Unrecht
Macht die Stimme heiser. Ach, wir
Die wir den Boden bereiten wollten für Freundlichkeit
Konnten selber nicht freundlich sein.
Ihr aber, wenn es soweit sein wird
Daß der Mensch dem Menschen ein Helfer ist
Gedenkt unsrer
Mit Nachsicht.

Bertolt Brecht

Es gelingt nicht, Humanismus und Menschenwürde zu vertre-
ten, wenn man bei der Verfolgung der eigenen Ziele mit Mitteln
der Inhumanität arbeitet.

Alexander Mitscherlich

»Nur wer Angst hat, kann vernünftig sein«

Angesichts des bedrohlichen Zustands der Erde möchte man
annehmen, viele Menschen müßten sich fürchten und deshalb
mit verzweifeltem Mut versuchen, politisch etwas zu verändern. Die Mehrzahl der Bürger verdrängt diese Angst. Die Bedrohungen sind so vielfältig, daß es nicht aushaltbar erscheint,
bewußt mit ihnen zu leben, ohne sich den Schlaf zu rauben.

Wir brauchen die Angst, um zerstörische Prozesse, die unsere Umwelt vergiften und ausbeuten, aufhalten zu können. Es
muß uns beunruhigen, wenn Staatsmänner die drohende Klimakatastrophe jahrelang untersuchen lassen wollen, anstatt sofort etwas dagegen zu tun. Es müßte uns ängstigen, daß die
schützende Ozonschicht über der Erde abnimmt und dadurch

unsere Gesundheit gefährdet wird, wie sich in Australien dramatisch zeigt. Gleichzeitig lassen sich die Hersteller des Ozonzerstörers Fluorchlorkohlenwasserstoff von der verringerten Nachfrage vernünftiger Bürger in der Bundesrepublik Deutschland nicht beeindrucken. Ein großer Teil der hergestellten Mengen wird ins Ausland exportiert. Für die verletzte Ozonschicht ist es allerdings unerheblich, von welchem Ort der Erde aus sie zerstört wird.

Wir müssen besorgt sein, wenn Regierende trotz dem Ende des kalten Krieges atomare und chemische Menschen-Vernichtungsmittel bauen, testen und für den Völkermord bereitstellen. – Immer wieder werden Atomsprengköpfe gezündet, zum Teil in einer Größenordnung, der gegenüber die Hiroshimabombe »harmlos« war. Sie explodieren weit weg von uns und unterirdisch. Aber wie lange hält die Erde diese Verwundungen aus? – Die malträtierten Südsee-Atolle bedrohen mit ihren Giften aus ungezählten Bombenversuchen die südpazifische Inselwelt. Manche Forscher befürchten, radioaktive Gifte könnten aus den Bohrlöchern in die Umwelt dringen und die Südsee verseuchen.

Noch vieles wäre aufzuzählen, was begründet Angst macht. Aber für den einzelnen ist es nicht aushaltbar, sich ständig die drohenden Gefahren und das Leid zahlloser Menschen vor Augen zu halten. Wir müssen uns jedoch die Angst *und* die teilweise Verleugnung der bedrohlichen Realität zugestehen. Nur so bleiben wir motiviert, für die Mitwelt zu handeln und weder in Allmachts- noch in Ohnmachtsfantasien zu verfallen.

Angst ist ein Signal, das auf Gefahren hinweist. Das Angstsignal macht wachsam und befähigt die Person, Drohendes abzuwenden. Es weckt Kräfte, Gefahren zu überwinden, und treibt dazu an, die innere oder äußere Situation zu verändern. Angst ist ein Mittel der Selbstbewahrung. Unterdrücken, verleugnen oder verdrängen wir sie, dann verkennen wir die Gefahr und können nicht der Situation angemessen handeln. Angst darf nicht »blind« bleiben, sondern muß Anlaß werden, sich sachkundig zu machen, sich eine eigene Meinung zu bilden und Wege aus der Gefahr zu suchen.

Mut ist nicht Kaltblütigkeit, die keine Furcht kennt. Es geht um »vernünftige, besonnene Tapferkeit, um den geistigen Mut, der wesentlich durch den Verstand, den Charakter und das Bewußtsein des Ganzen bestimmt wird«.[56] In diesem Mut wird Angst zur Kraft, Gefahren abzuwenden. Der Mutige ist nicht angstlos, sondern stellt sich der ängstigenden Situation in dem Bewußtsein, verwundbar zu sein. Seine Auseinandersetzung mit der Angst unterliegt der sittlichen Bewertung und entspringt persönlicher Freiheit.

Im gesellschaftlichen und politischen Bereich wird Angst oft als störend bezeichnet und deshalb abgewehrt. Die meisten Politiker möchten auf keinen Fall ängstlich erscheinen. Viele von ihnen müssen ständig lächeln, Sicherheit demonstrieren und ihre wahren Gefühle und Interessen verleugnen. Günter Grass drückt diese angstlose Fassade in seinem Roman »Die Rättin« so aus:

> Am Ende, als es nichts mehr zu lachen gab,
> retteten sich die Politiker in übereinstimmendes Grinsen.
> Ohne Motiv, denn Komisches lag nicht vor,
> begannen sie, weltweit zu feixen.
> Einbrüche in beherrschte Gesichtszüge.
> Kein verlegenes Lächeln.
> Finales Grimassieren nur noch.
> Man hielt das dennoch für Heiterkeit und fotografierte
> das Grinsen und Feixen der übereinstimmenden Politiker.
> Fotos vom letzten Gipfeltreffen waren Zeugnisse
> ansteckend guter Laune.
> Sie werden schon Gründe haben, den Ernst entgleisen zu lassen,
> sagte man sich.
> Da bis zum Schluß getagt wurde,
> hielt sich Humor bis zum Schluß.

Angstlose Politiker sind gefährlich, weil sie Gefahren nicht empfindsam wahrnehmen und deshalb nichts dagegen tun. Allerdings wird die Angst vor Umweltkatastrophen, sozialen Krisen und atomarer Bedrohung unterschiedlich bewertet. Viele Menschen in Bürgerinitiativen – so sagen deren Kritiker – bleiben in Gefühlen stecken und könnten deshalb die Probleme nicht *denkend* lösen. Sie würden gleichsam in ihren Angstgefühlen »versinken« und sich damit lähmen.

Angst zu verleugnen und zu verdrängen ist so gefährlich, wie in der Angst zu verharren. Es gilt, beide Seiten miteinander zu verbinden: Nur von Gefühlen bewegte Menschen können für einen Bewußtseinswandel eintreten und die bedrohliche Lebenssituation verändern. Dazu muß das Gefühl »zum Orientierungspunkt vernünftigen Handelns werden. Nur wer Angst hat, kann vernünftig sein.«[57] Wir dürfen weder die Angstgefühle durch den Verstand zurückdrängen, noch den Verstand durch Angstgefühle außer Kraft setzen.

Allerdings ist Angst nur ein Motiv unter anderen Beweggründen, sich einzumischen und dem Unheil entgegenzuwirken. Ebenso bedeutsam sind humane Wertvorstellungen, Mitgefühl und Mitleid, Anteilnahme, vernünftiges Einschätzen der Situation, Wahrnehmung des Ganzen, Einsicht, Verantwortung. Nicht unmittelbare Angst ist es dann, was zum Handeln antreibt, sondern ein ganzheitliches Besorgtsein um die Natur, um die Mitmenschen, um uns selbst.

Die gewaltfreie Haltung – Denken, Fühlen, Argumentieren, Respektieren

In unserer psychisch militarisierten Gesellschaft meinen manche, zur Zivilcourage gehöre vor allem, Andersdenkende »anzugreifen«. Nur so beweise man Mut. Das Vorbild der Politiker läßt es als selbstverständlich erscheinen, unentwegt der anderen Partei »vorzuwerfen«, wie falsch sie handelt – und gleichzeitig hinauszuposaunen, wie gut die eigenen Vorschläge sind, falls es solche gibt. Vom Machtprinzip geleitete Auseinandersetzungen sind davon geprägt, auf keinen Fall etwas anzuerkennen, was der politische Gegner sagt. Dieser muß als unfähig hingestellt werden. Man muß Überlegenheit anstreben, andere niederschreien, herabsetzen, schlagfertig reagieren. Wer das nicht kann, bewertet sich selbst als zu wenig »politisch« und schweigt.

Zivilcourage ist jedoch etwas anderes als soldatischer Mut. Dieser richtet sich darauf, den Feind zu schädigen, auch auf Kosten des eigenen Lebens. Militärische Tapferkeit beruht auf Befehlen, die von der eigenen »guten« Gruppe gegen die feindliche »böse« gerichtet sind. Was der Soldat fühlt und wovon er überzeugt ist, spielt keine Rolle. Er wird zum Helden, indem er rücksichtslos gegen andere und gegen sich selbst die befohlene militärische Aufgabe erfüllt.

Manchmal vermischt sich Bürgermut mit militärischem Mut; dann nämlich, wenn er sich gegen einen »Feind« richtet und wenn Aktionen mit Gewalt, zum Beispiel mit Wort-Gewalt, ausgetragen werden. In diesen Fällen handelt es sich nicht mehr um Zivilcourage; denn diese ist »zivil« und mit Gewaltfreiheit verknüpft. In seinem Gedicht »Die gute Tat« stellt Bertolt Brecht militärischen Mut dem zivilen gegenüber:

> Die Panzergrenadiere nehmen das
> Telefongebäude zum dritten Mal.
> Der Mut ist ungeheuer. Das Gemetzel ist riesig.
> Größer
> Ist der Mut dessen, der dem Befehl
> Widersteht.

Bismarck gebrauchte als erster Deutscher das Wort Zivilcourage. In einer Debatte des preußischen Landtags, 1864, wurde er wegen eines kritischen Beitrags ausgepfiffen. Beim Mittagessen sagte ihm ein älterer Verwandter: »Eigentlich hattest du ja ganz recht. Nur sagt man so was nicht.« Da antwortete Bismarck: »Wenn du meiner Meinung warst, hättest du mir beistehen sollen.« Und er fügte hinzu: »Mut auf dem Schlachtfeld ist bei uns Gemeingut. Aber man wird es nicht selten finden, daß es ganz achtbaren Leuten an Zivilcourage fehlt.«[58] – »Zivil« meint nicht nur »bürgerlich« und »nicht-militärisch«, sondern schließt in seiner sprachlichen Bedeutung auch »höflich« und »anständig« ein. Max Frisch bezeichnet das Höfliche als »liebevolle Form für das Wahrhaftige«.

»Wenn wir zuweilen die Geduld verlieren, unsere Meinung einfach auf den Tisch werfen und dabei bemerken, daß der andere zusammenzuckt, berufen wir uns mit Vorliebe darauf, daß wir halt ehrlich sind. Oder wie man so gerne sagt, wenn man sich nicht mehr halten kann: Offen gestanden! Und dann, wenn es heraus ist, sind wir zufrieden; denn wir sind nichts anderes als ehrlich gewesen, das ist ja die Hauptsache, und im weiteren überlassen wir es dem andern, was er mit den Ohrfeigen anfängt, die ihm unsere Tugend versetzt. Was ist damit getan?

Wenn ich einem Nachbarn sage, daß ich ihn für einen Hornochsen halte – vielleicht braucht es Mut dazu, wenigstens unter gewissen Umständen, aber noch lange keine Liebe, so wenig wie es Liebe ist, wenn ich lüge, wenn ich hingehe und ihm sage, ich bewundere ihn. Man begnügt sich nicht damit, daß man dem andern einfach seine Meinung sagt; man bemüht sich zugleich um ein Maß, damit sie den andern nicht umwirft, sondern ihm hilft; wohl hält man ihm die Wahrheit hin, aber so, daß er hineinschlüpfen kann.«[59]

Da wir nie sicher wissen, was die Wahrheit ist, sprechen wir besser von dem, was wir für wahr halten. – Zivilcourage ist nicht kompromißlos, draufgängerisch, unbeherrscht, laut und aggressiv. Sie geht nicht mit Nörgelei, Besserwisserei, Kritiksucht und Überheblichkeit einher. Vielmehr wird der, an den wir uns wenden, respektiert; der Widerspruch geschieht eindeutig, aber nicht feindselig. Argumente werden vernünftig diskutiert. Streit und Sachdebatte können bewegt und heftig sein, jedoch ohne Andersdenkende zu verletzen. Es sollte nicht zu einem Überzeugungs-Machtkampf kommen, bei dem es um Siegen oder Verlieren geht; denn wenn es am Ende Sieger und Verlierer gibt, ist die Verständigung mißglückt.

»Die Wahrheit so hinhalten, daß der andere hineinschlüpfen kann«, bedeutet: das als wahr Erkannte aufzeigen und »anbieten«, statt auf andere einzuwirken; wir versuchen zu überzeugen, statt zu überwältigen. Zum Kern der Auseinandersetzung gehört, andere durch einleuchtende Gründe nachdenklich zu machen, Beweise zu bringen für das, was wir als notwendig erachten. Wir möchten durch die eigene Bewegtheit andere in Bewegung bringen.

Je mehr wir dabei durch unsere Person von etwas »zeugen«, um so eher werden die Gesprächspartner nachdenklich: Zum

Beispiel auf Grund der Art, wie wir argumentieren oder wie wir akzeptierend auf andere Ansichten eingehen. Wir »erschlagen« die Gesprächspartner nicht mit Argumenten oder »hauen ihnen unsere Ansicht um die Ohren«. Vielmehr argumentieren wir mit Sachverstand und lassen unser Denken, Fühlen und die persönlichen Konsequenzen spüren. Wir respektieren die Ideen anderer, versuchen zu verstehen, ehe wir diskutieren, diskutieren, bevor wir urteilen.

Zivilcourage, verstanden als »›Widerstandsrecht der kleinen Münze‹ (Artur Kaufmann[60]), ist keine Sache der Gewalt, auch nicht der lauten Agitation, sondern eine Sache des Geistes, eine staatsbürgerliche Haltung in vielfacher Schattierung:

- Mißtrauen gegenüber den Mächtigen,
- Mut zur offenen Kritik,
- Demaskierung von Übelständen,
- Neinsagen zum Unrecht, auch und gerade, wenn es ›von oben‹ kommt oder die ›herrschende Meinung‹ ist,
- Nichtmitmachen an als unheilvoll erkannten Aktionen, wiewohl man sich dadurch Sympathien verscherzen mag.

Thomas von Aquin nennt unter den zwei Arten von Tapferkeit als erstes das Standhalten und dann erst das Angreifen. Denn nicht was am schwersten ist, macht die menschliche Tugend aus, sondern was der Verwirklichung des Guten am besten dient.«

Aufhören, zu siegen – Die Frage nach dem Leben, statt nach der Macht

Durch die gewaltfreie Haltung drücken wir aus: Unser Lebensprinzip ist nicht Stärke, Überlegenheit und Herrschen. Falls wir nicht mit dem Siegen über Mensch und Natur aufhören, siegen wir uns zu Tode. Logisches Lebensprinzip ist vielmehr Verständigung, Zusammenarbeit, Versöhnung, Schonung, Angstarbeitung, vernunftgeleitete Solidarität. Christa Wolf drückt das in einem Gespräch zwischen der Seherin Kassandra und deren Wagenlenker so aus:

»Kassandra: Ich sage ihnen: Wenn Ihr aufhören könnt zu siegen, wird diese Eure Stadt bestehen.

Gestatte eine Frage, Seherin, – (Der Wagenlenker). – Fragt! – Du glaubst nicht daran? – Woran? – Daß wir zu siegen aufhören können. – Ich weiß von keinem Sieger, der es konnte. – So ist, wenn Sieg auf Sieg am Ende Untergang bedeutet, der Untergang in unsere Natur gelegt?

Die Frage aller Fragen. Was für ein kluger Mann. Komm näher, Wagenlenker. Hör zu. Ich glaube, daß wir unsere Natur nicht kennen. Daß ich nicht alles weiß. So mag es in der Zukunft Menschen geben, die ihren Sieg in Leben umzuwandeln wissen.«

Kennen wir unsere Natur nicht? – Wir forschen über die Aggression, das »sogenannte Böse«, und finden, daß der Mensch friedlos ist. Womöglich kommen wir zu keiner anderen Einsicht, weil unsere Gesellschaft dem Machtprinzip verfallen ist. Wir erkennen zwar die Aggression als menschliche Anlage, nicht aber die Sympathie. Auch Sympathie ist eine natürliche »Begabung«: der Wunsch nach sozialem Zusammenleben, am anderen Anteil zu nehmen im Wortsinn des Teilens. Kern der Sympathie ist das Mitfühlen, Mitempfinden, Sich-Mitfreuen und Mitleiden. Verblendet vom Rivalitätsprinzip, versäumen wir in vielen Gesellschaftsbereichen, das Sympathieprinzip zu entwickeln.

Machtbehauptendes Verhalten entspringt der Angst, im Konfliktfall zu unterliegen oder ausgestoßen zu werden; denn das Machtdenken läßt nur Verlierer oder Sieger zu. Wagt die Person hingegen, den Konflikt in dem festen Wunsch auszutragen, nicht aus der Beziehung zu gehen, dann erfährt sie: Es ist besser für mich, im Kontakt zu bleiben, als überlegen zu sein. Es ist befriedigender, lebendig zu bleiben, statt stärker sein zu müssen. Macht-Haben, Recht-Haben, Überlegensein sind ein unbefriedigender Ersatz für mitmenschliche Beziehungen. Kontaktwünsche kann ich verwirklichen, wenn ich andere Menschen mit dem berühre, was ich persönlich denke und fühle – und wenn ich selbst mich von deren Einstellung berühren lasse.

Ob es zu gewaltfreien Prozessen kommt, entscheidet sich

nach Thea Bauriedl daran, ob wir nach der Macht oder nach dem Leben fragen: »In jeder Beziehung und zu jeder Zeit können grundsätzlich zwei einander ausschließende Fragen gestellt werden. Die erste Frage ist die Frage nach der Macht: ›Wer ist stärker?‹; die zweite ist die Frage nach dem Leben: ›Wie können wir miteinander zufrieden werden?‹ Diese beiden Fragen kennzeichnen die Qualität zwischenmenschlicher Beziehungen... Je häufiger und intensiver die erste Frage, die Frage nach der Macht, gestellt wird, desto schlechter, unbefriedigender und gefährlicher ist die Beziehung, weil jeder nur gegen den anderen leben oder überleben kann.

Wird die zweite Frage, die Frage nach dem Leben gestellt, dann geht man in diesem Moment in dieser Beziehung davon aus, daß beide nur miteinander leben und überleben können... Es wird gesehen, wie abhängig wir voneinander sind: Was gegen dich ist, ist auch gegen mich, was du verlierst, geht auch mir verloren, was ich gewinne, hast auch du gewonnen. Die Sorge für die eigene Sicherheit und Zufriedenheit schließt die Sorge für die Sicherheit und Zufriedenheit des anderen ein.«[61]

Sich von der Aggressivität nicht anstecken lassen – Friedlosigkeit als seelische Krankheit

Der Versuch, sich gewaltfrei auseinanderzusetzen, garantiert nicht, daß es tatsächlich zur Entspannung kommt; aber er macht diese wahrscheinlicher. Das können wir an Alltagsbeispielen erfahren. Der Teilnehmer eines Gruppengesprächs, ein zweiundvierzigjähriger Biologe, erzählte in einem Zivilcourage-Seminar in Hamburg folgendes:

»Ich kam nach Hause und sah am Ende unseres Gartens eine Horde Jugendlicher; die hatte dort offensichtlich gepicknickt. Dabei hinterließen sie eine unbeschreibliche Unordnung und Verwüstung – wo ich gerade alles so schön gemacht hatte. Unser Garten geht ohne Zaun in den Waldrand über. Coca-Cola-Dosen, Bierflaschen, Kunststofftüten, Speisereste, Papierabfälle, Zigarettenstummel

lagen über das Gelände verstreut. Ich war empört über diese Rück-
sichtslosigkeit.

In mir stieg Wut hoch – aber ich hatte auch Angst vor den Halb-
wüchsigen. Konnte ich es riskieren, mich mit denen anzulegen?
Sollte ich nicht lieber hernach alles wegräumen, um den unange-
nehmen Konflikt zu vermeiden? – Weil ich mich fürchtete, suchte
ich viele Gründe dafür, lieber doch nichts zu sagen. Aber gleichzeitig kam ich mir feige vor. Ich wollte mich doch immer öffentlich
einsetzen für die Schonung der Natur – und jetzt ziehe ich mich
zurück, um mich nicht streiten zu müssen.

Schließlich war mein Zorn stärker als die Angst. Ich rannte hinaus und brüllte die Störenfriede zusammen: Was ihnen denn ein-
fiele, wie unverschämt ihr Verhalten sei, ob sie denn keinen Sinn für
die Schönheit der Natur hätten und daß sie sich mit ihrem land-
schaftszerstörenden Verhalten strafbar machten . . . – Da baute sich
ein Jugendlicher vor mir auf, hünenhaft im Vergleich zu meiner
Figur, und schaute mich herausfordernd von oben herab an: ›Na,
Alterchen, wenn dich der Dreck stört, dann kannst du ihn ja wegräumen – oder willst du etwa auch zu Müll gemacht werden?‹ Die
anderen feixten dazu und steuerten unflätige Bemerkungen bei. –
Mir wurde mulmig, und ich zog mich schimpfend ins Haus zurück.
Ich ärgerte mich über die Niederlage, aber auch über mein eigenes,
polterndes Verhalten, das ich nicht gut fand.

Nach einer Weile wagte ich es, noch mal hinauszugehen und die
herumhockenden und herumliegenden Jugendlichen anzuspre-
chen: Es täte mir leid, daß ich vorhin so gebrüllt hätte. Ich erklärte
ihnen, daß ich viel Mühe darauf verwende, dieses Stückchen Erde
zu hegen, um ein Biotop anzulegen. Deshalb wäre ich so empört
darüber, daß durch den Unrat alles zerstört sei. Da rief mir einer
aus der Gruppe zu: ›Jetzt regen Sie sich doch nicht so auf, wir sorgen dafür, daß alles wieder in Ordnung kommt.‹ Ich zeigte mich
zufrieden darüber, bedankte mich und ging ungläubig ins Haus. Ich
mußte für eine Stunde weg und wagte nicht zu hoffen, daß die Jugendlichen ihren Unrat auch wirklich aufräumten. Aber als ich zu-
rückkam, war die Gruppe verschwunden und mit ihnen tatsächlich
der Dreck. Nicht ein einziges Fitzelchen Papier oder ein Zigarettenstummel lagen herum. – Diese Erfahrung hat mich ungemein ge-
freut und mich darin ermuntert, gewaltfreie Prozesse zu wagen.«

Daß das Weiche letztlich stärker ist als das Harte, hat Bertolt Brecht in seinem Gedicht von der Reise des Gelehrten Laotse in die Emigration ausgedrückt. Der Weise wird an der Grenze vom Zöllner aufgehalten:

Doch am vierten Tag im Felsgesteine
Hat ein Zöllner ihm den Weg verwehrt:
»Kostbarkeiten zu verzollen?« – »Keine«
Und der Knabe, der den Ochsen führte, sprach:
»Er hat gelehrt.«
Und so war auch das geklärt.
Doch der Mann in einer heitren Regung
Fragte noch: »Hat er was rausgekriegt?«
Sprach der Knabe: »Daß das weiche Wasser in Bewegung
Mit der Zeit den mächtigen Stein besiegt.
Du verstehst, das Harte unterliegt.«

Menschen sind friedlos – aber sie sind auch friedfertig. Die Friedlosigkeit bilden wir in allen Gesellschaftsbereichen mit großer Energie aus, während wir Friedfertigkeit verkümmern lassen. Aber der »Weltfriede ist Lebensbedingung des technischen Zeitalters. Das technische Zeitalter, das ist unsere Zeit, unser Alltag und der Alltag unserer Kinder und Enkel... Diese Welt bedarf des Friedens, wenn sie sich nicht selbst zerstören soll... Wo lebensnotwendige Einsichten verdrängt werden, ist die Verdrängung neurotisch. Die Verdrängung des Friedensproblems ist Symptom einer seelischen Krankheit... Der Mensch, der dort, wo er wissend handeln müßte, einem inneren Zwang folgend unwissend handelt, ist krank. Wenn Friede Bedingung menschlichen Lebens ist, so ist Friedlosigkeit seelische Krankheit« (Carl Friedrich von Weizsäcker).[62]

Die Wut konstruktiv machen –
In der Beziehung bleiben

Wer Zivilcourage zeigt, »greift« die herrschenden Verhältnisse an. Er muß sich darauf einstellen, daß das politische System aggressiv zurückschlägt; denn kritische Bürger treffen die Obrigkeit an empfindlichen Punkten. Zwar praktizieren Menschen mit Zivilcourage eine elementare demokratische Tugend, aber das heißt nicht, daß der Widerspruch von den demokratischen Machtausübern erwünscht ist.

Innerhalb von Behörden, in Ministerien und anderen Machtapparaten, in Institutionen wie Schule, Rundfunk, Stadtverwaltung oder im Arbeitsleben sind überwiegend Anpassung und Unterordnung erwünscht. Vor einer konflikthaften Bürgereinmischung müssen wir uns deshalb damit befassen, ob wir die »Rückwelle« überleben können, die unser Widerspruch auslöst. Mit »Überleben« ist gemeint, den Unbilden standzuhalten, die durch zivilen Mut auf den einzelnen zukommen: von gewissen Gruppen gemieden, gekränkt oder angegriffen, in bestimmten Situationen benachteiligt zu werden.

Wenn Thea Bauriedl schreibt, wir müßten die Strafen des Systems »überleben«, dann meint sie damit nicht nur »aushalten«: »Mit Überleben meine ich: durch die Rückwelle nicht angesteckt zu werden von Gewalttätigkeit im Bewußtsein, in der Sprache und im Handeln. Nur wenn man die Rückwelle in diesem gewaltfreien Sinn überlebt, wird das System wirklich in Frage gestellt und hat dadurch eine Chance, sich zu verändern. Kommt durch die Inhalte, die Art und den Zeitpunkt des Widerspruchs kein Dialog zustande, dann geht der Widerspruch unter.«[63]

Sich nicht von der Aggressivität anstecken zu lassen, hat noch einen anderen Vorzug: Wer von dem Wunsch erfüllt ist, auf Aggressivität nicht mit Gegenaggressivität zu reagieren, mildert die eigene Angst. Denn die gewaltlose Reaktion auf aggressive Angriffe oder Beschimpfungen verhindert, daß sich die Auseinandersetzung destruktiv verschärft. Es besteht eine Chance, durch gewaltfreies Verhalten nicht nur sich selbst, sondern auch den Angreifer zu mäßigen. Auf jeden Fall macht es die gewaltlose Antwort leichter, in der Beziehung zu bleiben. Falls der Konfliktgegner auf die gewaltfreie Reaktion aber doch gewalttätig reagiert, bleibt die eigene Einstellung davon unberührt; denn ich habe nur zu verantworten, wie ich selbst handle.

Der Versuch, Konflikte gewaltfrei zu regeln, bedeutet nicht, Aggressionen zu unterdrücken. Gefühle von Empörung und Zorn sind so notwendig wie die der Angst. Nur wenn wir die Wut annehmen, können die damit verknüpften Konflikte ausgetragen werden. Nicht ausgetragene Konflikte führen zu Dauerspannung, Isolation und Destruktion. Deshalb sind aggressive Regungen wie Wut, Abscheu und Entsetzen zuzulassen und konstruktiv zu machen:

- durch ein An-greifen, das nicht persönlich verletzt,
- durch Streit, der die Beziehung nicht abbrechen läßt,
- durch Argumentation, die in die Sachverhalte eindringt,
- durch Veränderungsvorschläge, die ein neues Handeln aufzeigen,
- durch persönliches Verändern kritisierter Zustände an den Stellen, an denen der einzelne die Chance dazu hat.

Gewaltfreiheit besteht nicht in Affektfreiheit, sondern in fairer Auseinandersetzung: Andere werden nicht diffamiert, gewalttätig behandelt oder verletzt.

Sich gewaltfrei auseinandersetzen heißt: Wenn wir gekränkt werden, schlagen wir nicht »schlag-fertig« zurück, sondern bleiben mit dem Anliegen in der Auseinandersetzung. Indem wir die Beziehung zum Konfliktpartner aufrechterhalten, geht der Verständigungsprozeß weiter. Selbst wenn wir, weil wir es so eingeübt haben, schlag-fertig zurückschlagen, brauchen wir nicht im »Schlagabtausch« zu verharren, sondern können das aggressiv-destruktive Verhalten in ein aggressiv-konstruktives Handeln umwandeln.

Das Ziel besteht nicht darin, gegen Angriffe und Verletzungen ein dickes Fell zu bekommen oder sich unangreifbar zu machen; denn dann verlören wir auch die Empfindungsfähigkeit. Wenn wir die nicht besäßen, könnten wir nicht mit anderen

mitfühlen. Christa Wolf schreibt dazu: »Der sehr deutsche Mythos von Siegfried, dem Helden, der den Lindwurm tötet und
sich mit dessen Blut bestreicht, das ihn unverwundbar macht
bis auf die eine Stelle seines Körpers, die er nicht erreicht, den
Fleck zwischen den Schulterblättern, wo der Speer ihn dann
durchbohrt, dieser Mythos sollte uns lehren: Immer gibt es eine
Stelle, an der wir verwundbar sind, es ist unsere lebendige,
menschliche Stelle; wenn wir auch die verschließen, hören wir
auf zu atmen und sind tot.«[64]

Feindbilder lassen resignieren –
Die Freund-Seite entdecken

Wer mit Zivilcourage etwas verändern möchte, stößt oft auf
erstarrte Strukturen. Das kann zu Resignation führen: »Die
das Sagen haben, sind ja doch nicht zu verändern. Mit ›denen‹
ist kein vernünftiger Kontakt möglich. Da brauchen wir uns
erst gar nicht zu bemühen.« – Die entgegengesetzte Gefahr ist,
fortan nur noch »Feinde« in den Machthabenden zu bekämpfen und damit als Gegenmacht aufzutreten. Im Machtkampf
beider Seiten geht verloren, was beide möchten: Lebenswün-
sche verwirklichen und die Ängste vermindern, die diese Le-
benswünsche blockieren. – Wie sehr sich Menschen durch
Feindbilder in ihrer Eigenbewegung einschränken, veranschaulicht die Geschichte mit dem Hammer:

»Ein Mann will ein Bild aufhängen. Den Nagel hat er, nicht aber
den Hammer. Der Nachbar hat einen. Also beschließt unser Mann,
hinüberzugehen und ihn auszuborgen. Doch da kommt ihm ein
Zweifel: Was, wenn der Nachbar mir den Hammer nicht leihen
will? Gestern schon grüßte er mich nur so flüchtig. Vielleicht war er
in Eile. Aber vielleicht hat er die Eile nur vorgeschützt, und er hat
was gegen mich. Und was? Ich habe ihm nichts getan; der bildet sich
da etwas ein. Wenn jemand von *mir* ein Werkzeug borgen wollte,
ich gäbe es ihm sofort. Und warum er nicht? Wie kann man einem
Mitmenschen einen so einfachen Gefallen abschlagen? Leute wie
dieser Kerl vergiften einem das Leben. Und dann bildet er sich noch

ein, ich sei auf ihn angewiesen. Bloß weil er einen Hammer hat. Jetzt reicht's mir wirklich. – Und so stürmt er hinüber, läutet, der Nachbar öffnet, doch bevor er ›Guten Tag‹ sagen kann, schreit ihn unser Mann an: ›Behalten Sie Ihren Hammer, Sie Rüpel!‹« (Watzlawick[65])

In Feindbildern zu denken macht mißtrauisch. Durch den »Feindblick« nehmen wir nur wahr, wie bösartig der »Feind« ist. Deshalb schützen wir uns vor ihm, gehen auf Distanz oder bekämpfen ihn. Die negative Erwartung beeinflußt das eigene Verhalten: Weil der »Feind« unbelehrbar und aggressiv ist, geraten wir in Resignation oder Gespanntheit, in abwartende Distanz, in versteckte Abwehrbereitschaft oder in den Angriff als die »beste Verteidigung«. Wenn der andere auf diese Weise zum Feind erklärt wird, läßt er sich leicht dazu verleiten, sich wie ein Feind zu benehmen.

Durch Feindbilder geben wir nicht nur den Feind, sondern teilweise auch uns selbst auf. Wir verhindern Beziehungen, weil wir die Person des Feindes oder eine ganze Gruppe auf bestimmte Eigenschaften einschränken, vor allem auf aggressive Absichten. Das verstärkt die eigene Angst und Aggressivität. Die Beziehung zum »Feind« bricht ab, und es kommt zum kalten Krieg. – Die Feindbild-Haltung verringert die Möglichkeit, selbst zu handeln.

Im Hinblick auf die atomare Drohung schreibt Günther Anders: »Was wir bekämpfen ist nicht dieser oder jener Gegner, der mit atomaren Mitteln attackiert werden könnte, sondern die atomare Situation als solche. Da dieser Feind *aller* Menschen Feind ist, müßten sich diejenigen, die einander bisher als Feind betrachtet haben, als Bundesgenossen gegen die gemeinsame Bedrohung zusammenschließen.«[66]

Ähnlich verweist Ulrich Beck darauf, daß es im atomaren Zeitalter keine »Anderen« mehr gibt: »Alles Leid, alle Not, alle Gewalt, die Menschen Menschen zugefügt haben, kannte bisher die Kategorie der ›Anderen‹ – Juden, Schwarze, Frauen, Asylanten, Dissidenten, Kommunisten. Es gab Zäune, Lager, Stadtteile, Militärblöcke einerseits, andererseits die eigenen vier Wände, hinter die die scheinbar Nichtbetroffenen sich zurückziehen konnten. Dies alles gibt es weiter und gibt es seit Tschernobyl nicht mehr. Es ist das Ende der ›Anderen‹. Das Ende unserer hochgezüchteten Distanzierungsmöglichkeiten ist mit der atomaren Verseuchung erfahrbar geworden. Not läßt sich ausgrenzen, die Gefahren des Atomzeitalters nicht mehr. Darin liegt ihre neuartige kulturelle und politische Kraft.«[67]

Wenn wir das Feindbild-Denken bearbeiten, tun wir nicht nur dem »Feind« etwas Gutes, sondern uns selbst. Die Zivilcourage, mit der wir etwas verändern wollen, hat dann mehr Chancen. Feindbilder abbauen heißt, den Kontakt zum »Feind« riskieren; denn »Bekanntschaft ist der Feind der Feindschaft«. Miteinander bekannt werden schließt ein, den anderen als ganzen Menschen zu sehen, nicht nur mit seiner Feindseite: seine Ansichten, sein Erleben, seine Ängste und Hoffnungen kennenzulernen. Indem wir die »Feind«-Berührung im Sinne des Kennenlernens wagen, nehmen wir ihn entzerrter wahr. Dadurch sind Konflikte deutlicher zu erkennen und können bearbeitet werden. Im »Feind« taucht auch eine Freundseite auf.

Feindbilder auflösen bedeutet, sich zu fragen: Welche Gefühle habe ich in dieser Feindbeziehung? Wieviel Haß empfinde ich dem »Feind« gegenüber? Welche Ängste verspüre ich gegenüber dem »Feind«? Welche Wünsche hätte ich an den »Feind«? Bekämpfe ich im »Feind« etwas, das ich in mir selbst niederhalten muß? In welcher Weise schränke ich mich durch die Feindbeziehung ein?

Feindbild – Denken in Kontakt umwandeln

Mit der eigenen Angst den Kontakt zum »Feind« zu wagen ängstigt mehr, als an der Feindbeziehung festzuhalten. Aber letztlich vermindert es die Angst, Beziehung aufzunehmen. Gegenseitige Wünsche werden ebenso erkennbar wie die Befürchtung, der andere könnte diese Wünsche zurückweisen.

Nur wenn wir mit dem Konflikt in der Beziehung zum anderen bleiben, können wir uns mit den Themen auseinandersetzen, die Inhalt unseres Bürgermutes sind.

Ein wehrdienstverweigernder Jugendlicher, der achtzehnjährige Thomas D., drückte seine Not mit der Zivilcourage in dem Satz aus: »Aber ich will doch meine Familie nicht verlieren.« – Er hatte aus Überzeugung den Wehrdienst verweigert und sich gegen die Familie und die meisten im Dorf gestellt. Seither stand er in einem verzweifelten »Überzeugungskampf« mit seiner Umgebung. Als »schwarzes Schaf« und als »Feigling« versuchte er unentwegt zu argumentieren. »Aber mir fällt jetzt überhaupt nichts mehr ein«, sagte er, »ich fühle mich nur noch in die Ecke gestellt.«

Der Jugendliche begann in der Gruppe zu weinen, als er davon sprach, wie allein er sich fühle: »Ich hänge so an meiner Familie und mag meine Mutter; aber jetzt ist alles aus. Die sehen einfach nicht ein, warum ich keinen Wehrdienst mache, sosehr ich mich bemühe und meine ganze Überredungskunst aufbringe.« – Ich sprach den Jugendlichen auf sein Unglück an und sagte unter anderem: »Meinen Sie, Ihre Mutter weiß, wie schlecht es Ihnen in Ihrem Alleinsein geht?« – »Natürlich nicht, ich gelte doch ohnehin schon als Schlappschwanz; da kann ich denen nicht auch noch was vorweinen.«

Thomas D. spaltete sich in der Beziehung zu seinen Bezugspersonen auf: Sichtbar war nur der »Verweigerer«, der wortmächtig die anderen zu überzeugen und zu verändern versuchte. Verborgen hingegen blieb der Jugendliche, der sehnlich die liebevolle Beziehung zu seinen Angehörigen aufrechterhalten wollte. Die anderen erlebten ihn nur »halb«: als einen, der sich von ihnen mit seiner politischen Haltung absetzte. Sie erlebten ihn nicht auch mit seinen Wünschen, weiterhin im Kontakt mit der Familie zu sein.

Die Mutter und anderen Verwandten litten in gleicher Weise an dem Kontaktabbruch – mehr als an der abweichenden Auffassung über Krieg und Frieden. Thomas D. konnte in dieser Situation erst etwas bewegen, als er wagte, »ganz« in die Beziehung zu gehen: nicht nur mit den gegensätzlichen politischen

Argumenten, sondern auch mit seinen Wünschen nach Kontakt.

In der Feindbild-Beziehung geht es darum, dem anderen zu zeigen, wie böse er ist, um dann seine Bosheit zu bekämpfen. Die Aufmerksamkeit ist darauf gerichtet, ihm seine Schuld nachzuweisen. Dabei gerät aus dem Blick, was ich eigentlich möchte, worauf es mir ankommt, was ich vom anderen wünsche: an Kontakt, Mitarbeit, Zustimmung, Anerkennung, Sicherheit. Hinter der Forderung »Der soll sich anders verhalten« verschwinden die eigenen Wünsche.

Wenn wir Feindbilder auflösen wollen, dürfen wir den erstarrten »feindlichen« Strukturen nicht die eigene Starrheit entgegensetzen. Wir versuchen vielmehr, mit den Veränderungswünschen diese Strukturen »anzugreifen«. In Krisensituationen bewältigen wir die Unsicherheit nicht, indem wir Feindbilder errichten, sondern indem wir Kontakt aufnehmen und die anstehenden Konflikte austragen. »Dabei müssen wir dem Gegner Chancen für eine gesunde Reaktion lassen, anstatt ihn als ›unheilbar‹ oder von Natur aus böswillig zu diffamieren. Man läßt dem anderen dann eine Chance, sich zu verändern, wenn man sich selbst eine Chance läßt, zu lernen und nicht auf einer Heilslehre oder auf seinem Recht zu bestehen.« (Thea Bauriedl[68])

Halt-gebende Werte und motivierende Ideen festigen – Lebendigkeit und Freude

Wer Zivilcourage zeigt, muß mit Kränkungen rechnen. Es erfordert Mut, das Wagnis einzugehen, von anderen abgelehnt oder herabgesetzt zu werden. Solche Verletzungen sind eine Gelegenheit, den gewaltfreien Anspruch in die Tat umzusetzen: nicht zurückzuschlagen, sondern mit dem Anliegen in der Auseinandersetzung zu bleiben; dann geht der Verständigungsprozeß weiter.

Die Furcht vor der Einsamkeit ist für den einzelnen das größte Hindernis, sich zivilcouragiert einzumischen: Die

Furcht, in einer Fraktion allein zu bleiben, in der Bekanntschaft als einziger eine politische Aktion mitzumachen, unter den Arbeitskolleginnen und -kollegen mit der persönlichen Werthaltung isoliert zu sein, in der Versammlung mit der geäußerten Meinung den Unwillen der Mehrheit auf sich zu ziehen, in einer Sitzung ein politisches Thema anzuschneiden, über das »man« nicht spricht ... Da ist die Angst, unversehens »in der falschen Ecke« zu stehen, von anderen übersehen zu werden, als Unperson zu gelten. Da ist die Sorge, als »blauäugig« diffamiert, als Spinner oder Träumer bezeichnet, als Utopist abgewertet zu werden. Da ist die Furcht, als Sympathisant verdächtigt oder als Schwächling lächerlich gemacht zu werden.

Auch wenn wir uns in Gruppen zusammenschließen, bewahrt uns das nicht davor, allein zu sein. Wer Zivilcourage zeigen will, muß seine innere Wertwelt festigen. Der Sinn, den wir dem Handeln verleihen, bestimmt die Richtung des Bürgermutes. Das Mitglied einer christlichen Friedensgruppe, eine dreiundsechzigjährige Hochschuldozentin, erzählte, daß sie sich in Zivilcourage-Situationen immer wieder an einer Stelle im Alten Testament »festhalte«.

Da heißt es:

Schäme dich nicht,
zu sagen, was dein Herz für recht hält.
Denn man kann auf eine Art ängstlich sein,
daß man ein Unrecht dabei tut.
Richte dich nicht nach Menschen gegen deine Überzeugung.
Laß dich nicht drängen, in ein Unrecht zu fallen.
Wenn es nötig ist, dann sprich dein Wort klar und frei.
Denn durch das Bekenntnis wird die Wahrheit deutlich und das
    Recht.
(Jesus Sirach 4,22–33)

Zivilcouragierte Menschen müssen Einsamkeit ertragen. Nur wenn sie, gestützt durch halt-gebende Werte, ein bestimmtes Maß an Alleinsein auf sich nehmen, werden sie nicht unablässig durch einen unterschwelligen Anpassungszwang gefangengehalten. Zivilen Mut vermag zu zeigen, wer eine gefestigte

Persönlichkeit entwickeln konnte, von inneren Überzeugungen erfüllt ist, sich durch befriedigende Beziehungen zu den Mitmenschen gehalten fühlt und aufkommende Gefährdungen geistig bewältigen kann. Aber auch das Umgekehrte gilt: Bürgermut festigt die Persönlichkeit, stärkt innere Überzeugungen, schafft befriedigende Beziehungen zu Mitmenschen und fordert dazu heraus, sich geistig auseinanderzusetzen.

Es sind vor allem moralische Prinzipien, die Menschen dazu bewegen, mutig für eine Sache einzutreten. Deshalb ist es wichtig, sich mit den humanen Leitvorstellungen immer wieder denkend und fühlend einzulassen. Dabei helfen Texte, die das eigene Verhalten bestärken, Vorbilder, die einem Mut machen, Freunde, mit denen man Sinnfragen bereden kann, Andersdenkende, mit denen man sich offen einläßt, Gruppen, mit denen man gemeinsam etwas macht.

Zum Kern dieser Auseinandersetzung gehört, sich fortwährend darum zu bemühen, die als gültig anerkannten sittlichen Maßstäbe zu verwirklichen. Die persönlichen Überzeugungen in Einklang mit der Lebensführung zu bringen ist schwer; aber es ist gleichzeitig befriedigend, an der eigenen Identität zu arbeiten. Die Kluft zwischen moralischem Anspruch und dem »Sein« bleibt zwar größer, als wir uns wünschen. Aber wenn wir uns bemühen, die Kluft zwischen Denken und Handeln zu verringern, werden wir glaubwürdig. Zivilcourage setzt Selbstachtung, »eine Art öffentlichen Anstands als Teil der persönlichen Würde voraus. In ihr steckt der kategorische Imperativ: Handle so, daß dein Verhalten zugleich die Regeln des Gemeinwesens sein könnte.«[69] Die Reflexion humaner Wertvorstellungen sowie kritisches Denken müssen einhergehen mit subjektiver Veränderung und politischer Aktion. Das Persönliche ist politisch, und umgekehrt ist das Politische persönlich: Die gesellschaftlichen Lebensbedingungen müssen so verändert werden, daß alle Bürger menschlich leben können.

Wer die zerstörerische Seite der Gegenwart wahrnimmt, kann manchmal hoffnungslos werden. Wie soll da Mut zur Einmischung wachsen? Ernst Bloch schreibt dazu: »Es kommt darauf an, das Hoffen zu lernen. Seine Arbeit entsagt nicht, sie ist ins Gelingen verliebt, statt ins Scheitern ... Der Affekt des Hoffens geht aus sich heraus, macht die Menschen weit, statt sie zu verengen ... Die Arbeit gegen die Lebensangst und die Umtriebe der Furcht ist die gegen ihre Urheber, ihre größtenteils sehr aufzeigbaren, und sie sucht in der Welt selber, was der Welt hilft; es ist findbar.«[70]

Für die Balance zwischen Trostlosigkeit, Hoffnung und Veränderungswillen brauchen wir Freude, um das Leben gegen die Destruktion zu verteidigen. Sich untereinander besser kennenzulernen, sich aneinander zu freuen, einander zuzuhören, miteinander Schönes zu tun, Erfahrungen zu teilen: all das gehört dazu, wenn wir uns zivilcouragiert einmischen wollen. Im gemeinsamen Erleben fällt es leichter, jenen Bürgermut zu lernen, den wir brauchen, um Wege aus der Gefahr zu beschreiten, entsprechend dem Wort Franz Kafkas: »Wege entstehen dadurch, daß wir sie gehen.«

Wer nicht hoffnungslos werden will, muß sich *einen* Aktivitätsbereich herausgreifen, den er mit seiner Person verknüpfen kann: In welcher Initiative möchte ich mitarbeiten? Welche Sachkenntnisse kann ich beitragen? Welche Aktion könnte ich unterstützen? In welchem Bereich würde ich mich gern sachkundig machen? An welcher Unterschriftensammlung beteilige ich mich? In welcher Partei möchte ich aktiv werden? Welche politische Veranstaltung könnte ich besuchen? Welchen Aufruf unterstützen?

Wegschauen oder sich einmischen bei Gewalttaten? – Jeder kann helfen

Immer wieder hören wir von Gewalttaten, bei denen niemand dem Opfer hilft. Da wird in der S-Bahn ein siebzehnjähriges Mädchen vergewaltigt. Sie schreit um Hilfe, schlägt um sich, doch niemand greift ein, niemand verständigt die Polizei. Alle haben weggehört und weggesehen. – Die Vergewaltigung, das »klassische Wegschau-Verbrechen, wurde zum Symbol für die Maximen einer ichbezogenen Wegschau-Gesellschaft: bloß nicht in etwas hineinziehen lassen. Den Blick senken. Das persönliche Risiko vermeiden – und bestünde es nur darin, verspottet zu werden, wenn man tatsächlich eine Situation falsch einschätzt, tatsächlich unnötig in einen harmlosen Beziehungsstreit oder einer Rangelei unter Freunden eingegriffen hätte. Dabei verlangt normale Mitmenschlichkeit gar kein Heldentum« (Susanne Gaschke[71]).

Die Zivilcourage wird allerdings auf eine schwere Probe gestellt, wenn es sich um Anpöbelung, Ausländerbeschimpfung oder Gewalttätigkeit in der S-Bahn, auf der Straße oder an anderen öffentlichen Plätzen handelt. Nicht jeder kann in einer ähnlichen Situation so viel Zivilcourage zeigen wie die vierzehnjährige Sandra Hübner, ein schüchtern wirkendes Mädchen. Rund fünfzig Skins hatten sich an diesem Abend zusammengerottet, zogen durch die Straßen Schwerins, brüllten Hetzparolen und bauten sich schließlich vor dem Asylbewerberheim auf. Dort war die Jugendliche gerade bei ausländischen Freunden. »Ich mußte doch etwas sagen«, berichtete Sandra. Sie habe auf die Skinheads eingeredet, die Asylbewerber in Ruhe zu lassen. Angesichts der Bedrohung dachte das Mädchen: »Wegrennen kannst du nicht, da mußt du jetzt durch.« Die ausländerfeindlichen Jugendlichen ließen sich nicht zurückhalten. Sie schlugen Sandra zusammen, traten sie mit Stiefeln und jagten sie davon. Am ganzen Körper zitternd, mit verschwollenem Gesicht und Prellungen an den Beinen kam sie zu Hause an. – Sandra hat Gewalt und Haß gegenüber Mitmenschen nicht einfach hingenommen, sondern ist mit zivilem Mut für Menschlichkeit eingetreten.[72]

An Sandras Beispiel wird sichtbar, wie Gewalt den Helfer selbst treffen kann. Da mag mancher zu Recht davonlaufen. Schon was die sechzehnjährige Anita wagte, könnte gefährlich werden; sie erzählt: »Ich mischte mich direkt ein, als ein Schlägertyp Krawall machen wollte. Ich saß in der S-Bahn, da fing der an, einen jüngeren Ausländer zu traktieren. Er forderte ihn auf, ihm schleunigst den Sitzplatz zu überlassen. Der Ausländer war hilflos und wußte nicht recht, wie er reagieren sollte. Da packte ihn der Typ beim Kragen und zerrte ihn unsanft vom

Sitz hoch. In dem Augenblick sprang ich auf, klopfte dem Schläger von hinten auf die Schulter und sagte: ›Du, schau mal, du kannst gern meinen Platz haben.‹ Mir wurde plötzlich selber bange, als ich so klein vor diesem Hünen stand. Der schaute mich verdutzt an, machte irgendeine abfällige Bemerkung und zog ab.«

Bereits ein vorsichtiges Eingreifen kann bei öffentlicher Gewalt die Situation verändern. Zwar muß jeder sehen, was er tun kann, um sich nicht Gefahren auszusetzen, denen er nicht gewachsen ist. Aber es gibt in jeder Situation eine Möglichkeit, etwas zu tun, statt sich zu ducken und verlegen zum Fenster hinauszuschauen: Aufstehen und laut auf die Täter aufmerksam machen, um sie aus ihrer Anonymität herauszuheben; einzelne Leute direkt ansprechen: »Sehen Sie doch hin, was die dort machen!«; einen Täter unmittelbar anreden und dann davongehen, weil man die handgreifliche Auseinandersetzung vermeiden will; laut um Hilfe schreien; die Notbremse ziehen, nach der Polizei rufen, durch Worte dem Angegriffenen beistehen, die Provokateure zum Aufhören auffordern, sich demonstrativ auf die Seite der Angegriffenen stellen.

Hat jemand den Mut, für die Angegriffenen einzutreten, kann sich die Situation durch zwei Gegebenheiten verändern. Zum einen: Das couragierte Eingreifen – und sei es auch zaghaft – stößt andere Beteiligte dazu an, ebenfalls Partei für die Bedrohten zu ergreifen. Zivilcourage kann ansteckend wirken, weil viele Menschen den verborgenen Wunsch hegen, sich einzumischen. Ein einziger Gewalttätiger kann einen ganzen S-Bahn-Waggon einschüchtern und die Hilfsbereitschaft der Mitfahrenden herabsetzen. Aber umgekehrt kann auch eine einzige Mutige – Beobachtungen zufolge reagieren Frauen mutiger als Männer – durch ihren Einspruch die Hilfsbereitschaft anderer wecken. Die vorgelebte Anständigkeit rührt an das moralische Gewissen und ermutigt zu couragiertem Handeln.

Eine einzelne Tapfere wirkt sich aber nicht nur auf die »Zuschauer« ermutigend aus, sondern kann auch den Angreifer in seine Grenzen verweisen. Denn gewalttätige Jugendliche haben oft ein beschädigtes Selbstwertgefühl, was sie letztlich zu ihrem »supermännlichen« Verhalten antreibt. Ihr im Grunde schwaches Ich kann sie zum Rückzug veranlassen, wenn sie entschlossenen Widerstand spüren.

Viele Gewalttäter rechnen damit, daß sich die Leute nicht wehren. Wenn diese jedoch Widerstand zeigen, werden sie unsicher und es besteht die Chance, daß sie von ihrem Opfer ablassen. Ein Kriterium, nach dem sich Gewalttätige ihre Opfer aussuchen, ist deren Wehrlosigkeit. Gerade weil die Angreifer ein schwaches Selbstwertgefühl haben, überfallen sie Schwächere. Daß diese sich nicht wehren können, verstärkt den Machtzuwachs der Täter. In dieser Tatsache liegt die Chance dafür, daß überzeugtes Einschreiten zivilcouragierter Menschen in gewalttätigen Situationen wirksam sein kann. Besonders bedrohlich ist das allerdings, wenn sich die Gewalttätigen in Gruppen zusammenrotten.

Zivilcourage lernen – eine Zusammenfassung

Zivilcourage ist der Mut, demokratische Rechte wahrzunehmen und sich einzumischen. Bürger äußern ihre persönliche Meinung nicht nur privat, sondern öffentlich und auch gegenüber der Obrigkeit. Sie weisen damit die Mitbürger auf wichtige gesellschaftliche Probleme hin. Dabei werden Nachteile in Kauf genommen. Die Auseinandersetzung verläuft gewaltfrei. Ziele der Einmischung betreffen das Gemeinwohl und gelten als moralisch wertvoll. Es handelt sich um einen politisch-moralischen Einspruch.

Das Risiko zivilcouragierten Widerspruchs macht Angst, aber es bringt auch Erfahrungen persönlicher Freiheit. Mutig zu handeln stärkt das Selbstgefühl und die Selbstachtung; es schafft Beziehungen zu den Mitmenschen. Für den politisch-moralischen Protest ist es wichtig, die Bürgerrechte zu kennen und sie in demokratische Verantwortung umzusetzen. – Der Weg zur Zivilcourage sieht für jeden Menschen anders aus. Bedeutsame Elemente können dabei sein:

- Zivilcourage beginnt mit dem Mut, *genau hinzusehen*: wahrzunehmen, was wirklich ist – und nicht wegzuschauen und zu schweigen.

- Wer Bürgermut einüben will, kann in *kleinen Schritten* sein persönliches Maß an Zivilcourage finden. Jeder einzelne kann nur so viel Mut zu politischem Handeln aufbringen, wie er jetzt hat. Er darf sich nicht überfordern, sondern soll von da aus seinen Bürgermut weiterentwickeln, wo er heute steht.

- Zur Zivilcourage gehört, mit *Wertvorstellungen und Gefühlen* auf andere zuzugehen; sie besteht weniger darin, auf andere »einzuwirken«. Es geht darum, erkennen zu lassen, wie man persönlich denkt und wovon man überzeugt ist. Je glaubwürdiger das geschieht und je mehr dabei versucht wird, Andersdenkende zu verstehen, um so sicherer wirkt die Einmischung. Es wird kein Überzeugungs-Machtkampf ausgetragen, sondern ein Prozeß eingeleitet, in dem es darum geht, sich begreifen zu lassen und sich zu verständigen.

- Wer Zivilcourage praktizieren will, muß *Sachverständnis* erwerben, damit er mitsprachefähig wird und sich sachgerecht auseinandersetzen kann. Einsichten aus dem beruflichen Arbeitsgebiet sind mit sozialen Problemen, alltäglichen Fragen des Zusammenlebens, mit Umwelt- und Friedensfragen in Berührung zu bringen. Ebenso wichtig ist, sich über das Berufliche hinaus überall dort sachkundig zu machen und einzumischen, wo wir Betroffene sind: wo es um Probleme aller Menschen oder gar um Lebensfragen geht. Sachverständnis vermindert die Angst, macht selbstbewußt und argumentationsfähig, Wissen wird zum Ge-wissen.

- Es ist wichtig, die *Angst* vor der Zivilcourage anzunehmen und zu bearbeiten. Angst signalisiert Gefahren, vor denen wir uns schützen müssen. Wer seine Ängste bearbeitet, kann sein persönliches Maß an Mut entwickeln. Angst wird dann zur Kraft, couragiert für Veränderungen einzutreten.

- Um Angst überwinden zu können, brauchen wir *moralische und emotionale Gegenkräfte*. Moralische Werte motivieren dazu, sich öffentlich für diese einzusetzen und den Werten entsprechend zu handeln: für Gerechtigkeit zum Beispiel,

Freiheit, Solidarität, Gleichberechtigung, Menschlichkeit. – Auch die Bindung an andere Menschen, Mitfühlfähigkeit und Mitleid, Fürsorge und Verantwortung stärken den Mut, sich einzumischen.

- Der Rückhalt in einer *Gruppe* vermindert die Isolationsfurcht. Gruppen-Arbeit und Gruppen-Erfahrung stärken die Zusammengehörigkeit und das Selbst des einzelnen. Sich mit Gleichgesinnten zu solidarisieren, richtet sich nicht gegen einen »Feind«, sondern dient dazu, für die als wertvoll erkannte Sache einzutreten.

- Wie jede Tugend, erfordert auch Zivilcourage fortgesetztes *Üben*. Man kann in ungefährlichen Situationen mit kleinen »Mutproben« beginnen. Dabei gilt es, die Gegenkräfte zur Angst zu stärken: die eigene Überzeugung, Hoffnung und Zuversicht, Kontakt zu anderen, Sachkenntnis, gewaltfreie Konfliktregelung, Selbstachtung, menschliche Grundwerte.

- *Schamgefühle* zeigen der Person die Gefahr an, eigene Wertvorstellungen und Ich-Ideale aufzugeben. Sie warnen davor, sich dem »vorgeschriebenen« Denken anzupassen. Wer die Scham annimmt und bearbeitet, braucht sich nicht mehr abhängig zu verhalten, sondern kann eigenständig handeln.

- Bürgermut ist »zivil«. Die Art, sich couragiert mit anderen einzulassen, muß *gewaltfrei* sein. Gewaltlos zu bleiben, vermindert die Gefahr der Eskalation und schützt einen selbst vor destruktiver Gegenaggression. Der andere wird respektiert, der Widerspruch geschieht argumentativ. Die Beziehung wird mit dem festen Wunsch aufrechterhalten, Konflikte gewaltfrei zu regeln.

- *Feindbilder zu korrigieren* ist für Zivilcourage unerläßlich; denn mit dem Feindbild gibt man den Gegner und sich selbst auf. Wenn wir das Feindbild-Denken abbauen, bekommt nicht nur der Feind, sondern auch die eigene Person eine Chance, etwas zu verändern.

- Es gilt, sich von der Aggressivität der Herrschenden nicht anstecken zu lassen, sondern sie zu überstehen. Die eigene *Wut* darf nicht unterdrückt, sondern muß konstruktiv gemacht werden durch An-griff, der nicht persönlich verletzt, durch Streit, der die Beziehungen nicht abbrechen läßt, durch sachkundige Argumentation, durch Handlungsvorschläge, durch persönliches Verändern kritisierter Zustände an den Punkten, an denen der einzelne die Chance dazu hat.

- Zivilcourage zu wagen fordert von der Person, Einsamkeit zu ertragen. Deshalb müssen wir unablässig *haltgebende Ideen und Überzeugungen* festigen und uns mit der Sinngebung couragierten Handelns befassen: durch Literatur, Gespräche mit Gleichgesinnten und Andersdenkenden, indem wir in Gruppen arbeiten, unsere Sachkenntnis erweitern, uns mit Wertvorstellungen und menschlichen Grundtugenden auseinandersetzen.

6. Das Gewissen nicht verstaatlichen lassen
Im Konflikt zwischen Selbstbild und Anpassung

Niemals tut man so vollkommen und so gut das Böse, als wenn man es mit gutem Gewissen tut.

Pascal

Man muß etwas machen, um selbst keine Schuld zu haben. Dazu brauchen wir einen harten Geist und ein weiches Herz. Wir haben alle unsere Maßstäbe in uns selbst, nur suchen wir sie zu wenig.

Sophie Scholl

Der Druck der Tatsachen ist so groß, daß wir uns entweder verändern müssen oder von der Erde verschwinden werden. Ein grundlegender Wandel unserer Einstellung und unseres Verhaltens ist notwendig.

Club of Rome

Das Gewissen warnt vor dem falschen Leben

Menschen mit Zivilcourage lassen sich von sittlichen Maßstäben leiten. Mit Hilfe ihres Gewissens befreien sie sich von der Angst vor der öffentlichen Einmischung. Ihre »innere Stimme« drängt sie dazu, das zu tun, was sie als wertvoll anerkennen. Jeden Menschen beunruhigt das Gewissen. Es macht uns Gewissensangst, wenn wir »etwas auf dem Gewissen haben«. Es stürzt uns in Gewissenskonflikte, wenn wir etwas nicht im Einklang mit unseren Wertvorstellungen entscheiden. Es bereitet uns »Gewissensbisse«, wenn wir moralisch nicht vertreten können, wie wir handeln.

Die moralische Bewußtheit von Gut und Böse des eigenen Tuns ist als Stimme des Gewissens unüberhörbar. Selbst wenn die Person unter staatlichem Zwang gegen die Moral handelt, bringt sie ihr Gewissen nicht zum Schweigen. Verleugnete moralische Schuld kehrt womöglich in körperlichen Reaktionen wieder, wie bei dem Kriegsopfer, das Erich Fried[73] in einem lyrischen Text beschreibt:

Kriegsopfer

Zu den Spätfolgen des Zweiten Weltkrieges gehört dieser Fall:

Ein Maurer, fünfundzwanzig Jahre nach dem Krieg,
beantragte eine Rente als Kriegsbeschädigter.
Seine Tochter habe vor kurzem ein Kind bekommen
und er leide seither
an einem Magengeschwür

Auf die Frage
wieso das als Kriegsbeschädigung gelten solle
erklärte der alternde Mann unumwunden
in Polen habe er dauernd kleine Kinder erschießen müssen
das sei Befehl gewesen
und habe ihm weiter nichts ausgemacht

Auch in den Jahren später
sei er gut darüber weggekommen
keine Alpträume oder dergleichen
aber jetzt sei das anders

Jedesmal
wenn er sein Enkelkind sehe
obwohl er es liebe
bekomme er heftige Magenkrämpfe
und müsse dann immerfort an damals denken
Es sei also klar daß er ein Kriegsopfer sei

Dem Antrag des Mannes auf Rente
wurde nicht stattgegeben
und der Arzt der ihn untersuchte
gab ihm den Rat
er solle doch einfach
sein Enkelkind nicht mehr sehen

Sehen wir nicht selbst gelegentlich weg, wenn uns das Gewissen anrührt? Neigen wir nicht in bestimmten Lebenssituationen ebenfalls dazu, unser Gewissen verstaatlichen zu lassen? – Die eigene Veränderung beginnt jedoch damit, sich selbst und andere zu erkennen. Das Gewissen entwickelt sich nur, wenn wir unser Inneres ernst nehmen. Dazu müssen wir zuweilen innehalten, statt immer nur zu »tun« und zu »machen«: Heraustreten aus der Jagd des Immer-weiter, und uns darauf besinnen: Was ist mir wert-voll? Wie will ich ein »gutes Leben« führen? Es gilt, die Aufmerksamkeit bewußt auf das mir Wesentliche zu richten: auf einen Gedanken, einen Menschen, eine Sache.

Das Gewissen gibt uns Halt, wenn wir uns mit den zugrundeliegenden Werten auseinandersetzen: indem wir Texte lesen; durch Betrachten und Nachdenken; durch Vorbilder, die Mut machen; durch Freunde, mit denen man Sinn-Fragen bedenkt; durch kritisches Betrachten politischer Vorgänge und Alltagsbegebenheiten; durch Gruppen, in denen man gemeinsam etwas Sinn-volles tut.

Die Gewissenskrankheit des »verrückten« Hiroshima-Piloten – Was ist das Gewissen?

Wenn Menschen durch obrigkeitliche Anordnung gegen ihr Gewissen, gegen ihre ursprüngliche »Gerichtetheit zum Guten« verstoßen, können sie an Gewissenskonflikten erkranken, seelisch und körperlich. Das zeigte sich an dem Fliegeroffizier der Flugzeugbesatzung, die Hiroshima zerstörte.[74] Er konnte die gehorsam begangene Tat nicht verarbeiten; sie überstieg seine moralische Fassungskraft. Noch Jahre nach dem Atombombenabwurf beunruhigten Major Eatherly qualvolle Ängste. In seinen Träumen sah er die verzerrten Gesichter der im Höllenfeuer von Hiroshima verbrennenden Menschen. Er fing an, Geldscheine in Umschläge zu stecken und nach Hiroshima zu senden; in Briefen nach Japan bezichtigte und entschuldigte er sich. Schließlich versuchte er, sich mit Schlafmitteln zu töten.

Während des darauffolgenden Klinikaufenthaltes bekam er beruhigende Medikamente: »Pillen gegen den Apokalypse-Schock.« Ein menschliches Problem sollte chemisch gelöst werden.

Jahre später grübelte er weiter darüber nach, was durch seinen Bombenabwurf geschehen war – und beging sonderbare Straftaten: Er fälschte Schecks über minimale Summen. Dann verübte er einen »Raubüberfall«, bei dem er nichts mitnahm. Er wollte sich erneut umbringen, indem er sich die Pulsadern aufschnitt. Die Diagnose des Psychiaters im Militär-Hospital: »Deutlich erkennbare Veränderung der Persönlichkeit. Patient völlig von der Wirklichkeit zurückgezogen. Angstzustände, zunehmende seelische Spannungen, Gefühlsreaktionen abgestumpft, Wahnvorstellungen.« – Gewissensqual und Fühlfähigkeit des Hiroshima-Piloten wurden von der Militär-Psychiatrie zu Realitätsfremdheit und Gefühllosigkeit erklärt. Man versuchte ihm seine Not mit Insulin-Schocks auszutreiben.

Dann ging es wieder zwischen Gerichtssaal und Klinik hin und her. Der »verrückte Pilot von Hiroshima« stemmte Türen von Postämtern auf, ohne in die Kasse zu greifen. Er überfiel einen Kassierer, ohne ihm Geld abzunehmen. – Aber er blieb von seiner Umwelt dazu verurteilt, krank zu sein, wo er sich doch schuldig fühlte. Es schien, als wollte er durch seine Ersatzverbrechen sein Schuldigsein beweisen.

Major Eatherly erklärte sein Verhalten so: Er habe am Tag des Atombombenabwurfs den Entschluß gefaßt, sein »Leben der Aufgabe zu weihen, die Kriegsursachen zu zerstören und für die Ächtung aller Atombomben zu kämpfen. Dies gelobte ich in einem Gebet auf dem Flug zur Heimatbasis. Ungefähr fünfzehn Jahre sind seit diesem Gelöbnis verflossen, und die Schuld, die mit einem solchen Verbrechen verbunden ist, hat in meinem Geist und meinem Gemüt viel Verwirrung angerichtet. Beinahe acht von diesen Jahren habe ich in Hospitälern und eine kurze Zeit in Gefängnissen verbracht. Mir schien, ich war in Gefängnissen stets glücklicher, weil ich dadurch, daß ich bestraft wurde, die Schuld los wurde.«[75]

Claude Eatherly hielt sein Gewissen lebendig. Damit kritisierte er das beschädigte gesellschaftliche Gewissen. Deshalb wurde er als abnorm hingestellt, obgleich seine Krankheit bezeugte, wie moralisch empfindsam er war. Konnte man von einem Soldaten erwarten, gleichgültig zu sein, nachdem er dabei mitwirken mußte, hundertvierzigtausend Menschen zu töten? Ist es nicht eher abnorm, auf eine solche Erfahrung »normal« zu reagieren? – Muß einer verrückt sein, um einer verrückt gewordenen Gesellschaft ihre Unmenschlichkeit zu spiegeln?

Unter der Kampfbomberbesatzung, die »gewissenhaft« die befohlene Massentötung beging, war ein anderer Pilot. Er schien keine Gewissens-Konflikte zu haben, lebte ein normales Leben weiter mit Familie und Beruf. Allerdings beendete er sein Leben, indem er Selbstmord verübte. Kann es Zufall sein, daß er sich genau am Jahrestag des Atombombenabwurfs tötete? Oder ist es ein Ausdruck für den gewissenlosen und selbstmörderischen Gehorsams-Wahnsinn unserer Epoche?

Aber was ist das Gewissen? Wir können es zwar begrifflich bestimmen, aber was bedeutet es für die eigene Person? Gewissen ist eine moralische Bewußtheit: das Bewußtsein von Gut und Böse des eigenen Tuns. Der Mensch fühlt sich einer inneren Instanz gegenüber verpflichtet. Diese »sagt ihm«, was moralisch wertvoll oder nicht erlaubt ist. Folgt er seinen moralischen Maßstäben, hat er ein gutes Gewissen. Verstößt er dagegen, plagt ihn sein schlechtes Gewissen, und sein schuldhaftes Verhalten bedrückt ihn. Woher kommen die inneren moralischen oder religiösen Wertmaßstäbe?

Nach der psychoanalytischen Entwicklungslehre verinnerlicht das Kind Normen seiner Eltern. Indem es sich mit den Erwachsenen identifiziert, übernimmt es deren Wertvorstellungen als Über-Ich. Das Über-Ich schreibt der Person vor, was sie zu tun hat: Es gibt Befehle, kontrolliert das handelnde Ich und droht mit Strafen. Das Über-Ich nimmt die Stelle der Eltern ein und sagt dem Ich, was gut und böse ist. – Aus dem Über-Ich entwickelt sich das persönliche Gewissen. Dieses unterwirft sich nicht sklavisch den verinnerlichten Geboten der geliebten und gefürchteten »Eltern und Vorgesetzten«. Die im Über-Ich aufbewahrten Inhalte sind einem Wandel unterworfen, wenn Kinder die Möglichkeit haben, sich kritisch mit den elterlichen Ge- und Verboten auseinanderzusetzen und eigene Wertvorstellungen zu entwickeln.

Das Gewissen ist mehr als das Über-Ich. Für Guardini ist es jenes seelische »Organ, mit welchem ich weiß, daß es das Gute gibt; in welchem ich mich von diesem Guten gedrängt fühle, daß ich es tue; in welchem ich mich verantwortlich fühle dafür, daß es getan werde.« Für Menschen mit religiöser Bindung ist es das »Wissen um Gott; dieses Wissen um das, was zwischen ihm allein und mir ist; dieses Mir-selber-deutlich-Werden vor ihm, ist das Gewissen in seiner religiösen Tiefe . . .«[76]

Das Gewissen ist etwas Lebendiges, das wächst. Es wird erst langsam zu dem, was es sein soll: »daß unser Gefühl für das Gute dringlicher und klarer werde; das Verantwortungsbewußtsein entschiedener. Es gibt uns jenes letzte Etwas, das zum Guten in Verbindung steht; das auf das Gute antwortet, wie das Auge auf das Licht. – ›Gewissen‹ ist mehr als bloß ›etwas wissen‹. Es entfaltet sich in dem Satz: Ich weiß mit mir selbst, daß es so recht ist. Mit dem Gewissen durchdringe ich die jeweilige Situation und verstehe, was hier das Rechte und Gute ist.« Thomas von Aquin nennt es die ursprüngliche Gerichtetheit zum Guten, die natürliche Entsprechung der Seele zum göttlichen Gesetz.

Entmachtung des Gewissens durch den Obrigkeitsgehorsam – Den Frieden lernen?

Weshalb fällt es uns so schwer, der »ursprünglichen Gerichtetheit zum Guten« zu folgen, statt fragwürdigen Autoritäten zu gehorchen? Weshalb können wir nicht ungehorsam sein, um den als gültig anerkannten Wertvorstellungen zu folgen? – Es ist vor allem die Angst vor dem Alleinsein, so Erich Fromm: »Solange man der Macht des Staates, der Kirche, der öffentlichen Meinung gehorcht, fühlt man sich behütet. Tatsächlich macht es kaum einen Unterschied, welcher Macht man im einzelnen gehorcht. Es handelt sich stets um Institutionen oder um Menschen, die sich auf die eine oder andere Art der Gewalt bedienen. Mein Gehorsam gibt mir Anteil an der Macht, daher fühle ich mich stark. Ich kann gar keinen Fehler machen, denn die Obrigkeit trifft die Entscheidung für mich. Um ungehorsam zu sein, muß man den Mut haben, allein zu sein, zu irren und zu sündigen.«[77] Damit dieser geistige Mut gefestigt wird, bedarf es der lesenden, betrachtenden, denkenden, fühlenden, diskutierenden Auseinandersetzung mit den sittlichen Inhalten des Gewissens.

Seinem Gewissen zu folgen ist besonders schwer, wenn Gewissensinhalte staatlicherseits außer Kraft gesetzt werden. Im Kriegsfall wird das Gebot »Du sollst nicht töten« staatlich aufgehoben. Nun darf gemordet, gestohlen, geplündert und gefoltert werden. Auch die Kirchen beteiligen sich an der Verstaatlichung des Gewissens, indem sie Waffen zum Massenmord mit frommen Worten einsegnen. »Vater« Staat und »Mutter« Kirche verbieten dann den Landes-»Kindern« das Gewissen. Dieses wird seiner Einspruchskraft beraubt: »Du sollst töten«, lautet das neue Gesetz. – Wie die staatliche und kirchliche Manipulation des Gewissens die Person deformieren kann, beschreibt Wolfgang Borchert in dem Gedicht »Der Soldat«:

> Als der Krieg aus war, kam der Soldat nach Hause
> Aber er hatte kein Brot
> da sah er einen, der hatte Brot
> Den schlug er tot
> Du darfst doch keinen tot schlagen, sagte der Richter
> Warum nicht? sagte der Soldat

Lernen wir zuviel von dem, was der Zerstörung dient? – Überall auf der Welt werden Jugendliche ein Jahr und länger zum Kriegführen ausgebildet. Dazu haben sie wöchentlich mehr als 40 Unterrichtsstunden und Übungen.

Sie lernen, wie man widerspruchslos Befehle ausführt;
sie trainieren, wie man mit Menschenvernichtungsmitteln den Feind tötet;

sie lernen, wie man gehorsam dazu bereit ist, auch das eigene Leben zu zerstören;

sie üben, wie man Menschen mit einer Maschinenpistole todsicher ins Herz trifft;

sie proben, wie man eine Bombe mit Computerhilfe zielgenau abwirft und dabei hundert Menschen tötet oder tausend verbrennt;

sie werden darin unterrichtet, Minen zu legen, die Menschen schwer verletzen und für ihr ganzes Leben verstümmeln;

sie üben, wie man das Land auf vorgezeichneten Planquadraten erbarmungslos mit Bombenteppichen übersät;

sie lernen, wie man Atomraketen abfeuert und eine ganze Stadt auslöscht oder einen Kontinent unbewohnbar macht.

Diese Ausbildung ist erfolgreich, wie wir an den in aller Welt immer wieder tobenden Kriegen sehen. Und viele Menschen sind von dem Bewußtsein erfüllt, Kriege seien gerecht oder zumindest unabwendbar. Aber in der noch nie dagewesenen Epoche möglicher Selbstzerstörung müssen wir einen Bewußtseinswandel vollziehen: Nicht dieser oder jener Krieg ist zu verhindern, sondern der Krieg als gesellschaftlich anerkannte Form der Konfliktlösung muß abgeschafft werden. Anstatt das Kriegführen einzuüben, können wir das Friedenführen lernen. Nicht die Menschen müßten ihr Gewissen erforschen, die sich weigern, Mitmenschen zu töten. Ihr Gewissen sollten jene prüfen, die sich in militärischem Gehorsam bereitfinden, andere Menschen ums Leben zu bringen.

Wir können Erkenntnisse über das friedliche Zusammenleben der Menschen gewinnen, gewaltfreie Erfahrungen machen und unser Fühlen entwickeln. Dadurch tragen wir dazu bei, den Bewußtseinswandel von Friedlosigkeit zu Friedfertigkeit zu vollziehen. Entdecken und ausprobieren, wie es geht, friedfertig zu handeln, ist nicht Unterdrückung der Aggression, sondern:

- Lernen, wie man mit Gewalt umgeht und wie man sie verhindert.
- Lernen, wie man miteinander streitet, ohne sich zu verletzen oder gar zu töten.

- Üben, wie man Konflikte trotz der eigenen Wut und Angst gewaltfrei regelt.
- Erkennen, wie Feindbilder entstehen und wie sie das Zusammenleben einzelner und ganzer Völker stören.
- Lernen, durch schrittweises Entgegenkommen Konflikte zu mildern.
- Herausfinden, wie durch soziale Verteidigung Kriege vermieden werden.
- Erkennen, wie sich durch einseitiges Abrüsten Konfliktsituationen entspannen.
- Einsehen, daß vom Machtprinzip geleitete Politiker keinen Frieden machen können, sondern daß ein neues, am Verständigungsprinzip orientiertes politisches Handeln unerläßlich ist, um Frieden zu stiften.
- Erkennen, daß wir dazu andere Politiker brauchen, als wir sie heute haben: Politiker, die nicht machtorientiert denken, sondern human fühlen und handeln.
- Bereit sein, sich öffentlich einzumischen und selbst politisch zu werden.
- Lernen, sich mit Bürgermut in öffentliche Angelegenheiten einzumischen.

All das ist so gut lernbar wie das Kriegshandwerk. Schulen, Universitäten und alle Bildungseinrichtungen sollten dieses friedenspädagogische Wissen vermitteln und friedliches Handeln einüben. Aus dem neuen Wissen um Wege des Friedens kann ein feineres Ge-wissen werden. – In der Politiker-Diskussion geht es immer wieder um legale oder illegale Waffengeschäfte. Aber der eigentliche Skandal ist, Menschenvernichtungsmittel überhaupt herzustellen und daran zu profitieren, daß sie verkauft und angewandt werden.

Dagegen und gegen den Krieg sollten Menschen protestieren. Dieser »Abschied vom militärischen Denken ist nicht leicht; das militärische Denken hat Jahrtausende der Geschichte geprägt und zur heutigen Lage geführt, die diesen Abschied erzwingt. Der Glaube an eine Möglichkeit des Friedens – als einzige Möglichkeit für ein Überleben des Menschengeschlechts – ist ein revolutionärer Glaube« (Max Frisch[78]).

Von der Gewissensfreiheit der Abgeordneten und der Unfähigkeit zu fühlen

Während des »heiligen« und »gerechten« Golf-Krieges war die Unfähigkeit zu denken, wie die Unfähigkeit zu fühlen, besonders ausgeprägt. Intelligente und menschliche Möglichkeiten der Konfliktlösung wurden der primitivsten Auseinandersetzung durch Krieg geopfert. Da forderte der irakische Diktator zum unerbittlichen Kampf auf, in dem kein Menschenopfer gescheut werden dürfe. – Der amerikanische Präsident rief in der Pause einer Theateraufführung mit strahlender Miene: »Der Krieg läuft sehr, sehr gut!« – Schlimmer noch sein Verteidigungsminister, der lachend auf eine Bombe schrieb: »Für Saddam, in Liebe.« Es ist schwer zu sagen, was einen bei diesem Ausspruch mehr schaudern lassen muß: das Ausmaß an Infantilität, das beschränkte pubertäre Gebaren, die hochgradige Gefühlsabgespaltenheit, die geistige Starre oder der Zynismus, mit dem der Kriegsminister das Wort »Liebe« verunglimpft.

Sein General nahm die Opfer und das menschliche Leid erst gar nicht zur Kenntnis, sondern stellte vor der Fernsehkamera unbarmherzig fest: »Ich bin kein Leichenzähler.« – Und damit hatte er recht; denn ein General darf nicht mitfühlend sein. Wenn wir von Generälen politische, also menschliche Probleme lösen lassen, müssen wir akzeptieren, daß fühllos zerstört,verletzt und gemordet wird. Ohne roh zu sein, gleichgültig und abgestumpft, ist kein Krieg zu führen. Und umgekehrt: Wenn wir mitfühlen, können wir nicht hartherzig über Zerstörung, Kriegsverletzte und getötete Menschen hinweggehen. – Wir müssen uns fragen, weshalb wir uns von Personen regieren lassen, die unfähig sind zu fühlen, und wie wir selbst an dieser Fühllosigkeit beteiligt sind.

Im Zusammenhang mit eigenständigem Denken und der Fähigkeit, zu fühlen, ist auch nach der Gewissensfreiheit der Abgeordneten zu fragen. Diese wird den Parlamentariern vom Grundgesetz zugestanden. Aber ist das Gewissen der Volksvertreter wirklich eine moralische Instanz? Wie kommt es, daß sie regelmäßig so abstimmen, wie die Fraktionsführer das wünschen? Und zwar je nachdem zum Beispiel »für oder gegen steuerfreies Privatfliegerbenzin, für oder gegen Wehrdienstverlängerung, für oder gegen Quellensteuer, und zwar stimmen sie heute in dieser, ein Jahr später in entgegengesetzter Richtung. Was ist das für ein eigenartiges Gewissen, das je nach Partei einheitlich rechts oder links, mal so, mal entgegengesetzt schlägt.«[79]

Für den einzelnen Abgeordneten ist es »normalerweise nur mit Zustimmung seiner Fraktion möglich, von der Fraktionsmeinung abzuweichen. Andernfalls bricht er sich politisch den Hals. Und es korrespondiert mit dieser Realität, wenn die Fraktionen und damit die Parteien darüber entscheiden, wann im Deutschen Bundestag eine Gewissensentscheidung ansteht«, schreibt der langjährige Abgeordnete und Minister Hans Apel. Deshalb denken Abgeordnete nicht darüber nach, »was dem eigenen Gewissen zugemutet werden kann und was nicht – im Interesse der Solidarität mit der Partei und der Sicherung der weiteren politischen Karriere. Im Ernstfall muß sich der einzelne entscheiden, ob er bereit ist, die Konsequenzen einer von seiner Partei abweichenden Entscheidung zu tragen oder nicht.«[80]

Daß in der Politik das Gewissen eine geringe Rolle spielt, zeigen zahllose Skandale. Wir nehmen es als selbstverständlich hin, wenn sich Politiker kein Gewissen daraus machen, unmoralisch zu handeln. Für viele gehört Schamlosigkeit zur Politik. – Nicht daß Politiker fehlbar sind wie alle Bürger, ist beunruhigend, sondern daß jene unter ihnen, die etwas auf dem Gewissen haben, keine Scham empfinden. Oder haben sich etwa maßgebliche Steuerhinterzieher beschämt zurückgezogen und aus Wiedergutmachungswünschen heraus eine Kampagne für Ehrlichkeit in Steuerangelegenheiten initiiert? Hat ein namhafter Politiker, der betrunken einen Menschen totfuhr, aus Scham sein Mandat niedergelegt und eine Bewegung für bessere Gesetze gegen Alkohol am Steuer in Gang gebracht? Haben Politiker, die sich im Wahlkampf an der kriminellen Diffamierung politischer Gegner beteiligten, aus Scham darüber eine Wiedergutmachung betrieben?

Sich über Politiker zu entrüsten, ist unter Bürgern verbreitet. Diese bedenken aber oft nicht, daß *wir* es sind, die diese Politiker in ihre Ämter wählen. – Wählen wir Steuerhinterzieher in hohe politische Ämter, weil wir selbst Steuern hinterziehen möchten?

Wählen wir Macht-Politiker, weil wir selbst Macht haben wollen – anstatt uns um sympathische Verbundenheit mit anderen Menschen zu bemühen?

Wählen wir in Finanz-Skandale verwickelte Politiker, weil wir selbst dem Irrtum verfallen sind, Haben wäre bekömmlicher als Sein, Nehmen seliger denn Geben?

Halten wir uns vom politischen Handeln fern, weil wir uns als ungeeignet dafür ansehen, als zu wenig stark, zu ängstlich, zu feinfühlig, zu verletzlich, zu »innerlich«?

»So wie die Dinge momentan liegen, meiden viele Menschen, die auf Grund ihrer Qualifikation ohne weiteres Führungsaufgaben auf nationaler und internationaler Ebene übernehmen könnten, die politische Arena mit allen ihren Unsitten und Verleumdungen, denn wer nicht in erster Linie nach Macht strebt, hat dort nur wenig Anerkennung zu erwarten«, meint der Club of Rome.[81]

Demokratie wird allerdings zur Zuschauerdemokratie, wenn wir beiseite stehen und nur über die »schmutzige« Politik klagen, statt uns einzumischen. Viele Menschen neigen dazu, sich in ihre Innerlichkeit zurückzuziehen. Sie kritisieren zwar die verbreitete Inhumanität, empören sich über soziale Ungerechtigkeiten, fühlen sich von Militarismus und Umweltzerstörung bedroht; aber sie wenden sich von der Politik angewidert ab. Für die gesellschaftliche Entwicklung ist dieser Rückzug ein Verlust, weil durch ihn die politische Szene weiter entseelt wird. »Es droht sich laufend ein Kreisprozeß zu verstärken: Die Menschlichkeit entweicht in die Machtlosigkeit, und in den Zentren der Macht schwindet die Menschlichkeit.«[82] Viele Menschen, die durch politisches Engagement soziale Verantwortung übernehmen könnten, vermeiden dies, weil sie sich als nicht geeignet dafür vorkommen. Sie leben dann am Rand des politischen Lebens und begnügen sich mit dem Streben nach persönlichem Erfolg. – Aber wie kommt es in der Entwicklung Heranwachsender zu mehr öffentlicher Anteilnahme?

»Tapferkeit des Herzens« hat einen Ursprung in gelebter Solidarität der Familie – Vorbild und Beispiel

Die Schwester von Willi Graf, dem von den Nazis hingerichteten Mitglied der Widerstandsgruppe »Weiße Rose«, sagte über ihren Bruder: Er »hatte von Jugend an ein untrügliches Gefühl für Falsch und Richtig, für Wahr und Unwahr und einen unbeirrbaren Willen, für das einzutreten, was er als wahr und richtig erkannt hatte«. Auch von anderen Mitgliedern des Widerstands ist bekannt, daß sie rückhaltlos wahrhaftig waren und sich in ihrer Gewissensnot für höherrangige Werte entschieden.

Was trägt dazu bei, geistige Widerstandskraft zu entwickeln? Was ermutigt Heranwachsende, ihrem Gewissen treu zu bleiben? – Da sich jeder Mensch individuell entwickelt, gibt es keinen sicher bestimmbaren Zusammenhang zwischen frühen Lebenserfahrungen und späterer Person-Entwicklung – das gilt auch für eine Eigenschaft wie Mut. Beobachtungen lassen jedoch Elemente erkennen, durch die sich geistiger Mut entwickelt. Zu diesen Beobachtungen gehört die folgende Studie.

Der Psychologe Mantell hat amerikanische Kriegsdienstverweigerer untersucht – und zwar zu einer Zeit, in der das Verweigern noch nicht so einfach war wie heute in der Bundesrepublik Deutschland. Damals erforderte dieser Schritt moralische Widerstandskraft. Mantell fand durch Gespräche mit den Jugendlichen heraus, welche familiären Bedingungen dazu beitrugen, daß sie mit Bürgermut für Gewaltfreiheit eintraten. Die jungen Männer weigerten sich, in den Vietnam-Krieg zu ziehen, und waren bereit, für ihre pazifistische Überzeugung öffentlich einzustehen. Daraus folgten Konflikte mit den vorgesetzten Behörden. Die Verweigerer wurden mit Gefängnisstrafen bedroht, aber sie ließen sich nicht von ihrer Einstellung abbringen. Die Erkenntnisse aus den Interviews mit den Vietnam-Verweigerern sagen etwas darüber aus, was Zivilcourage fördert, was den Jugendlichen den Rückhalt gegeben hat, um den Bedrohungen zu widerstehen. – Besondere Eigenschaften im Familienleben der Verweigerer waren Gewaltlosigkeit, Toleranz, gegenseitige Anteilnahme, Wärme und unautoritäres Verhalten. »Viele Eltern waren politisch und sozial engagiert. Politik, soziale Probleme, Krieg und individuelle Verantwortung wurden häufig diskutiert. Die hervorstechendste Eigenschaft des Familienlebens war ein großes Maß gegenseitigen Einverständnisses.«[83]

Humane Werte spielten in den Familien dieser Verweigerer eine wichtige Rolle. Die Eltern versuchten, den Maßstäben entsprechend zu handeln, die sie für sich und ihre Kinder aufstellten. Dadurch blieben moralische Grundsätze nicht theoretisch. Lebensregeln wurden den Jugendlichen nicht nur vorgetragen, sondern vorgelebt. – Die Mehrzahl der Eltern setzte sich ernsthaft mit sittlichen Normen auseinander. Sie erwarteten von ihren Kindern, humane Prinzipien zu befolgen, und regten dazu an, sich mit sittlichen Maßstäben gedanklich zu befassen.

Die befragten Verweigerer kannten kaum Furcht vor ihren Eltern. Vermutlich haben sie von früh an Sicherheit erfahren. Sie erlebten sich mit ihren Wünschen, Rechten und Gefühlen respektiert. In der Zeit, in der die Söhne selbständig wurden, erwies sich die Mehrzahl der Eltern als anteilnehmend und zugleich zurückhaltend; sie waren weder gleichgültig noch aufdringlich. Der Erziehungsstil in diesen Familien war überwiegend demokratisch. – Die Eltern der Verweigerer achteten die Würde ihrer Kinder und hielten die Heranwachsenden dazu an, die Würde anderer zu respektieren. Sie ermutigten mehr, als daß sie straften. Vor allem waren es Eltern, »mit denen man reden konnte«: Gespräche spielten eine wichtige Rolle, Meinungsverschiedenheiten wurden ausgetragen und nicht mit Gewalt gelöst. – Die Jugendlichen konnten Überzeugungen entwickeln, mitmenschliche Solidarität erfahren und einüben.

Unter den von Mantell befragten Kriegsdienstverweigerern fanden sich Jugendliche, die einer Minderheit angehörten: einer akademischen, kulturellen, religiösen oder rassischen Minderheit. Dadurch waren sie herausgefordert, sich von anderen zu unterscheiden und nötigenfalls »gegen den Strom zu schwimmen«. – Die Jugendlichen lernten Hindernisse zu überwinden, anstatt aufzugeben, wenn sich ihnen etwas entgegenstellte. Das Verständnis der Eltern bezog sich nicht darauf, Schwierigkeiten aus dem Weg zu räumen. Vielmehr ermunterten und unterstützten sie Kinder darin, Widerstände zu bewältigen.

In der Beziehung zu Lehrern wie auch unter ihren Klassenkameraden riskierten die späteren Kriegsdienstverweigerer, unabhängig zu denken und zu handeln. Sie unterwarfen sich keinen Zwangsmaßnahmen, noch reagierten sie selbst mit Zwang auf andere. In dieser Haltung fühlten sie sich von ihren Eltern unterstützt. So konnte ihre Zivilcourage nicht gebrochen werden, wenn die Jugendlichen von ihrer Umgebung zurückgewiesen oder herabgesetzt wurden.

Geistige Widerstandskraft durch die Entscheidung für höherrangige Werte – Hilft Erziehung?

Die Untersuchung zeigt, daß die Bürgertugenden Wahrhaftigkeit, Solidarität und Zivilcourage im Zusammenleben der Familie geweckt und gefördert werden können. Dies geschieht vor allem dadurch, daß an Stelle abhängig machender Erziehung die Beziehung tritt. Die Jugendlichen erkennen Grundwerte menschlichen Zusammenlebens und erfahren sich verantwortlich für das, was sie tun. Das ermöglicht ihnen, mitverantwortliche Bürger zu werden.

Die Studie über gehorsamverweigernde Jugendliche zeigt idealtypische Merkmale auf, die den Bürgermut mitbedingen. Menschliche Entwicklungen verlaufen jedoch sehr unterschiedlich. Auch aus einer ungünstigen Familiensituation heraus, in der die idealen Bedingungen nicht gegeben sind, kann bürgermutiges Handeln erwachsen. Es gibt Beispiele dafür, daß Jugendliche mit stark autoritären Eltern in protestbewegtem Gegensatz zu jenen Zivilcourage entwickeln. Die unterdrückende Erziehung hat den Eigenwillen nicht gebrochen, sondern setzte Gegenkräfte frei. Dazu kommt es in der Regel nur, wenn die Heranwachsenden im weiteren Lebensumfeld in eindrucksvoller Weise mit Menschen und Themen konfrontiert werden, die sie bei ihrer Sinnsuche ansprechen oder begeistern. Eine Erfahrung aus meinen Gesprächen mit zivilcouragierten Menschen ist: Für sie war wichtig, daß zu Hause politisch diskutiert wurde und Auseinandersetzungen über Wertvorstellungen stattfanden, auch wenn die Eltern andere politische Ansichten als Tochter oder Sohn hatten.

Mutige Menschen, die ihre Eltern nicht als nachahmenswerte Vorbilder erlebten und auch keine intellektuellen, politischen oder moralischen Anregungen von zu Hause bekamen, können dennoch Wertvorstellungen entwickeln, die sie zur Bürgereinmischung bewegen. Die dreißigjährige Krankenschwester Ina B. erzählte von sich, sie habe als Mädchen und Jugendliche viele Biographien gelesen. Auf diese Weise schaffte sie sich »Mütter« und »Väter«, mit denen sie sich identifizieren konnte, da sie auf keinen Fall wie ihre Eltern werden wollte. Bei ihrem Engagement in der Friedensbewegung gaben ihr Vorbilder wie Bertha von Suttner, Rosa Luxemburg und Mahatma Gandhi Rückhalt.

Ein Neunzehnjähriger, Erich S., der sich in einer Umweltorganisation engagierte, hatte sich als Jugendlicher ungewöhnlich heftig gegen seine Eltern aufgelehnt. Er identifizierte sich dabei stark mit jungen Leuten einer Initiativgruppe, die mit ihrem naturschützerischen Einsatz gegen die Gesellschaft revoltierte. Die Gemeinsamkeit der wissenschaftlichen und politischen Interessen stützte sein Selbstgefühl. Im Kreis dieser Gleichgesinnten genoß er die Freiheit, unabhängig zu denken. Seine Identität verknüpfte sich mit dem Erleben in dieser Umweltgruppe und mit deren politischen Inhalten. Es bedeutete ihm viel, Mitglied dieser solidarischen Gruppe zu sein, sich gegen die Naturzerstörer zu stellen und sich für einen ehrfuchts-vollen Umgang mit der Umwelt zu engagieren.

Durch die Arbeit in der Umweltgruppe konnte er die iso-lierte Situation aufheben, die er in der Familie erlebte. Ur-sprünglich waren es keine »politischen« Motive, deretwegen er in die Gruppe ging, sondern Beziehungswünsche. Er fand in der Protestgruppe aus der Vereinzelung heraus und machte Er-fahrungen der Solidarität. Außerdem schien ihm wichtig, ohne Konkurrenz und Leistungsdruck im Kontakt mit anderen für etwas Sinnvolles einzutreten. Die Bürgerinitiativ-Arbeit wurde Teil seiner Lebensgestaltung und seiner Identität. Angstauslö-sende Situationen bei gewagten Umweltaktionen konnte er überstehen, weil er eng mit den damit verknüpften Ideen ver-bunden war. Indem er mutig dafür eintrat, die Natur zu scho-nen, erfüllte er sich, was seine persönliche und politische Moral von ihm forderte.

Trägt Erziehung dazu bei, daß Menschen bürgermutig wer-den? Folgende Erfahrungen und lebensgeschichtlichen Leit-motive unterstützen die Zivilcourage. Aber jede Entwicklung verläuft anders, und manche Menschen ohne günstige Vorer-fahrungen haben erst später Motive für Bürgermut entdeckt.

- Fürsorgliche Haltung, sicherheit-gebende Führung, *Inter-esse füreinander* in Familie, Kindergarten und Schule.
- Humane Wertvorstellungen werden erfahren und *Tugenden* entwickelt; die Eltern leben hilfsbereites Handeln vor.
- Kinder müssen zu ihrer Sicherheit gehorchen lernen. Aber blinder Gehorsam wird mit wachsendem Alter zu *einsichti-gem* Gehorsam. Gehorchen wird zu wert-gerichteter Ent-scheidung.
- Widerspruch und *Ungehorsam* der Kinder werden ernstge-nommen. Auf durchdachte Entscheidungen wird mehr Wert gelegt als auf Folgsamkeit.
- Eltern, Erzieherinnen und Lehrer *argumentieren*; sie erklä-ren die Grenzen, die sie aufzeigen, und setzen sich mit den Kindern über wert-volles Handeln auseinander.
- Unabhängiges Denken und selbständiges Handeln werden un-terstützt, gute Erfahrungen mit dem *Nein-sagen* ermöglicht.

- Familie, Kindergarten und Schule unterstützen die Fähigkeit, sich in andere *einzufühlen*, sich in Notlagen anderer zu versetzen.
- Die Erwachsenen leben partnerschaftliches Verhalten vor; sie halten Kinder dazu an, anderen zu *helfen* und mit ihnen zusammenzuarbeiten.
- Menschen, die »anders« sind, wird mit *Toleranz* begegnet; sie gelten als ebenso wertvoll und werden in ihrem Anderssein akzeptiert.
- Kinder und Jugendliche werden ermutigt, nach *moralischen* Maßstäben zu entscheiden – ohne nur darauf zu schauen, was andere meinen.
- In Familie und Schule werden gesellschaftliche und *politische Fragen* diskutiert; besonders solche, die die jungen Menschen heute angehen.
- Entdeckendes Lernen, Partner- und Gruppenarbeit, Kreisgespräch und Diskussion, Projektunterricht und freier Aufsatz, *Mitsprache* der Schüler in Unterricht und Schulleben machen eigen-ständig.
- Begegnungen mit Menschen, die die Jugendlichen als *Vorbild* akzeptieren, mit denen sie sich identifizieren, helfen bei der Ausprägung des Ich.
- Kinder und Jugendliche erleben, daß sie mit ihrer Eigenart angenommen werden, etwas wert sind; das festigt ihr *Selbstwertgefühl*.
- Anleitung zum vernünftigen Denken und Handeln bestärkt die jungen Menschen, sich ihres *Verstandes* zu bedienen. Sie bekommen Hilfen, sich mit Problemen auseinanderzusetzen und Entscheidungen zu fällen.
- Die Kinder und Jugendlichen können eine lebensbejahende, *zuversichtliche Grundstimmung* entwickeln.

»Intelligenz verpflichtet« –
Dient die Wissenschaft dem Wohl der Allgemeinheit?

Angesichts der bedrohten Erde müßte menschliche Intelligenz darauf gerichtet sein, die Gefährdungen abzuwenden. Deshalb fordert Dieter Lattmann: »Intelligenz verpflichtet – Ihr Gebrauch soll zugleich dem Wohl der Allgemeinheit dienen.« Dieser Satz entspricht dem Artikel 14/2 des Grundgesetzes, mit dem Unterschied, daß dort »Eigentum verpflichtet« steht. »Herausragende Begabung wird von Intelligenzen durchaus als ihr Eigentum betrachtet. Darum ist die Forderung nach der Sozialpflicht der Intelligenz an der Zeit. Wir brauchen eine neue wissenschaftliche Ethik. Nach ihr ist nicht mehr alles zu tun erlaubt, was Wissenschaftler tun können. Intelligenz, die nicht der sittlichen Bindung an das Gemeinwohl unterliegt und sich im Grenzfall nicht für die Vielen, sondern für die Selbstherrlichkeit entscheidet, diese Intelligenz kann vernichtend sein wie die Atombombe.«[84]

Viele Wissenschaftler lassen derzeit ihre Intelligenz für lebenszerstörerische Vorhaben mißbrauchen, zum Beispiel für militärische Rüstung und atomare Energieerzeugung. Ihre geistigen Fähigkeiten wären dringend erforderlich, um die Schönheit der Erde zu erhalten, um nach Wegen gewaltfreien Zusammenlebens zu forschen, um alternative Energien und Lebensformen zu entwickeln, um die Not von Menschen zu lindern. Das umfangreiche Wissen, das in allen Lebensbereichen vorliegt, müßte als Ge-wissen dazu antreiben, verändernd in das gesellschaftliche Leben einzugreifen.

Vor allem die Universitäten sollten dazu beitragen, die Probleme der »Risikogesellschaft« zu überwinden. Wer Vorlesungsverzeichnisse durchsieht und Forschungsinhalte betrachtet, gewinnt nicht den Eindruck, Hochschulen orientierten sich an den Überlebensfragen. Sie scheinen von entscheidenden Anliegen der Gesellschaft isoliert zu sein. Oft beschränken sie ihre Forschung auf eine »Wissenschaft um der Wissenschaft willen«. Diese verliert durch Spezialisierung das *Ganze* menschlicher Lebensbedürfnisse aus den Augen.

Der Club of Rome schlägt vor, »die Universitäten verstärkt durch Forschungsaufträge und Entwicklungsprojekte an der Bewältigung sozialer Probleme zu beteiligen. Die Universität sollte als Laboratorium dienen, in dem die Vergangenheit analysiert, die Gegenwart getestet und Alternativen für die Zukunft bereitgestellt werden. Dazu sind veränderbare Lehrpläne erforderlich, die regelmäßig überprüft und auf bedeutsame Themen ausgerichtet werden. Eine Neuorientierung der Universität sollte vom Wohlergehen der Bevölkerung ausgehen und die Universitäten den Anliegen der Gesellschaft näherbringen.«[85]

Es ist nicht erkennbar, inwiefern beispielsweise die bemannte Raumfahrt dem Wohlergehen der Menschen dienen soll. Dahinter verbirgt sich vielmehr politische und militärische Rivalität. Milliarden werden für Experimente im Weltall vergeudet; sie befriedigen den Größenwahn von Machthabern, dienen der Karriere von Wissenschaftlern und dem Eigeninteresse derer, die an Weltraumprojekten verdienen. Ein Weltraumprojekt, »so eindrucksvoll es auch sein mag, ist weniger wichtig als ein ›Projekt Jedermann‹, das statt bemerkenswerter Mondkiesel viel bemerkenswertere und dringend notwendige Einfälle aus den Tiefen des menschlichen Inneren bergen würde«.[86] Statt einseitig nach noch mehr technischen Erfindungen zu streben, sollten wir *soziale* Fantasie entwickeln und soziale Erfindungen machen, die es den Menschen ermöglichen, gedeihlicher miteinander zu leben und zu überleben.

Forscher müßten sich um Erkenntnisse bemühen, die unmittelbar den Menschen zugute kommen: im sozialen Zusammenleben, im Gesundheitswesen, im Bildungssystem, in der Ernährung, im Verkehr, in der Energieversorgung, im Wohnungsbereich, im Naturschutz, in politischer Konfliktlösung, in der Erziehung ... Dazu gehörte, daß Wissenschaftler Verantwortung gegenüber Mensch und Natur übernehmen.

Besonders Naturwissenschaftler neigen dazu, »sich nüchtern nur mit abstraktem Messen, Zählen und Rechnen zu beschäftigen. Keine Sensibilität stört ihren Ehrgeiz, die Natur in kleine Teile zu zertrümmern, mit den Trümmern zu spielen und diese,

wenn es geht, zu neuen künstlichen Produkten zusammenzu-
setzen. Was sie dabei an natürlichen Lebenszusammenhängen
kaputtmachen, erschreckt sie nicht, weil sie es nicht gefühlsmä-
ßig registrieren. Wenn überhaupt, spüren sie das Gewaltmä-
ßige ihrer Natureingriffe als Triumph menschlicher Naturbe-
herrschung« (Horst-Eberhard Richter).[87]

Bürger treten für Menschlichkeit ein – Gegen eine gefühlsabgespaltene Wissenschaft

Wie gefühlsabgespaltene Wissenschaftlichkeit gegen die
Menschlichkeit verstößt – und wie zivilcouragierte Einmischung solche Unmenschlichkeit aufzudecken und anzuhalten
vermag –, zeigt folgendes Beispiel. An der Psychiatrischen Klinik der Universität München wurden psychisch Kranke zu Ver-
suchszwecken in Angstzustände versetzt. Unter anderem
zeigte man den Patienten Ausschnitte aus Horrorfilmen, zum
Beispiel eine Szene aus dem Film »Psycho«: Ein psychotischer
Mann erdolcht eine junge Frau, die nackt unter einer Dusche
steht. – Bei anderen Versuchen setzte man die Patienten Heiß-
wasser-Bädern aus, die die Körpertemperatur im Durchschnitt
auf 39 °C erhöhten. – In den Patienten wurden heftige Angstzustände ausgelöst, um Pillen zu erproben, die beruhigend wirken. Für diese Versuche bekam die Klinik auch Gelder vom
Bundesamt für Zivilschutz; die Ärzte sollten nach Medikamen-
ten forschen, mit denen man Bürger in Paniksituationen ruhig-
stellen kann.

Über diese Menschenversuche empörten sich Bürgerinnen
und Bürger. Mit Einfühlung für die angstkranken Menschen,
mit psychotherapeutischem und medizinischem Sachverstand
und mit Bürgermut brachten sie die Experimente an die Öffentlichkeit. Unter anderem wandte sich eine Gruppe von
Psychotherapeutinnen und Psychotherapeuten in einem Leser-
brief gegen die Versuche. Die couragierte Gruppe löste auch in
ihrer Fachgesellschaft eine Diskussion darüber aus, ob diese
medizinische Forschung mit humanen Grundeinstellungen

ärztlicher Ethik zu vereinbaren sei. Sie hielt es selbst dann für unverantwortlich, solche Menschenversuche durchzuführen, wenn die beteiligten Patienten einwilligten. Als Hauptargument brachten sie vor: Angstkranke Menschen sind in Not und suchen Hilfe. Diese Hilfe darf nicht darin bestehen, ihre Not zu vergrößern, indem man sie experimentell in Panik versetzt. Zudem kann niemand voraussagen, inwieweit durch die Ängstigung Symptome nicht nur kurzzeitig, sondern auch dauerhaft verschlimmert und nicht mehr rückgängig gemacht werden können. Seelisch Kranke würden hier zum experimentellen Objekt gemacht.

Der Protest richtete sich auch dagegen, daß die Medikamentenversuche zum Teil der Kriegsforschung dienten: Es sollten Psychopharmaka erforscht werden, die im Kriegs- und Katastrophenfall Angst und Fluchtreaktionen unterdrücken. Die Konsequenz der sich einmischenden Bürger war, der Abschreckung im Kleinen wie im Großen entgegenzutreten: dem experimentellen Erschrecken von Angstpatienten ebenso wie den chemischen und atomaren Vernichtungsstrategien gegen Mensch und Natur.

Die Beteiligten der Initiative gegen die Angstversuche wollten mit psychologischem Wissen und mit Fühlfähigkeit Unheil verhindern, indem sie sich politisch kenntlich machten. Ihnen schien es notwendig, sich selbst und andere Menschen zu beunruhigen angesichts drohender Katastrophen, anstatt zu erforschen, wie man Bürger im Katastrophenfall chemisch »beruhigen« kann.

Die beschriebene Angstforschung mag im herkömmlichen Wissenschaftsverständnis unbedenklich erscheinen. Hier geht es häufig darum, sich des »Gegenstandes« zu bemächtigen, ihn zu manipulieren und den eigenen Forschungszielen unterzuordnen. Welche persönlichen Interessen und Haltungen des Forschers dabei beteiligt sind, bleibt im verborgenen – und noch mehr, wie es dem »Objekt« des wissenschaftlichen Interesses ergeht. So hat sich die CSU-Landtagsmehrheit – unberührt vom »Christlich« in ihrem Parteinamen – eindeutig dafür ausgesprochen, die angstkranken Patienten experimentell zu ängstigen. Auch die »Ethik-Kommission« der Universität fand an den Angstversuchen nichts auszusetzen.

Auschwitz, unmenschliche Nazi-Medizin, Hiroshima, Tschernobyl, Gen-Technologie und Atom-Technik legen eine Wissenschaftsethik nahe, die den Fehlentwicklungen in Forschung und Technik Einhalt gebietet. Weil alle Menschen zunehmend mehr »angeht«, was die Wissenschaft macht, muß diese der Öffentlichkeit gegenüber rechenschaftspflichtig werden. Sie braucht demokratische Kontrolle, die im geschilderten Fall durch kritische Bürger angestoßen wurde. Solch engagierte Kontrolle trägt dazu bei, die politische Selbstentmündigung im Wissenschaftsbereich zu vermindern.

Fragen, die zu stellen sind: Entspricht wissenschaftliches Handeln der Ehrfurcht vor der Natur, der Würde des Menschen, der Achtung vor der Schöpfung? Dient es dem Leben? – Keine Ethik-Kommission kann uns die persönliche Stellungnahme abnehmen. Wir müssen auf Grund unseres Menschenbildes, unserer beruflichen Identität und unseres Gewissens Stellung nehmen. Dann muß wissenschaftliche Forschung nicht wie in Christa Wolfs »Selbstversuch« enden. Dort resümiert die Hauptfigur gegenüber dem Professor: »Ihr Präparat ist exzellent. Unser Experiment war ein barbarischer Unsinn.«

Die Angstversuche an der Universität München wurden eingestellt. Dazu hat beigetragen, daß zivilcouragierte Menschen politisch-moralischen Protest erhoben und andere Bürger damit öffentlich auf ein Unrecht aufmerksam machten.

- Sie ließen sich durch Einfühlung und Anteilnahme am Schicksal anderer Menschen zum Widerspruch bewegen.
- Sie hielten an ethischen Grundansichten fest und verweigerten die Wissenschaftsgläubigkeit.
- Sie informierten sich sorgfältig über die kritisierten Vorgänge und deren Hintergründe.
- Sie eigneten sich gründliches Sachwissen an, um dem Expertenwissen widerstehen zu können.
- Sie schlossen sich mit anderen zusammen und suchten Verbündete für ihren Protest.

- Sie faßten Mut, sich mit ihrer Meinung öffentlich erkennen zu lassen.
- Sie traten in argumentative Auseinandersetzung mit den Andersdenkenden.
- Sie ließen sich von prominenten wissenschaftlichen Experten nicht einschüchtern.
- Sie benützten das Wissen, das sie besaßen, um ihr Ge-wissen zu unterstützen.

Für eine Ethik der Anteilnahme und Fürsorge

Die einundvierzigjährige Grundschullehrerin Frau C.[88] wollte ihr pädagogisches Gewissen nicht länger verstaatlichen lassen. Sie geriet durch die schulischen Macht- und Ohnmachtstrukturen in einen Identitätskonflikt und war nahe daran, ihren Beruf aufzugeben. Die Gewissensgründe, aus denen heraus sie den Unterricht anders gestalten wollte, beruhten auf pädagogischem Wissen und auf ethischen Grundhaltungen.

Sie nahm allen Mut zusammen und veränderte ihren Schulalltag grundlegend. Schon äußerlich blieb nichts beim alten. Das Klassenzimmer wurde umgewandelt in eine Mischung aus Werkstatt, Kindergarten, Atelier und Spielzimmer. An die Stelle gelenkten Unterrichts trat überwiegend Freiarbeit. Mit reichhaltigen Arbeitsmaterialien, Büchern und individuellen Lernhilfen konnten die Kinder über weite Strecken hinweg interessen-geleitet arbeiten. Sie durften handelnd – mit der Hand – lernen, statt ausschließlich mit dem Kopf.

Die Lehrerin verbannte die Ziffernnoten in dem Maß aus ihrem Unterricht, in dem das die Schulgesetze zuließen – und darüber hinaus. Partner- und Kleingruppenarbeit waren zu jeder Zeit des Unterrichts so selbstverständlich wie spielendes Lernen. Die Eltern wurden zur Mitarbeit eingeladen. – Während der weitreichenden Veränderungen blieb die Lehrerin im Kontakt mit Kolleginnen und Kollegen; in mancher Hinsicht wirkte sie ansteckend auf diese.

Durch unterschiedliche Anforderungen konnte jeder Schüler auf seinem Leistungsniveau und in seinem Tempo lernen. Es entfiel der Zwang, daß alle zur gleichen Zeit, mit der gleichen Methode die gleichen Inhalte zu lernen hatten. – Wie zu erwarten, entstanden beim Übergang vom herkömmlichen zum offenen Unterricht Unsicherheiten bei Kindern, Lehrerin und Eltern. Es kam zu teilweise »chaotischen« Zuständen, die von der Lehrerin bewußt ausgehalten wurden.

Was sich dann veränderte, war allerdings erstaunlich. Lerninteresse und Lernbereitschaft wuchsen, manche Kinder waren nicht mehr aus dem Klassenzimmer hinauszubringen. Die Schüler wurden hilfsbereiter, selbstbewußter und mutiger. Ihre Aggressivität verminderte sich so stark, daß innerhalb der Schule auffiel, wie friedlich diese Klasse war. Es entstanden Freundschaften zwischen den Kindern und Bekanntschaften zwischen den Schülereltern. Die Kinder wurden sich selbst und den anderen gegenüber empfindsamer.

An dem Prozeß, den diese Lehrerin wagte, wird deutlich: Es geht bei bürgermutiger Selbstbestimmung immer darum, für andere *und* für sich selbst etwas zu tun. Die Lehrerin gab ihrem Gewissen eine Chance. Durch Zivilcourage fand sie zu ihrer beruflichen Identität. Daher konnte sie es aushalten, daß ein Vorgesetzter die bewegte Arbeit im Klassenzimmer zu »unruhig« fand, obgleich die Kinder lernten, Rücksicht aufeinander zu nehmen. Unter herkömmlichen Schulordnungsaspekten ging es »unordentlich« zu. Die Lehrerin erhielt deshalb nicht die gute berufliche Beurteilung, die sie auf Grund ihrer hervorragenden Arbeit verdient gehabt hätte. Das nahm sie in Kauf; denn alle Beteiligten freuten sich über die bessere Lebens-Ordnung.

Frau C. hat nicht gewartet, bis sich die Verhältnisse änderten. Im Konflikt zwischen dem Selbstbild, das sie mit ihrer Person verwirklichen wollte, und der von den Behörden erwarteten Anpassung ließ sie sich von ihrem pädagogischen Gewissen leiten. Das trieb sie dazu an, die Verhältnisse an der Stelle zu verändern, an der ihr das möglich war. Sie wagte mit Zivilcourage, ihre pädagogische Vernunft in ein neues pädagogisches Handeln umzusetzen.

Die Lehrerin hat dabei einen grundlegenden Wandel vollzogen von einer Ethik der Gerechtigkeit zu einer Ethik der Anteilnahme und Fürsorge. – In Schulen herrscht vorwiegend eine Ethik der »Gerechtigkeit«: Alle sind gleichberechtigt, es wird objektiv bewertet, gerecht ausgelesen, unpersönlich geurteilt. Jeder hat gleiche Chancen, die er durch Konkurrieren mit anderen in persönliche Vorteile umsetzen kann. Wer dies nicht vermag, wird – gerecht – durch schlechte Noten ausgeschlossen. Damit verfehlt die Schule die Grundabsicht menschlicher Moral: dem anderen nicht zu schaden, ihn nicht gröblich zu verletzen, sondern ihm beizustehen.

Was Kinder, Jugendliche und Hilfebedürftige brauchen, wessen die Erde zu ihrer Rettung bedarf, ist nicht nur eine Ethik der Gerechtigkeit. Wir brauchen auch eine Ethik der Anteilnahme und Fürsorge. Sie sorgt sich um das Wohl des anderen und um das eigene. Zu ihr gehört Mitgefühl als Teilnahme an fremdem Leid, An-teil-nahme im Sinne des Teilens. Sie ist eine Ethik der Verantwortung; sie folgt nicht nur dem Verstand, sondern auch der »Stimme des Herzens«. Sie hat »Beziehung« zur Grundlage und läßt Mitleid zu. Anteilnahme aktiviert die Kraft zum Helfen. Nicht Zielorientierung ist leitend, sondern Prozeßorientierung – bezogen auf Prozesse, die Leben nicht verletzen, sondern schonen.

Frau C. hat ihre Resignationspunkte genau angesehen und konstruktiv gemacht. Sie schämte sich vor den Kindern und sich selbst, weil sie ihrem pädagogischen Wissen und ihrer menschlichen Fühlfähigkeit zuwiderhandelte. Dieser Selbstwertkonflikt trieb sie dazu an, ihren Berufsalltag anders zu gestalten. – Überdies erkannte sie, daß es nicht ausreicht, im Rahmen des Klassenzimmers menschenfreundlichere Umstände zu schaffen. Folgerichtig engagierte sie sich in der Bürgerinitiative Aktion Humane Schule[89] und arbeitete in einer politischen Partei mit.

7. Von Zivilcourage zu politischer Mitverantwortung

Ich bin für eine antipolitische Politik. Für eine Politik als praktizierte Sittlichkeit, als Dienst an der Wahrheit, als wesenhaft nach menschlichen Maßstäben sich richtende Sorge um den Nächsten. »Antipolitische Politik« ist möglich. Politik »von unten«. Politik des Menschen, nicht des Apparats. Politik, die aus dem Herzen kommt.

Václav Havel

Nie zuvor hat es in Deutschland so viele kritische Bürgerinnen und Bürger gegeben wie heute. Ihre Gruppen arbeiten als Minderheiten, die auf die Mehrheit einwirken. Mit der Mehrheit allein ist kein Staat zu machen. Mehrheit und Minderheit müssen einander nicht nur ertragen, sondern sich in ihrem Denken und ihren Begründungen austauschen. Die Minderheit in der Mehrheit hat nicht die Macht. Aber sie ist auch nicht ohnmächtig. Die Wirklichkeit besteht aus der Wechselwirkung von beiden.

Dieter Lattmann

»Von unten« initiativ werden – Die Gemeindepolitik beeinflussen

Zivilcouragierte Einmischung ist überall möglich. Ihr Ziel ist, politisch etwas zu verändern. Das folgende Beispiel macht deutlich, wie Bürgermut und politische Mitverantwortung miteinander verschränkt sind. Die Kunsterzieherin Ulrike B., war geraume Zeit nach den Gemeinderatswahlen darüber beunruhigt, daß es im Gemeinderat kaum noch eine Opposition gab. Die landesweit absolute Mehrheit der herrschenden Partei hatte nun auch in diesem Ort nur wenige kritische Gegenspieler und konnte verfahren, wie es ihr gutdünkte.

Frau B. entschloß sich, etwas zu unternehmen. Sie faßte Mut und telefonierte ihre Freunde, Berufskollegen, Bekannten und Nachbarn an. Bereits zu dieser Telefonaktion brauchte sie Zivilcourage; denn sie durfte nicht nur mit Zustimmung für ihr Engagement rechnen, sondern mußte Ablehnung in Kauf nehmen, Kritik, Distanz, Vorurteile und Verdächtigungen. Aber es waren auch viele unter den Angesprochenen, die auf einen solchen Anstoß »gewartet« hatten.

Die Interessierten trafen sich und sprachen davon, wie es jedem einzelnen im Hinblick auf die gemeindepolitische Situation ging, was sie persönlich bewegte, welche Wünsche und Ängste sie bei dem Gedanken einer öffentlichen Einmischung hatten, ob sie bereits Vorstellungen von konkreten Aktionen entwickelten ... Das Ergebnis der Zusammenkunft war: Fünfzehn Frauen und Männer entschlossen sich zu einer politischen Initiative auf Gemeindebene; sie wollten eine »außerparlamentarische Opposition« ins Leben rufen. Niemand der Teilnehmer war Mitglied einer Partei. Die Zusammenarbeit sollte über einen längeren Zeitraum gehen; es wurden sechs Jahre daraus.

Die Initiativgruppe brachte eigene Themen ins Gespräch – zum Beispiel die Einrichtung einer Jugendfreizeitstätte, die gemeindliche Müllbeseitigung, die Problematik einer Umgehungsstraße. Außerdem machte sie sich mit jenen Themen vertraut, die im Gemeinderat zur Diskussion standen. Dazu mußte sie informiert sein; deshalb nahmen künftig jeweils zwei Mitglieder der Initiativgruppe an den dreiwöchentlichen Gemeinderatssitzungen teil. Sie führten Protokoll und berichteten den anderen.

Viele Schritte waren nötig, damit sich die Gruppe sachkundig und mitsprachefähig machen konnte: Außer den Gemeinderatssitzungen besuchten sie die öffentlichen Sitzungen der Ausschüsse. Sitzungsprotokolle, die anfänglich nicht eingesehen werden durften, wurden schließlich der Gruppe zugesandt und später öffentlich einsehbar gemacht. Die Initiativgruppe lud Gemeinderätinnen oder Gemeinderäte zu ihren Treffen ein und diskutierte Probleme, die ihr wichtig erschienen.

Zu bestimmten Projekten initiierten sie Kampagnen durch

selbstverfaßte und -gestaltete Broschüren, die sie an die Bürger verteilten. Regelmäßig schrieben Gruppenmitglieder Leserbriefe in Zeitungen, um auf Probleme hinzuweisen, die alle angingen. So hatten sie in monatelanger Arbeit eine Zeitung über das geplante Jugendzentrum zusammengestellt – mit informativen Texten, Stellungnahmen und einer Fotoreportage. Diese sollte die Mitbürger aufklären und für das Projekt interessieren. Es ging dabei auch darum, die Jugendstätte an einem örtlich zentralen Punkt einzurichten und nicht abseits. Tatsächlich konnte die Initiativgruppe Bürgerinnen und Bürger für ihre Idee gewinnen, so daß ihre Vorstellungen später verwirklicht wurden.

Um den Bürgern die Problematik einer geplanten Umgehungsstraße bewußtzumachen, verfaßten Gruppenmitglieder ein Flugblatt, das die Folgen des Projekts für Mensch und Natur aufzeigte. In einer Briefkastenaktion bekamen alle Haushalte dieses Flugblatt zugestellt. Zudem organisierten andere eine Wanderung entlang der Trasse, die künftig die Landschaft durchschneiden sollte. – Dabei kamen Gespräche in Gang, Bekanntschaften entstanden, und die Teilnehmer freuten sich über die gemeinsame Wanderung. Des weiteren wurden Unterschriftenlisten in Umlauf gebracht, auf denen sich die Bürger gegen den Straßenbau aussprechen konnten. Es ging um das menschliche Maß und die Gleichberechtigung im Straßenverkehr.

Für diese Aktionen suchte die Initiativgruppe Verbündete: ein Bürgerforum, das sich um Spielstraßen, Landschaftsschutz und Kulturelles kümmerte; den Bund Naturschutz – und immer wieder jene Mitbürger, die von einem Vorhaben oder Mißstand betroffen waren. Umgekehrt traten andere Gruppierungen an die Initiativgruppe mit dem Wunsch nach Zusammenarbeit heran. Ein Gruppenmitglied formulierte die Arbeit der gemeindlichen »außerparlamentarischen Opposition« so: »Wir haben keine Macht, aber wir spielen eine Rolle.« – Der sachkundige Einfluß, den die Bürgergruppe ausübte, konnte nicht übergangen werden. Oft hatten die Gemeinderäte für die Sitzung nicht nur offizielle Unterlagen zur Hand, sondern auch

ein Flugblatt, eine Stellungnahme oder eine Informations-
schrift der Initiativgruppe.

Innerhalb der Gruppe kam es gelegentlich zu Konflikten und
Spannungen: Wer von den Mitgliedern zu sehr antreibt, die
anderen zu überfordern neigt, wer nichts oder nur wenig tut,
auf wen man sich verlassen kann oder nicht. Solche Konflikte
trafen die Initiativgruppe jedoch nicht in ihrem Kern, zumal sie
ausgetragen und geklärt wurden. Das Bewegtsein von der als
wertvoll angesehenen freiwilligen Aufgabe und das sympathische Verbundensein der Mitglieder untereinander trugen über
Gruppenprobleme hinweg. Dazu halfen gemeinsame Arbeits-
wochenenden, an denen alle mit den Familien auf einen Bau-
ernhof fuhren und dort zusammen lebten.

Die Initiativgruppe blieb jedoch nicht »unter sich« oder for-
mierte sich »gegen die anderen«. Die Mitglieder suchten den
Kontakt mit Bürgermeister und Gemeinderäten, mit Vertre-
tern der Parteien, anderer Bürgergruppen und Verbände. Im
Gespräch mit Andersdenkenden klärten sie eigene Positionen,
versuchten andere zu verstehen und sich mit ihnen auseinanderzusetzen. – Die Initiativarbeit setzte sich darin fort, Verantwortung in den Institutionen zu übernehmen. So ließ sich zum
Beispiel ein Mitglied in den Vorstand des Jugendzentrums
wählen, ein anderes in den des freien Kindergartens, ein weiteres kandidierte für den nächsten Gemeinderat und wurde
gewählt. Die Zivilcourage einzelner mündete in unmittelbare
politische Einflußnahme.

Von der »Zuschauerdemokratie« zur »Teilnehmerdemokratie«

Das Beispiel des Engagements von Frau B. und der durch sie
entstandenen Gruppe zeigt auch: »Der Widerstand, von dem
hier die Rede ist, ist grundlegend verschieden von lautstarken
Umtrieben, von Krawall, von Erzeugung äußerer Unruhe. Es
geht um etwas anderes: um die geistige Unruhe und um über-
legtes, eigenverantwortliches, nicht in der Masse verstecktes

Handeln. Eine wesentliche Voraussetzung dieses Widerstands ist Geduld. Weil Ungeduld nicht warten kann, weil sie immer alles ganz und sofort haben muß und sich nie mit einem späteren und teilweisen Gewähren zufrieden gibt, ist sie die Hauptursache von Gewalt. Hier offenbart sich ein Grundproblem des Widerstandsrechts, das Problem der rechten Zeit: der ›große‹ Widerstand kommt meist zu spät, und der ›kleine‹ Widerstand überhastet sich. Man muß der Vernunft und Besonnenheit eine Chance geben« (Artur Kaufmann).[90]

An Ulrike B.s Vorgehen wurde deutlich, wie aus der Initiative einer einzelnen eine Bürgerinitiative entstehen kann. Es erfordert Mut, in der eigenen Gemeinde politisch aktiv zu werden, im Stadtviertel oder im beruflichen Umfeld mit ungewöhnlichen Vorschlägen aufzutreten: »Was sagen die Nachbarn?« – »Schließlich möchte ich mit allen friedlich auskommen.« – »Gerate ich nicht in einen zweifelhaften Ruf?« ... Die Mitbürger »kontrollieren« unmittelbar, wie sich jene verhalten, die gesellschaftlich etwas verändern wollen. Sie sehen, ob das kritische Engagement der Initiatoren mit deren Handeln übereinstimmt. Das rührt bei den politisch Aktiven an die eigene Glaubwürdigkeit: Vertrete ich durch mein Verhalten bei Nachbarn, Bekannten und Arbeitskollegen, wofür ich spreche? – Umgekehrt wird die Glaubwürdigkeit gerade dadurch erkennbar, daß der einzelne im Alltagszusammenhang, »vor Ort«, politisch aktiv wird und mit den Menschen der unmittelbaren Umgebung im Kontakt bleibt.

Bei Frau B. weckten empfundene Mißstände den Wunsch, aus der passiven Haltung in eine aktive Rolle überzugehen. Sie wollte nicht nur Beobachterin und Kritikerin, sondern handelnde Teilnehmerin sein: aufklärend, motivierend, aktivierend. Dabei war für sie bedeutsam, persönliche Beziehungen einzugehen, andere Menschen kennenzulernen, gleichberechtigt und basisdemokratisch zu arbeiten. Es machte ihr Freude, ein Thema »ganzheitlich« zu bearbeiten, sich Sachinformationen anzueignen und mit anderen zu diskutieren.

Die durch die Macht der Parteien »deformierte Demokratie« begünstigt allerdings eine passive Bürgerhaltung. Nach ihrer

Stimmabgabe haben Wählerinnen und Wähler vier Jahre lang wenig Gelegenheit, politisch mitzuentscheiden. Die Regeln der Demokratie werden darauf eingeschränkt, daß die Bürger wählen und an politischen Programmen mitwirken können. Sind die Regierenden dann in Amt und Würden, können sie autoritäre Führungseigenschaften entwickeln. Sie setzen ihre Entscheidungen mit Macht von oben nach unten durch. – Auf der anderen Seite vergessen die von den Entscheidungen betroffenen Bürger, Interessengruppen und Institutionen ihre demokratischen Rechte. Sie machen sich zu Untertanen und nehmen den Herrschaftsanspruch des Staates unbefragt hin.

Dies ist heute besonders gefährlich; denn oft entscheiden die Volksvertreter über Vorhaben, die weit über den Zeitraum der Legislaturperiode hinausreichen und noch für die nächsten Generationen schicksalhaft sind; zum Beispiel über den Ausbau der Atomenergie mit den damit verbundenen Risiken tödlicher Strahlen. Um derartige Folgen für die kommenden Jahrzehnte oder Jahrhunderte geht es bei vielen ökologischen Entscheidungen: wie wir der Klimakatastrophe vorbeugen, den Boden vor Gift schützen und das Trinkwasser reinhalten, wie wir die Luft von schädlichen Stoffen freihalten können, so daß sie auch den Kindern noch erlaubt, ohne gesundheitliche Gefährdung Atem zu holen. Was in der Verkehrspolitik oder über den Verbraucherschutz entschieden wird, reicht weit über die Gegenwart hinaus. Der nachfolgenden Generation werden Lasten aufgebürdet, die wir zu verantworten haben. »Bei so langfristigen Folgen wären großer Respekt vor opponierenden Minderheiten und eine besonders große Sensibilität ihren Einwänden und Bedenken gegenüber beruhigend. Dies wären Anzeichen einer von wahrhaft demokratischem Geist beseelten Regierung. Jedoch haben wir nicht den geringsten Grund zur Beruhigung.«[91]

Nur wenn sich Bürgerinnen und Bürger politisch einmischen und wenn sie bereit sind, mitzuarbeiten, kann die einseitige »Politiker-Politik« korrigiert werden. Entscheidungen sind dann nicht nur den wenigen »Oberen« übertragen, sondern gehen »vom Volk« aus. Bewegungen, die von den Bürgern angestoßen werden, schärfen das politische Bewußtsein und bringen gesellschaftliche Veränderungen in Gang.

Damit Bürgerinnen und Bürger aktiv teilhaben können, müssen die in der Verfassung vorgesehenen Formen direkter Demokratie verwirklicht werden. Dies ist allerdings nicht »von oben« zu erwarten. Vielmehr müssen möglichst viele Menschen »von unten« ihren Willen zu demokratischer Teilhabe ausdrücken und sich in diesem Willen mit anderen solidarisieren. Nur wenn sie sich beteiligen, können sie das Recht auf Beteiligung durchsetzen. Formen direkter Demokratie sind zum Beispiel der Volksentscheid, die Volksbefragung, das Volksbegehren. Auf der Ebene der Gemeinden gibt es den Bürgerantrag, das Bürgerbegehren und den Bürgerentscheid, durch den die Gemeindemitglieder über örtliche Angelegenheiten selbst entscheiden.

Solche Formen der Teilnehmerdemokratie ermöglichen es dem Bürger, nicht nur im Einzelfall mitzugestalten. Sie fördern demokratisches Interesse und regen dazu an, mehr mitzuwirken. Die Teilnahme beschränkt sich nicht auf das Wählen, auf das bloße Ja- und Neinsagen. Vielmehr erfahren die Bürger, daß es sich in der Demokratie um Selbstbestimmung mündiger Menschen handelt. Durch Formen aktiven Mitwirkens wandelt sich, so Erich Fromm, die Demokratie »von einer passiven ›Zuschauerdemokratie‹ zu einer aktiven ›Teilnehmerdemokratie‹. In der sind die Belange der Gemeinschaft für den einzelnen ebenso wichtig wie seine eigenen Angelegenheiten. Oder noch besser: Das Gemeinwohl wird von jedem Bürger als sein ureigenstes Anliegen angesehen.«[92]

Pessimisten sind engagierter als Optimisten – Abnehmendes gesellschaftliches Engagement?

Welche Menschen sind es, die öffentlich für ihre Überzeugung eintreten und initiativ werden? Es scheinen jene zu sein, die die Zukunft sorgenvoll beurteilen. Die Shell-Studie »Jugend '85« verglich Heranwachsende mit optimistischer Einstellung und solche mit pessimistischer Zukunftserwartung. Dabei zeigte sich, daß sich die Optimisten eher als unpolitisch beschreiben. Sie interessieren sich wenig für neue Formen der Energie und des Umweltschutzes. Sie lesen seltener und kümmern sich weniger um andere. Im ganzen erscheint ihre Lebensweise oberflächlicher und ärmer an sozialen Interessen. Umgekehrt beschäftigen sich die Pessimisten deutlich mehr mit gesellschaftlichen Fragen. Themen wie Ökologie und Frieden interessieren sie nicht nur theoretisch, sondern man findet sie auch häufiger in den Gruppen der entsprechenden Bewegungen und Bürgerinitiativen.

Die Autoren der Shell-Studie fassen zusammen: Es gibt einen engen Zusammenhang von düsteren Zukunftsvorstellungen und der Bereitschaft zu Kritik, Engagement und zum Widerstand; es gibt einen praktischen Optimismus angesichts einer für aussichtslos gehaltenen Situation. – Vor allem »besorgte« Menschen bemühen sich darum, die Zukunft humaner zu gestalten. Ihre auf Sachverständnis gegründeten Befürchtungen erzeugen einen Leidensdruck. Dieser regt Selbstheilungskräfte an, die Ursachen der Bedrohung abzuwenden.

Unter den zahlreichen zivilcouragierten Menschen, die ich in Gesprächen nach den Motiven für ihren Bürgermut fragte, hatte die Mehrzahl eine eher pessimistische Einstellung hinsichtlich der gesellschaftlichen Situation und der Weltproblematik. Sie ließen sich durch die bedrückenden politisch-ökologischen Zukunftsvorstellungen dazu bewegen, etwas gegen das drohende Unheil zu unternehmen. Sie engagierten sich im Umweltschutz, arbeiteten aktiv in Naturschutzverbänden, protestierten gegen Tierversuche, solidarisierten sich mit der Friedensbewegung, wurden Entwicklungshelfer, unterstützten die GRÜNEN und andere alternative Parteien, setzten sich in der Anti-Atomkraft-Bewegung für Formen sanfter Energie ein, führten Kampagnen zur Rettung des Regenwaldes durch, beteiligten sich an Aktionen gegen Müll-Deponien, traten für Geschwindigkeitsbegrenzungen im Straßenverkehr ein, begründeten Initiativen für Asylanten. Sie bezogen aus ihrer Angstwahrnehmung die Kraft, optimistisch etwas verändern zu wollen.

Der Philosoph Hans Jonas meint[93], eine Mischung aus Furcht und Schuld sei heute das rechte Gefühl: »Furcht, weil der Vorblick uns eben Furchtbares zeigt; Schuld, weil wir uns unserer eigenen Ursächlichkeit bewußt sind, das Furchtbare herbeizuführen.« Das Wissen um die gefährdete Zukunft muß »das rechte *Gefühl* in uns wachrufen, um uns zum Handeln im Sinne der Verantwortung zu bewegen. Zukunftsschau im Dienste der Zukunftsethik hat eine intellektuelle und eine emotionale Funktion. Sie soll den Verstand unterrichten und den Willen bewegen. Das Abzuwendende soll erscheinen, das Erschrecken davor soll uns erwecken. Das Ursachenverständnis soll der Abwendung des Erschreckenden zugute kommen.«

Der Zukunftspessimismus, der im vergangenen Jahrzehnt viele Jugendliche aktivierte, nimmt derzeit ab. Während zu Beginn der achtziger Jahre die düstere Zukunft politische Bewegtheit auslöste, haben heute die sozialen Bewegungen an antreibender Kraft verloren. In dem Maße, in dem der gesellschaftliche Optimismus zunahm – von 42 Prozent 1981 auf 71 Prozent 1991 –, sank das Engagement. Die Studie »Jugend '92« des Jugendwerks der Deutschen Shell spricht von »desengagierten Optimisten«: »Düstere Zukunftsaussichten wurden verabschiedet – aber auch das damit verbundene Engagement. Zwar stehen soziale Bewegungen und unkonventionelle politische Aktionsformen wie Bürgerinitiativen oder Unterschriftenaktionen bei fast allen Jugendlichen weiterhin in hohem Ansehen. Die Befürwortung von straßenbezogenen Aktionen wie genehmigte Demonstrationen und Aufhalten des Verkehrs hat sogar zugenommen. Die sozialen Bewegungen haben aber an mobilisierender Kraft verloren. Als Motto könnte gelten: Soziale Bewegung ja – aber ohne mich.«[94] – Umweltschützer, Kernkraftgegner, in der Friedensbewegung engagierte junge Menschen genießen zwar die Sympathie der anderen, aber diese selbst verhalten sich passiv. Damit scheinen viele Jugendliche die Gleichgültigkeit der Erwachsenen zu übernehmen.

Auch eine sozialpsychologische Studie der Universität Gießen belegt, daß gesellschaftliche Gleichgültigkeit von den »Unbesorgten« ausgeht. Unter diesen überwiegen die Männer. Sie lassen sich wenig von sozialen Problemen beeindrucken. Angst und Bedrückung sind ihnen fremd. Sie fühlen sich meist erfolgreich und können ihre Interessen im Lebenskampf gut durchsetzen. Ehrgeizig wollen sie andere in der Konkurrenz übertreffen.»Sie erleben sich eher als dominante Persönlichkeiten. Als übergreifendes Merkmal der Besorgten könnte man Offenheit nennen, während die Unbesorgten sich gegen alles abschirmen, was sie von außen oder innen irritieren könnte. Die Unbesorgten sind weder von sozialem Mitgefühl noch von Selbstzweifeln belastet. Sie kümmern sich wenig um die Nöte anderer, noch lassen sie sich sonderlich durch die großen Menschheitsgefahren beschweren« (Horst-Eberhard Richter[95]).

Man möchte meinen, junge Menschen würden von den vielfältigen Bedrohungen besonders berührt; denn sie haben später auszuhalten, was ihnen die Politiker hinterlassen: die verpestete Luft und den zerstörten »Himmel«, die verwüsteten Wälder und vergifteten Böden, die übervölkerte Erde und sich bekriegende Staaten ... Aber trotz der erkennbaren ökologischen, sozialen, atomaren und kriegerischen Gefahren sieht es so aus, als folgten sie ihren erwachsenen »Vorbildern«.

Bürgerinitiativen – »Die Minderheit in der Mehrheit ist nicht ohnmächtig«: »David gegen Goliath«

Ausdruck »aktiver Teilnehmerdemokratie« sind die Bürgerinitiativen; sie sind die gebündelte Zivilcourage. Betroffene und Interessierte schließen sich spontan und locker organisiert zusammen und nehmen sich thematisch begrenzter Bürgerprobleme an. Öffentliche Interessen werden benannt, konkret erfahrbare Mißstände aufgezeigt und durch bürgerschaftliche Selbsthilfe angegangen. Fehlentwicklungen sollen verhindert und alternative Planungen erarbeitet werden. Bürgerinitiativen wollen direktdemokratisch Einfluß nehmen, sich durch Aktionen politisch beteiligen und Entscheidungen herbeiführen. Sie setzen sich unmittelbar mit den verantwortlichen Genehmigungsbehörden, Stadtplanern, Institutionen, Gemeinderäten und Abgeordneten, Ministerien und Firmen auseinander. Um öffentlich gehört zu werden, benützen sie vielfältige Aktionsformen: Versammlungen, Demonstrationen, Informationsveranstaltungen, Unterschriftensammlungen, Flugblattaktionen, Plakatierungen, Leserbriefkampagnen. Sie führen Protestaktionen durch, veröffentlichen Informationen und Aktionsmöglichkeiten, erwerben und verbreiten Zusammenhangswissen. Sie suchen die Zusammenarbeit mit Verwaltungsstellen und den Kontakt zu anderen gesellschaftlichen Gruppen wie Parteien, Verbänden, Kirchen.

Bürgerinitiativen entstehen, wenn Menschen sich selbst oder die Mitmenschen in ihrem persönlichen Leben beeinträchtigt sehen. Sie möchten eine Bewußtseins- und Verhaltensänderung in der Bevölkerung erreichen und unmittelbar politisch mitentscheiden. Häufig handelt es sich um Initiativen zu Stadt- und Gemeindeplanung, Wohnen, Verkehr, Naturschutz, Energie, Industrieansiedlung, Militär, Erziehung, Bildung, Kultur, Sozialpolitik.

Am Anfang einer Bürgerinitiative steht immer das Betroffensein, die Angst und Empörung einzelner. Der Begründer der Anti-Atomkraft-Initiative »David und Goliath«, Rechtsanwalt Bernhard Fricke, schildert das so: »Die Nachricht von der Reaktorkatastrophe in Tschernobyl und den bedrohlichen radioaktiven Werten in unserer unmittelbaren Lebensumwelt löste in mir ein bis dahin unbekanntes explosives Gemisch aus Hilflosigkeit und Angst, Wut und Enttäuschung aus. Und zwar darüber, daß wir von den Regierenden, sei es nun bewußt oder grob fahrlässig, in erschreckender Unwissenheit über die echten Gefahren aus dem Reaktorunglück in Tschernobyl gehalten wurden. – Das Faß vollends zum Überlaufen brachte kurze Zeit später die Begegnung mit einem Freund und Kollegen: Dieser wollte, aufgeschreckt durch offiziell zurückgehaltene Informationen, in Sorge um seinen fünfjährigen Sohn München fast schon fluchtartig verlassen und bat mich, gelegentlich in seiner Kanzlei nach dem Rechten zu sehen. – Für einen kurzen Moment überkam mich ebenfalls der Gedanke, mich der

Situation durch Flucht zu entziehen. Diesen Gedanken verwarf ich aber schon wenig später – nicht flüchten, sondern standhalten. Ich wollte so schnell wie möglich heraus aus der Rolle eines hilflosen Objektes, ich wollte meine Entscheidungs- und Handlungsfähigkeit so schnell wie möglich wieder zurückgewinnen.«[96]

Der erste Schritt bestand darin, sich umfassend darüber zu informieren, welche objektiven Gefahren und Risiken sich aus dem Reaktorunglück ergaben. In Telefonaten, persönlichen Gesprächen und durch die Lektüre von Fachliteratur erwarb sich der engagierte Bürger Sachkenntnisse, die ihn argumentationsfähig machten. – Als zweites überlegte er mit Freunden, was sie tun könnten: Wie verhalten wir uns angesichts der jegliches Vertrauen zerstörenden Informationspolitik der Staatsregierung? Können wir wegen der vermeidbaren Gesundheitsgefährdung Strafanzeige gegen die politisch Verantwortlichen stellen? Ist es möglich, durch ein Volksbegehren Druck auf die Regierenden auszuüben? Wie erreichen wir einen Baustop der atomaren Wiederaufbereitungsanlage in Wackersdorf?

Ein dritter Schritt war, mit anderen politischen Organisationen zu sprechen: den Gewerkschaften, mit ökologischen Gruppen, zum Beispiel dem Bund Naturschutz, mit Parteien und mit Einzelpersönlichkeiten, die die Initiative unterstützten. So kam es zum Bündnis für eine politische Aktion: einer landesweiten Unterschriftensammlung für eine ökologisch orientierte Energiepolitik, für den Ausstieg aus der Kernenergie und gegen den Bau der atomaren Wiederaufbereitungsanlage in Wackersdorf.

Die Bürgerinitiative nannte sich »David gegen Goliath«: »Ich glaube, daß dieser Name trefflich die Situation der Initiative charakterisiert: David als Symbol für den Kleinen, den objektiv-materiell in jeder Weise Unterlegenen, der aber, weil er die bessere Sache vertritt, die Auseinandersetzung mit einem übermächtigen Gegner, nämlich dem Philisterführer Goliath, erfolgreich bestehen konnte.«

Diese Bürgerinitiative ist seit Tschernobyl aktiv. Sie informiert sachkundig über Energieprobleme, macht Vorschläge zu alternativer Energieversorgung und weist immer wieder auf die tödlichen Gefahren der Atomenergie hin. Sie tritt mit fantasievollen Aktionen an die Öffentlichkeit, mit Kleinanzeigenkampagnen, fortlaufenden Informations- und Diskussionsveranstaltungen, mit Konzerten, Kabaretts und Festen, mit speziellen Projekten, zum Beispiel einer »Solaroffensive«. Durch diese wird aufgezeigt, wie die lebensfreundliche Energiequelle Sonne zu erschließen ist und durch welche Schritte München zur Solarstadt werden kann.

Bei »David gegen Goliath« handelt es sich um eine gut organisierte und breit angelegte Bürgerinitiative. Für überschaubare, wie die vorher beschriebene auf Gemeindeebene, oder für kurzlebige punktuelle Initiativen gilt erst recht: Jede Bürgerinitiative steht im Grunde in der Situation des Davids gegen Goliath; denn – so Dieter Lattmann – »die Massenzivilisation der Gegenwart lebt in den wirtschaftlich ertragreichen Ländern von der Übereinstimmung der Mehrheit mit dem materiellen Wohlstand. Solange es den meisten relativ gutgeht, sehen sie nicht ein, wieso sie in ihrem Dasein Entscheidendes verändern sollten. Dem Heute, nicht dem Morgen gilt ihr vorherrschendes Interesse. Minderheiten, die grundlegende Veränderungen in Wirtschaft und Arbeitswelt für lebensnotwendig halten und öffentlich dafür einstehen, werden in der Regel vom Unwillen oder von der Trägheit der Mehrheit abgewiesen. Notfalls wendet die Obrigkeit gegen sie ihr Gewaltmonopol an... Dennoch hat die Minderheit in der Mehrheit für das öffentliche Bewußtsein eine fundamentale Bedeutung: Aus Minderheitsansichten können Mehrheitsmeinungen werden, wenn eines fernen Tages die Zeit reif dafür ist.«

Bürgerinitiativen schaffen eine neue Form öffentlicher Freiheit. Der zivile Protest macht Angelegenheiten zum Thema, die alle angehen. Zugleich tragen die sich einmischenden Bürger durch sachkundige Mitsprache dazu bei, Probleme zu lösen. Was in starren Formen festgefahren ist, wird nicht nur kritisiert, sondern mit Fantasie und Überzeugungskraft verändert.

Bei den meisten demokratischen Umbrüchen kam die Veränderung nicht »von oben« durch die herrschende Politik. Sie wurde vielmehr durch Bürger angestoßen, die sich die Sprache nicht verbieten ließen, sondern mit ihrem Wort Widerstand leisteten, Neues vorschlugen und Veränderungsprozesse einleiteten. Diese Bürgerinnen und Bürger wagten demokratisch zu handeln und begannen die Gesellschaft zu verändern.

Durch »Bürger-Politik« die »Politiker-Politik« verbessern?

Eine verstärkte »Bürger-Politik« kann die Vorstellung verändern, die wir vom »Politiker« haben. Denn es treten nun auch »Volks-Vertreter« auf, die dem herkömmlichen Politikerbild nicht entsprechen: Das sind Bürgerinnen und Bürger, die nicht auf die macht-orientierte Politikerkarriere eingefahren sind, sondern auf Grund ihres Sachverstandes, ihrer Persönlichkeit und ihres Betroffenseins etwas zu sagen haben. – Bislang schreiben wir Politikern überwiegend Merkmale zu wie Durchsetzungskraft, Robustheit, nüchterne Konfliktregelung, realistische Denkweise, Stärke, Hartsein im Nehmen, Angstlosigkeit. Sie lassen weder Selbstzweifel aufkommen, noch zeigen sie diese gar.

Auf dem Wege zum Parlamentsmandat halten es nicht wenige für selbstverständlich, »taktisches Geschick« zu beweisen, Freund und Feind zu wechseln, Schwächen politischer Gegner unerbittlich auszunutzen, mit Ellbogengewalt Konkurrenten beiseite zu drängen. Menschlicher Respekt geht dabei oft verloren. Manche Karrierepolitiker drehen und wenden sich, wie es gerade nützlich erscheint; sie deformieren ihre Argumentationsweise zum Sachzwangdenken. – Weil Parteien ihre Ziele über Mehrheiten erreichen müssen, kämpfen sie ständig gegeneinander. Dazu gehört, den politischen Gegner herabzusetzen, für persönliche Machtansprüche einzutreten, die eigene Partei als musterhaft zu loben, die gegnerische in ein schlechtes Licht zu rücken. Es ist ausgeschlossen, daß Politiker Frieden machen können, die immerfort mit anderen rivalisieren. Besonders im Wahl-»Kampf« gilt es als normal, politisch Andersdenkende zu diffamieren, Propaganda zum Zweck eigenen Machtgewinns zu betreiben, die Bürger irrezuführen.

Obwohl Politik die Bedürfnisse der Menschen und die Probleme menschlicher Beziehungen im großen und kleinen Rahmen zum Gegenstand hat, »ist sie fast ausschließlich zu einer Theorie und Praxis von Machtstrategien verkommen. Anstatt die ganze Kraft dazu zu verwenden, die eigene Beziehung zu den jeweiligen ›Feinden‹ zu verbessern, denken sich die Politiker immer bessere, perfektere Kriegspläne zur psychischen und physischen Zerstörung der ›Feinde‹ aus. Wer die gegnerische Partei in einer Rede am besten ›trifft‹, ist auch in der eigenen Partei ›oben‹. Ein Gremium, in dem mitmenschliche Beziehungen auf ein Niveau des ausschließlich strategischen Umgangs untereinander reduziert sind, *kann* auch nach außen hin keine wirksame Friedenspolitik leisten« (Thea Bauriedl).[99]

Es gibt Politiker, die ständig darauf bedacht sind, eine »gute Figur zu machen«, stark und sicher zu erscheinen, Optimismus zur Schau zu tragen. Dadurch werden sie immer weniger wahrnehmungsfähig für ihre eigenen Gefühle, für ihr »wahres Selbst«. Das wiederum erschwert es ihnen, Wünsche und Ängste anderer Menschen wahrzunehmen, für die sie als Abgeordnete handeln sollen.

Die heute anstehenden politischen Aufgaben sind nicht mit dem Machtprinzip, mit Konkurrenz und Überlegenheitsstreben, mit Stärke und Gewalt zu lösen. Für eine lebensfördernde Politik brauchen wir Politikerinnen und Politiker, deren Persönlichkeitsmerkmale Horst-Eberhard Richter so beschreibt: Wir können die Verhältnisse nur ändern, wenn wir uns selbst ändern. Wir müssen lernen, unsere unterdrückte Fühlfähigkeit zu befreien »und das uns eingeimpfte Leitbild von ›Männlichkeit‹ überwinden. Wir müssen unsere Ängste aushalten und über sie sprechen, anstatt sie ›heroisch‹ niederzukämpfen. Wir müssen Ohnmachtsgefühle ertragen, anstatt sie bezwingen zu wollen. Wir müssen mehr aus dem Herzen leben ... Als Träger einer ökologischen Friedenspolitik kann ich mir nur Persönlichkeiten vorstellen, die nach innen wie nach außen leben, die an ihrer Menschlichkeit arbeiten und die Menschlichkeit zugleich zum Maßstab ihres gesellschaftlichen Handelns machen.«[100]

Gerade jene Menschen, die sich als verletzlich oder zu wenig stark für politische Teilhabe empfinden, sollten aus ihrer privaten Innerlichkeit heraustreten. Es reicht nicht aus, gesellschaftliche Umstände kritisch zu analysieren. Auch Bürgerinnen und Bürger, die sich für »nicht politisch« halten, müßten ihre Privatheit verlassen, einschließlich jener, die ihre Welt im »Geistigen« sehen; auch diese sollten sich aus ihrem abgespaltenen Intellektuellendasein herausbegeben und sich einmischen. Wenn es um Überlebensfragen geht, darf Politik nicht mehr die Politiker allein berühren. Es ist notwendig, die »Politiker-Politik« durch »Bürger-Politik« zu erneuern. Wenn wir das nicht »von unten« riskieren, wird sich die Politik »oben« nicht ändern.

Ein Vorbild für Zivilcourage, der tschechische Schriftsteller und Präsident Václav Havel, schreibt in seinen »Sommermeditationen«: Gerade jene Menschen, die sich nicht für die Politik geeignet finden, *sollten* sich ihrer annehmen: »Wenn jemand bescheiden ist und nicht nach Macht strebt, ist er nicht etwa ungeeignet, sich der Politik zu widmen, sondern gehört im Gegenteil in sie *hinein*. Es stimmt nicht, daß ein Politiker notwendigerweise intrigieren muß. Die Voraussetzung für Politik ist nicht die Fähigkeit zu lügen. In der Politik können nicht nur gefühllose Zyniker bestehen. Diese alle, das ist wahr, zieht Politik an. Aber letztlich wird sich *menschliche* Politik durchsetzen: Politik als praktizierte Sittlichkeit.«[101]

»Andere« Politikerinnen und Politiker für eine sanfte Politik

Zwei junge Frauen wollen in ihrer Kleinstadt etwas gegen Gewalt tun. Dort kommt es zu regelmäßigen Kriegen zwischen jugendlichen Gruppen. Die beiden, Diana und Nadine, durchbrechen den Kreislauf der Resignation. Sie möchten dort mitbestimmen, wie über Jugend politisch verhandelt wird. Deshalb mischen sie sich politisch ein und kandidieren für die Stadtverordnetenkammer und den Kreistag. »Wenn wir Jugendpolitik nicht in den Vordergrund rücken«, so ist ihre Ansicht, »werden immer mehr junge Leute abwandern und politikverdrossen.«

Diana hält sich für eine eher zögerliche, nachdenkliche Person. Nadine meint von sich: »Ich bin ziemlich direkt und selbstbewußt.« Die beiden machen Wahlkampf auf ihre Art. Diana fährt von Schule zu Schule und redet mit anderen Jugendlichen über deren Probleme. Nadine versucht an ihrer Arbeitsstelle mit Kolleginnen ins Gespräch zu kommen. Beide suchen Kontakt mit Politikerinnen und Politikern und zu den Honoratioren der Stadt. Diana will, wenn sie erst einmal Stadtverordnete ist, 700 000 Mark aus dem Stadtetat für den Bau eines Jugendhauses erkämpfen. Eine alte Brauerei soll zum Jugendzentrum umgebaut werden, damit die Jugendlichen nicht mehr auf der Straße herumsitzen müssen.

Mit all ihren Plänen müssen die zivilcouragierten jungen Frauen viele Vorwürfe von Leuten über sich ergehen lassen, denen die »jugendlichen Chaoten« unbequem sind. Aber die beiden lassen sich nicht zurückhalten und schwimmen gegen den Strom. Unterstützung holen sie sich beim »Frauenrat«, einer Initiative, die sich der besonderen Probleme der Frauen annimmt. Sie erkennen, wie persönlich sich Politik auswirkt; deshalb wollen sie Politik und Leben enger miteinander verbinden.[103] – Durch solches Engagement Jugendlicher hat sich in manchem Gemeinde- oder Stadtrat etwas verändert. So in einer Kleinstadt, in der ein Abiturient in das Stadtparlament gewählt wurde und jetzt im Schulausschuß in schulischen Angelegenheiten unmittelbar mitbestimmen kann.

Für eine sanfte Politik brauchen wir andere Politikerinnen und Politiker als jene, die derzeit von den Wählern bevorzugt werden: Wir brauchen Menschen, die fähig sind, sich mit den Mitmenschen sympathisierend und nicht rivalisierend einzulassen, die bereit sind, miteinander zu reden, statt sich fortgesetzt zu bekriegen. Wir brauchen Politiker, die mehr Respekt vor dem Leben als vor dem Wirtschaftswachstum haben, die Achtung für den Schwächeren aufbringen und fähig sind zu fühlen, die ihre Angst wahrnehmen, statt sie zu verdrängen, die Friedfertigkeit nicht nur fordern, sondern diese auch zu leben versuchen.

Es kann nicht angehen, schreibt der Club of Rome, »daß der Weg in hohe politische Ämter nur über gelungene Fernsehauftritte und simplifizierende Reden führt, die nur darauf abzielen, die Massen zu manipulieren, sie durch leere Versprechungen zu begeistern und die Tatsachen zu verleugnen. Die Wahl unserer politischen Führung verlangt größte Aufmerksamkeit. Im Moment erfolgt sie nach dem Prinzip, daß der Stärkste überlebt. Die Folge ist, daß sich eher solche Menschen durchsetzen, die unverhohlen egoistisch und zu gewissen Zeiten sogar bereit sind, das Wohl der Allgemeinheit ihrem persönlichen Ehrgeiz oder den Zielen der Partei zu opfern. Die Eigenschaften, die wichtig sind, um in ein hohes Amt zu gelangen, sind somit häufig Eigenschaften, die den einzelnen für dieses Amt eigentlich untauglich machen.«[102]

Auf der Suche nach Politikerinnen und Politikern für eine menschliche Politik müssen andere Fragen als bisher gestellt werden – zum Beispiel:

- Sind es Menschen, die sich mit humanen Wertvorstellungen auseinandersetzen? Handeln sie nach ihrem Gewissen oder passen sie sich an?
- Entwickeln sie ethische Perspektiven – ohne Zugeständnisse an das Zweckdenken und an »Sachzwänge«?
- Besitzen sie soziale Empfindsamkeit, mit der sie sich in andere Menschen einfühlen können? Haben sie Sensibilität?
- Liegt ihnen daran, sich mit dem Gegner zu verständigen und ihn nicht zu beleidigen? Können sie sich von Feindbildern befreien und mit dem »Feind« Kontakt aufnehmen?
- Sind sie fähig, anderen aktiv zuzuhören und ein Gespräch zu führen?
- Besitzen sie hohe Sachkompetenz? Gestehen sie ein, wenn sie diese nicht haben, und lassen sie sich umfassend beraten?
- Bringen sie es fertig, andere nicht härter zu beurteilen als sich selbst und Schwächen des Gegners nicht auszunutzen?

- Können sie die Realität ganzheitlich erkennen und versuchen sie, Probleme intelligent zu lösen?
- Haben sie den Mut, die eigene Meinung zu ändern, wenn sie neue Einblicke in Verhältnisse und Probleme gewonnen haben? Besitzen sie den Mut, diese Meinungsänderung öffentlich zu vertreten – besonders der eigenen Partei gegenüber?
- Sind sie lernfähig und können auch andere zum Lernen anregen? Strahlen sie womöglich etwas von Weisheit aus?
- Sehen sie sich selbstkritisch, können sie Fehler eingestehen, versuchen sie diese zu korrigieren?
- Reden sie vor allem von dem, was die Gegenpartei »schlecht« macht, oder lassen sie sich selbst mit ihrem Denken und Handeln erkennen?
- Treten sie für gewaltfreie Konfliktregelung ein? Versuchen sie auch, diese zu praktizieren?
- Nehmen sie ihre eigene Angst an und die der Mitbürger? – Haben sie den Mut, sich offen in Gruppenprozesse einzulassen?
- Sind es beziehungsfähige Menschen, die im Kontakt den anderen wahrnehmen können?
- Kümmern sie sich darum, welche Ängste und Wünsche die Bürger haben? Greifen sie deren Forderungen und Vorschläge auf? Sind sie bereit, Einrichtungen zu schaffen, mit denen sie sich über das Befinden der Bürger informieren können?
- Sind sie fähig, mit anderen kooperativ zusammenzuarbeiten, anstatt zu rivalisieren? Haben sie Sinn für Gleichberechtigung?
- Wird bei ihnen die Bemühung deutlich, die Kluft zwischen den eigenen Wertvorstellungen und dem tatsächlichen Handeln zu verringern?
- Sind es Persönlichkeiten, die Echtheit und Wahrhaftigkeit ausstrahlen; informieren sie die Bürger ehrlich?

Auf Grund solcher Fragen müssen Politikerinnen und Politiker neu bewertet werden. Diese Sichtweise braucht allerdings auch »neue« Frauen und Männer, die bereit sind, politisch zu arbeiten und sich wählen zu lassen. Und sie braucht auf der anderen

Seite Bürgerinnen und Bürger, die bereit sind, *diese* Politiker zu wählen, weil sie deren »andere« Qualitäten als notwendig erkennen.

Zivilcourage, das »Widerstandsrecht der kleinen Münze« – Ziviler Ungehorsam in einer zivilen Gesellschaft

Die aufgeführten Fragen richten sich nicht nur an Politikerinnen und Politiker, sondern auch an die Bürger. Es geht darum, sich gemeinsam um einen Bewußtseinswandel zu bemühen, wie ihn Václav Havel als notwendig ansieht: »Soll sich die Welt zum Besseren wenden, muß sich vor allem etwas im menschlichen Bewußtsein ändern; der Mensch muß sich aus der schrecklichen Verwicklung in alle offenbaren und verborgenen Mechanismen der Totalität befreien, vom Konsum über die Repression und Reklame bis zur Manipulation durch das Fernsehen. Er muß sich gegen die Rolle des machtlosen Bestandteils einer riesigen Maschine auflehnen. Einzig die moralische und geistige Orientierung, die auf dem Respekt vor einer ›außerweltlichen‹ Autorität begründet ist, kann dazu führen, daß das Leben auf dieser Erde nicht durch einen ›Mega-Selbstmord‹ untergeht. Es ist der Respekt vor der Ordnung der Natur, vor der sittlichen Ordnung und ihrer überpersönlichen Herkunft, vor dem Absoluten. Die geistige Erneuerung ist eine Aufgabe, vor der jeder Mensch steht, und zwar in jedem Augenblick. ›Etwas unternehmen‹ können und müssen wir alle und jetzt und hier; niemand wird das für uns tun und auf niemanden können wir warten.«[104]

Es gibt in zahllosen Bereichen Menschen, denen nicht alles gleichgültig ist und die aktiv für Veränderungen eintreten. Über die Hälfte der Bürgerinnen und Bürger erklären, sie seien bereit, sich in einer Bürgerinitiative zu engagieren.[105] Tatsächlich setzen weitaus weniger diese Bereitschaft in zivilcouragiertes Handeln um. Viele erkennen zwar, wie notwendig es heute ist, sich politisch zu beteiligen, finden aber bislang nicht den Mut dazu. Diese gilt es anzuregen, den Untertanengehorsam zu überwinden und vom Widerstandsrecht der alltäglichen praktischen Vernunft Gebrauch zu machen. Artur Kaufmann nennt es das »Widerstandsrecht der kleinen Münze«. Es geht dabei

- »um ein Widerstehen, ein Sich-entgegen-Stellen, das unter Umständen Opfer abverlangt, aber dem Gemeinwohl geschuldet wird,
- um den Widerstand gegen die Trägheit des Herzens und gegen den Weg des geringsten Widerstands,
- um Widerstand gegen die Gleichgültigkeit und gegen die Resignation,
- um Widerstand gegen die Versuchung zum Untätigbleiben und Schweigen,
- aber auch um Widerstand gegen die Ungeduld, die immer alles und jedes sofort haben will. Gerade Geduld zeichnet den wirklich Tapferen aus, was man nicht verwechseln darf mit Passivität. Geduld hat viel mit Nüchternheit und Ernst zu tun, aber auch mit Hoffnung.
- Nur in der Spannung von Gehorsam und Widerspruch wird Freiheit konkret.

Das ›Widerstandsrecht der kleinen Münze‹ ist nicht das letzte Mittel gegen einen bereits völlig pervertierten Staat, sondern weit eher das erste Mittel gegen sich ankündigende Abweichungen vom rechten Weg. Seine Funktion ist, schon den Anfängen zu wehren. Beharrlicher Widerstand ist notwendig, damit Recht und Rechtsstaat immer wieder regeneriert werden. Dieser ›kleine‹ Widerstand muß beständig geleistet werden, damit der ›große‹ Widerstand entbehrlich wird. Man muß unter normalen Verhältnissen dafür sorgen, daß der Ernst- und Extremfall nicht eintritt.«[106]

Zum »großen« Widerstand gehört ziviler Ungehorsam. Dieser kann aus zivilcouragiertem Handeln heraus wachsen; er fordert noch mehr Mut und »Tapferkeit des Herzens« als Zivilcourage. Im zivilen Ungehorsam widerstehen Bürgerinnen und Bürger staatlichen Entscheidungen, weil sie diese für ethisch unerlaubt halten. Sie begehen eine symbolische Regelverletzung und wollen damit an die Einsichtsfähigkeit der Mehrheit appellieren. Die bewußte symbolische Übertretung geschieht gewaltfrei. Bestehende Ordnungen werden vorsätzlich nicht beachtet, um darauf aufmerksam zu machen, daß die Regierenden ein höherrangiges Gut mißachten, zum Beispiel Würde und Leben des Menschen. Wer zivilen Ungehorsam leistet, bekennt sich zu seiner die Rechtsnorm verletzenden Tat und nimmt die Strafe in Kauf.

Heute bräuchten wir viele Menschen, die aus ihrer Gewissensentscheidung heraus an *ihrer* Stelle das Zusammenleben menschlicher gestalten – und die sich mit zivilem Mut öffentlich einmischen. Sie könnten den umfassenden Bedrohungen und den gesellschaftlichen Ungerechtigkeiten humane Lebensmöglichkeiten entgegensetzen. Es sieht allerdings so aus, als ginge die Erde am Gehorsam ihrer Bewohner zugrunde. Die Mehrzahl stimmt schweigend der Verantwortungslosigkeit zu, mit der die Welt zerstört wird.

Weltweite Bedrohungen wirken sich für Teile der Menschheit bereits unmittelbar in ihrem täglichen Leben aus. An dieser Stelle kann der einzelne mit dem »Widerstandsrecht der alltäglichen praktischen Vernunft« beginnen: dafür eintreten, daß Autoabgase nicht weiterhin die Luft zum Atmen vergiften und krank machen dürfen; Initiativen unterstützen, damit das Trinkwasser wieder trinkbar wird; nicht weiterhin als selbstverständlich hinnehmen, daß jährlich Hunderttausende vom Straßenverkehr überollt und verletzt, zehntausend Menschen getötet werden; erkennen, daß ein erbarmungsloses Leistungsprinzip und der tägliche Rivalitätskrieg in Beruf und Ausbildung Erwachsene und Kinder schädigen und daß wir überall den Wettbewerb durch Zusammenarbeit überwinden müssen; dagegen Einspruch erheben, daß Bürgerinnen und Bürger durch atomare Anlagen bedroht werden; nicht länger dulden, daß rücksichtslose wirtschaftliche Interessen dazu führen, Boden, Pflanzen und Atmosphäre zu zerstören.

Es geht bei der Zivilcourage darum, *frühzeitig* den vielfältigen Bedrohungen gegenüber wachsam zu sein und für menschliche Lebensbedingungen einzutreten. Dadurch werden die politisch Verantwortlichen gezwungen, über ihr Handeln nachzudenken, sich sachkundig zu machen und sorgfältig zu rechtfertigen, was sie tun. Bereits jetzt haben sie in vielen Fällen Vorhaben korrigieren oder aufgeben müssen, weil sich Menschen aus den sozialen Bewegungen dagegen gewehrt haben.

Angesichts der vielen Probleme, die es zu lösen gilt, und der zahllosen schlimmen Nachrichten, die wir täglich hören, wird die Hoffnung zivilcouragierter Menschen auf eine harte Probe gestellt. Da liegt es nahe, pessimistisch zu werden – oder sich an ein Wort Max Horkheimers zu halten: Man kann dem eigenen theoretischen Pessimismus nur durch optimistische Praxis widersprechen.

Das Gewissen kann uns dabei helfen, dem begründeten Pessimismus eine praktische, lebensbejahende Grundhaltung entgegenzusetzen: in der Familie, der beruflichen Arbeit, in Bürgerinitiativen, im politischen Handeln. Wir können an einer Ethik der Anteilnahme, Fürsorge und humanen Verantwortung mitarbeiten, zusammen mit anderen, in optimistischer Praxis und mit der »Logik des Herzens«.

Anmerkungen

1 nach Vinke 1987
2 Richter 1982, S. 257, gekürzt
3 Kaufmann 1991, S. 5
4 Fried/Hrdlicka/Ringel 1986
5 Tschernousenko 1992
6 Ditfurth 1991, S. 95
7 Apel 1991, S. 222
8 Marti 1987
9 Richter in einem öffentlichen Gespräch in München, 1991
10 Parin 1969
11 Sölle 1983, S. 112
12 DIE ZEIT 1997/20
13 Ditfurth 1991, S. 174
14 Brecht, Exil III
15 Club of Rome 1991, S. 69
16 Fried 1986, S. 27
17 Wehrmann 1990
18 Schurz 1985, S. 21
19 Kipphardt 1983
20 Milgram 1974, Fromm 1977, Richter 1976, Eysenck 1983, Degen 1989
21 Adorno 1975, S. 98
22 Goldhagen 1996, S. 27, 28
23 Goldhagen 1996, S. 434
24 Tugendhat 1991
25 Sölle 1982, S. 9
26 Stern 1991
27 Fromm 1973, S. 185
28 Kipphardt 1983, S. 50
29 Sölle 1978, S. 24
30 Fogelman und Wiener 1985
31 Fleischmann 1980, S. 116, gekürzt
32 Amati 1990, S. 728
33 v. Weizsäcker 1992
34 Havel 1990, S. 15
35 Miller 1980, S. 104
36 Mitscherlich 1981, S. 128
37 Kipphardt 1983
38 Butollo 1984
39 Gandhi 1984, S. 123
40 Forward 1990, S. 26
41 nach Forward 1990, S. 30
42 Parin 1988

43 Fleischmann 1980, S. 136–139, leicht gekürzt
44 Kaufmann 1991, S. 14
45 DIE ZEIT 1989/30
46 Havel 1990
47 Bauriedl 1986
48 Beck 1986, S. 328
49 Anders 1981, S. 27 und 100
50 v. Weizsäcker 1988, S. 10
51 Petry 1991
52 Sternberger 1962, S. 9
53 Nöldner 1984
54 Bauriedl 1988, S. 37
55 v. Weizsäcker 1986, S. 27
56 Kaufmann 1991, S. 6
57 Holzkamp 1983
58 Domin 1983, S. 144
59 Frisch 1950, S. 59–61
60 Kaufmann 1991, S. 13
61 Bauriedl 1988, S. 28
62 v. Weizsäcker 1981, S. 153
63 Bauriedl 1987, S. 79
64 Wolf 1988, S. 17
65 Watzlawick 1983, S. 37
66 Anders 1981, S. 94
67 Beck 1986, S. 7
68 Bauriedl 1988
69 Hartung 1991
70 Bloch 1970
71 Gaschke 1997
72 DIE ZEIT 1993/11
73 Fried 1986, S. 37
74 Anders 1982
75 Anders 1982, S. 294
76 Guardini 1929
77 Fromm 1982, S. 14
78 Frisch 1990, S. 551
79 Richter 1989, S. 142
80 Apel 1991, S. 228f.
81 Club of Rome 1991, S. 109
82 Richter 1986, S. 209
83 Mantell 1972, S. 85
84 Lattmann 1988, S. 92
85 Club of Rome 1980, S. 153–157
86 Jungk 1990, S. 113
87 Richter 1989, S. 167
88 Czisch 1989, außerdem dazu ein Referat und persönliche Mitteilungen
89 Aktion humane Schule Bayern, Leonrodstr. 19, 80634 München. Diese

Bürgerinitiative gibt auch Broschüren des Autors dieses Buches heraus, zum Beispiel: »Schule macht leibhaftig krank – wie kann sie Gesundheit schützen?« – »Wie sich Erwartungen von Eltern und Lehrern auf das Lernen auswirken« – »Ohne Noten lieber lernen und mehr leisten« – »Wege zu einer humanen Schule« und andere.

90 Kaufmann 1984, S. 94
91 Ditfurth 1989, S. 382
92 Fromm 1976, S. 179
93 Jonas 1992, S. 135, 141
94 Shell-Studie »Jugend '92«, S. 24
95 Richter 1992, S. 297
96 Fricke 1986, S. 26
97 Fricke 1986, S. 29
98 Lattmann 1990, S. 183
99 Bauriedl 1986, S. 20
100 Richter 1986, S. 252, 295
101 Havel 1992, S. 137
102 Club of Rome 1991, S. 109
103 Reportage von A. Rogalla in »die tageszeitung« 24. 11. 93
104 Havel 1990, S. 18
105 Nohlen 1991, S. 53
106 Kaufmann 1991, S. 16 und 1984, S. 91

Literatur

Adorno, Th. W.: Erziehung zur Mündigkeit. Frankfurt am Main 1975 (Suhrkamp)

Albertz, H.: Miserere Nobis. Eine politische Messe. München 1987 (Kindler)

Amati, H.: Die Rückgewinnung des Schamgefühls. In: PSYCHE 1990/8 (Klett-Cotta)

Anders, G.: Die Antiquiertheit des Menschen. Erster Band: Über die Seele im Zeitalter der zweiten industriellen Revolution. München 1980 (Beck)

Anders, G.: Die atomare Drohung. Radikale Überlegungen. München 1981 (Beck)

Anders, G.: Hiroshima ist überall. München 1982 (Beck)

Apel, H.: Die deformierte Demokratie. Parteienherrschaft in Deutschland. Stuttgart 1991 (DVA)

Arnim, G. v.: Das große Schweigen. Von der Schwierigkeit, mit den Schatten der Vergangenheit zu leben. München 1989 (Kindler)

Arnim, H. H. v.: Staat ohne Diener. Was schert die Politiker das Wohl des Volkes? München 1993 (Kindler)

Asanger, R./Wenninger, G.: (Hrsg.): Handwörterbuch der Psychologie. Weinheim 1983 (Beltz)

Bauriedl, Th.: Die Wiederkehr des Verdrängten. München 1986 (Piper)

Bauriedl, Th.: Der Gewalt widerstehen. Über psychische Gesundheit und politische Widerstandsfähigkeit. In: ANMERKUNGEN aus dem Institut für politische Psychoanalyse. München 1987/2

Bauriedl, Th.: Das Leben riskieren. Psychoanalytische Perspektiven des politischen Widerstands. München 1988 (Piper)

Beck, U.: Risikogesellschaft. Auf dem Weg in eine andere Moderne. Frankfurt am Main 1986 (Suhrkamp)

Bettelheim, B.: Aufstand gegen die Masse. Die Chance des Individuums in der modernen Gesellschaft. München 1980 (Kindler)

Bettelheim, B.: Ein Leben für Kinder. Erziehung in unserer Zeit. Stuttgart 1987 (DVA)

Bloch, E.: Das Prinzip Hoffnung. Frankfurt am Main 1970 (Suhrkamp)

Bollnow, O. F.: Wesen und Wandel der Tugenden. Frankfurt am Main 1975 (Ullstein)

Brecht, B.: Der gute Mensch von Sezuan. GW 4, Frankfurt am Main (Suhrkamp)

Brückner, P.: Zerstörung des Gehorsams. Ansätze zur politischen Psychologie. Berlin 1983 (Wagenbach)

Büchner, B. R.: Zwischen den Wirklichkeiten. Innere und äußere Realität in der Psychotherapie. München 1989 (IPF)

Butollo, W.: Die Angst ist eine Kraft. München 1985 (Piper)

Canetti, E.: Masse und Macht. Hamburg 1960 (Claassen)

Club of Rome: Zukunftschance Lernen. Bericht über die achtziger Jahre. München 1980 (Goldmann)

Club of Rome: Die globale Revolution. Hamburg 1991 (SPIEGEL Verlag)

Czisch, F.: Kindern ein Begleiter sein. In: Humane Schule: Mitteilungen des Bundesverbandes Aktion humane Schule. Oktober 1989

Dahl, J.: Die Verwegenheit der Ahnungslosen. Über Genetik, Chemie und andere Schwarze Löcher des Fortschritts. Stuttgart 1989 (Klett-Cotta)

Degen, R.: Der Folterknecht in jedermann. In: DIE ZEIT 1989/38

Ditfurth, H. v.: Innenansichten eines Artgenossen. Meine Bilanz. Düsseldorf 1989 (Claassen)

Ditfurth, J.: Lebe wild und gefährlich. Radikalökologische Perspektiven, Köln 1991 (Kiepenheuer & Witsch)

Dobrick, B.: Oh, diese Eltern! In: PSYCHOLOGIE HEUTE 1990/9

Domin, H.: Zivilcourage: ein Fremdwort. In: Schunk/Walter (Hrsg.) 1983

Dürr, H.-P.: Stabilitätsorientierte Sicherheitspolitik. In: Fässler 1987

Dürr, H.-P.: Das Netz des Physikers. Naturwissenschaftliche Erkenntnisse in der Verantwortung. München 1988 (Hanser)

Ebert, Th.: Ziviler Ungehorsam. Von der APO zur Friedensbewegung. Waldkirch 1984 (Waldkircher Verlagsgesellschaft)

Eppler, E.: Wege aus der Gefahr. Reinbek 1981 (Rowohlt)

Eysenck, H. u. M.: Der durchsichtige Mensch. München 1983 (Kösel)

Fässler, H. (Hrsg.): Das Tabu der Gewalt. Innsbruck 1987 (Tyrolia)

Fischer-Fabian, S.: Die Macht des Gewissens. Von Sokrates bis Sophie Scholl. München 1987 (Droemer Knaur)

Fleischmann, L.: Dies ist nicht mein Land. Eine Jüdin verläßt die Bundesrepublik. Hamburg 1980 (Hoffmann und Campe)

Fogelman, E. u. Wiener, V. L.: Gegen den Strom. In: PSYCHOLOGIE HEUTE 1985/11

Forward, S.: Endlich erwachsen werden. In: PSYCHOLOGIE HEUTE 1990/9

Fricke, B. P.: David gegen Goliath – Wie alles anfing. In: Glötzner, J., Rosenberg, H. (Hrsg.) 1986

Fried, E./Hrdlicka, A./Ringel, E.: Die da reden gegen die Vernichtung. Wien 1986 (Europa)

Fried, E.: Mitunter sogar Lachen. Zwischenfälle und Erinnerungen. Berlin 1986 (Wagenbach)

Fried, E.: Das Unmaß aller Dinge. Erzählungen. Berlin 1990 (Wagenbach)

Frisch, M.: Tagebuch 1946–1949. Frankfurt am Main 1950 (Suhrkamp)

Frisch, M.: Schweiz als Heimat? Versuche über 50 Jahre. Frankfurt am Main 1990 (Suhrkamp)

Fromm, E.: Anatomie der menschlichen Destruktivität. Stuttgart 1977 (DVA)

Fromm, E.: Die Furcht vor der Freiheit. Frankfurt am Main 1980 (Europäische Verlagsanstalt)

Fromm, E.: Über den Ungehorsam und andere Essays. Stuttgart 1981 (DVA)

Gandhi, M.: Handeln aus dem Geist. Freiburg 1977 (Herder)

Gandhi, M.: Mein Leben (1930). Frankfurt am Main 1983 (Suhrkamp)

Gandhi, M.: Worte des Friedens. Freiburg 1986 (Herder)

Gaschke, S.: Und keiner schaut hin. In: DIE ZEIT 1997/17

Gehrmann/Goddar/Kurbjuweit: Bürger im Zugzwang. In: DIE ZEIT 1994/44

Glotz, P.: Ziviler Ungehorsam im Rechtsstaat. Frankfurt am Main 1983 (Suhr-kamp)

Glötzner, J., Rosenberg, H. (Hrsg.): Grüß Gott, du schöner Maien ... Mün-chen 1986 (Kunst & Alltag)

Goldhagen, D. J.: Hitlers willige Vollstrecker. Ganz gewöhnliche Deutsche und der Holocaust. Berlin 1996 (Siedler)

Grass, G.: Vom Recht auf Widerstand. In: DIE ZEIT, 4. 2. 83

Grass, G.: Die Rättin. Roman. Darmstadt 1986 (Luchterhand)

Gregor-Dellin, M.: Die Angst vor dem befremdlich »Anderen«. In: Reich-Ranicki, M.: Meine Schulzeit im Dritten Reich. Köln 1988 (Kiepenheuer & Witsch)

Guardini, R.: Das Gute, das Gewissen und die Sammlung. Mainz 1929 (Mat-thias-Grünewald)

Habermas, J.: Die Neue Unübersichtlichkeit. Kleine politische Schriften V. Frankfurt am Main 1985 (Suhrkamp)

Habermas, J.: Eine Art Schadensabwicklung. Kleine politische Schriften VI. Frankfurt am Main 1987 (Suhrkamp)

Hamburger Institut für Sozialforschung: Vernichtungskrieg. Verbrechen der Wehrmacht 1941 bis 1944. Hamburg 1997 (Hamburger Edition)

Hartung, K.: Zivilcourage als Ziel. In: DIE ZEIT 1991/26

Havel, V.: Sommermeditationen. Berlin 1992 (Rowohlt)

Havel, V.: Fernverhör. Ein Gespräch mit Karel Hvížd'ala. Reinbek 1990 (ro-roro)

Havel, V.: Politik und Gewissen. In: Havel, V.: Am Anfang war das Wort. Reinbek 1990 (Rowohlt)

Havel, V.: Versuch, in der Wahrheit zu leben. Reinbek 1990 (rororo)

Havel, V.: Die absurde Angst vor der Freiheit. Festrede. In: Süddeutsche Zei-tung 1990/171

Heidenreich, G.: Der Wetterpilot. München 1987 (Piper)

Heinsohn, G.: Die Ermutigung des Rabbi Schulweis. Zum Phänomen des By-stander-Verhaltens. In: Universitas, Mai 1993

Hentig, H. v.: Arbeit am Frieden. Übungen im Überwinden der Resignation. München 1987 (Hanser)

Höffe, O. (Hrsg.): Lexikon der Ethik. München 1977 (Beck)

Holzkamp, K.: Nur wer Angst hat, kann vernünftig sein. Gefühl und Rationa-lität in der Friedensbewegung. In: PSYCHOLOGIE HEUTE 1983/10

Huber, J., Krainz, E.: Identität. In: Rexilius, G., Grulitsch, S. (Hrsg.): Hand-buch psychologischer Grundbegriffe. Reinbek 1981 (rororo)

Huber, W.: Die Grenzen des Staats und die Pflicht zum Ungehorsam. In: Glotz, P. 1983

Jens, I.: »Verwerfliche Motive, Herr Richter?« Verteidigungsrede vor dem Amtsgericht Schwäbisch Gmünd wegen ihrer Demonstration in Mutlangen. In: DER SPIEGEL 1985/5

Jonas, H.: Philosophische Untersuchungen und metaphysische Vermutungen. Frankfurt am Main 1992 (Insel)

Jugendwerk der Deutschen Shell: Jugend '92. Opladen 1992 (Leske + Bu-drich)

Jungk, R.: Vom »Prinzip Hoffnung« zum »Antrieb Hoffnung«. In: Gerosa, K. (Hrsg.): Große Schritte wagen. Über die Zukunft der Friedensbewegung. München 1984 (List)

Kaufmann, A.: Das Widerstandsrecht der kleinen Münze. In: Krawietz u. a. (Hrsg.): Objektivierung des Rechtsdenkens. Berlin 1984 (Duncker & Humblot)

Kaufmann, A.: Vom Ungehorsam gegen die Obrigkeit. Aspekte des Widerstandsrechts von der antiken Tyrannis bis zum Unrechtsstaat unserer Zeit. Heidelberg 1991 (Müller)

Kaufmann, A.: Über die Tapferkeit des Herzens. In: Archiv für Rechts- und Sozialphilosophie. Wiesbaden 1991 (Steiner)

Kennedy, J. F.: Zivilcourage. Düsseldorf 1955 (Econ)

Kern, P., Wittig, H.-G.: Pädagogik im Atomzeitalter. Wege zu innovativem Lernen angesichts der Ökokrise. Freiburg 1982 (Herder)

Kernberg, O. F.: Innere Welt und äußere Realität. Anwendungen der Objektbeziehungstheorie. München 1988 (Verlag Internationale Psychoanalyse)

Kipphardt, H.: Bruder Eichmann. Schauspiel. Reinbek 1983 (Rowohlt)

Knorr, L.: Kleines Lexikon Rüstung, Abrüstung, Frieden. Köln 1982 (Pahl-Rugenstein)

Kohlberg, L. u. Colby, A.: Das moralische Urteil: Der kognitionszentrierte entwicklungspsychologische Ansatz. In: Kindlers »Psychologie des 20. Jahrhunderts« Entwicklungspsychologie Band 1, Weinheim 1984 (Beltz)

Komitee für Grundrechte und Demokratie: Jahrbuch '87. Sensbachtal 1988

Krappmann, L.: Die problematische Wahrnehmung der Identität. In: Kindlers »Psychologie des 20. Jahrhunderts«, Sozialpsychologie Band 1, Weinheim 1984 (Beltz)

Längle, A.: Sinnvoll leben. Angewandte Existenzanalyse. St. Pölten 1987 (Niederösterreichisches Pressehaus)

Laker, Th.: Ziviler Ungehorsam. Geschichte – Begriffe – Rechtfertigung. Baden-Baden 1986 (Nomos)

Lattmann, D.: Die Erben der Zeitzeugen. Wider die Vertreibung der Geschichte. Frankfurt am Main 1988 (Fischer)

Lattmann, D.: Deutsch-deutsche Brennpunkte. Ein Schriftsteller in der Politik. Berlin 1990 (Verlag der Nation)

Lattmann, D.: Die verwerfliche Alte. Roman. Stuttgart 1991 (Radius)

Legewie, H.: Wie wollen wir leben? In: PSYCHOLOGIE HEUTE 1989/4

Leif, Th.: Individualisierung und Engagement. In: Forschungsjournal Neue Soziale Bewegungen. 1991/2

Macy, J.: Mut in der Bedrohung. Psychologische Friedensarbeit im Atomzeitalter. Ein Selbsterfahrungsbuch. München 1986 (Kösel)

Mantell, D. M.: Familie und Aggression. Frankfurt am Main 1972

Marti, K.: Mein barfüßig Lob. Gedichte. Darmstadt 1987 (Luchterhand)

Mayer, L.: Warum schweigen wir? In: Süddeutsche Zeitung 1988/Nr. 144

Mayer-Tasch, P. C.: Die Bürgerinitiativbewegung. Der aktive Bürger als rechts- und politikwissenschaftliches Problem. Reinbek 1985 (rororo)

Meisinger, E. u. Haubl, R.: Identität und Selbstkonzept. In: Asanger und Wenninger (Hrsg.) 1983

Milgram, S.: Das Milgram-Experiment. Zur Gehorsamsbereitschaft gegenüber Autorität. Reinbek 1974 (Rowohlt)

Miller, A.: Das Drama des begabten Kindes und die Suche nach dem wahren Selbst. Frankfurt am Main 1979 (Suhrkamp)

Miller, A.: Am Anfang war Erziehung. Frankfurt am Main 1980 (Suhrkamp)

Mitscherlich, A.: Auf dem Weg zur vaterlosen Gesellschaft. Ideen zur Sozialpsychologie. München 1973 (Piper)

Mitscherlich, A.: Das Ich und die Vielen. Ein Lesebuch. München 1981 (dtv)

Mitscherlich, A. u. M.: Die Unfähigkeit zu trauern. Grundlagen kollektiven Verhaltens, München 1969 (Piper)

Nohlen, D. (Hrsg.): Wörterbuch Staat und Politik. München 1991 (Piper)

Nöldner, W.: Psychologie und Umweltprobleme. Regensburg 1984 (Dissertation)

Parin, P.: Freiheit und Unabhängigkeit: Zur Psychoanalyse des politischen Engagements. In: PSYCHE 1969/2

Parin, P.: Ziviler Ungehorsam: Der psychoanalytische Gesichtspunkt. In: Komitee für Grundrechte und Demokratie 1988

Pestalozzi, H. A.: Nach uns die Zukunft. Von der politischen Subversion. München 1979 (Kösel)

Petry, I.: Männerbilder – Frauenbilder. In: »die tageszeitung« 5. 4. 91

Popp, U.: Freiheit durch Gehorsam? Die Mythen des Autoritären. In: PSYCHOLOGIE HEUTE 1990/1

Prell, U.: Ziviler Ungehorsam. Satyagraha – Macht der Wahrheit. Berlin 1984 (Europäische Perspektiven)

Reiners, L.: Stilkunst. Ein Lehrbuch deutscher Prosa. München 1951 (Beck)

Richter, H.-E.: Flüchten oder Standhalten. Reinbek 1976 (Rowohlt)

Richter, H.-E.: Zur Psychologie des Friedens. Reinbek 1982 (Rowohlt)

Richter, H.-E.: Die Chance des Gewissens. Erinnerungen und Assoziationen. Hamburg 1986 (Hoffmann und Campe)

Richter, H.-E.: Die hohe Kunst der Korruption. Erkenntnisse eines Politik-Beraters. Hamburg 1989 (Hoffmann und Campe)

Richter, H.-E.: Umgang mit Angst. Hamburg 1992 (Hoffmann und Campe)

Riemann, F.: Die Kunst des Alterns. Stuttgart 1981 (Kreuz)

Schachtner, Ch.: Störfall Alter. Für ein Recht auf Eigen-Sinn. Frankfurt am Main 1988 (Fischer)

Schueler, H.: Im Zweifel gegen die Freiheit. In: DIE ZEIT 1989/30

Schunk, K. u. Walter, R. (Hrsg.): Anstiftung zur Zivilcourage. Freiburg im Breisgau 1983 (Herder)

Schurz, G.: Die innere Stimme der Unterwerfung. In: PSYCHOLOGIE HEUTE 1985/11

Singer, K.: Kränkung und Kranksein. Psychosomatik als Weg zur Selbstwahrnehmung. München 1988 (Piper)

Singer, K.: Lehrer-Schüler-Konflikte gewaltfrei regeln. Erziehungsschwierigkeiten und Unterrichtsstörungen als Beziehungs-Schwierigkeiten bearbeiten. Weinheim 1988 (Beltz)

Singer, K.: Ohne Noten lieber lernen und mehr leisten. Bezug: Aktion humane Schule Bayern, Leonrodstraße 19, 80634 München

Sölle, D.: Phantasie und Gehorsam. Überlegungen zu einer künftigen christlichen Ethik. Stuttgart 1978 (8. Auflage, Kreuz)

Sölle, D.: Sympathie. Theologisch-politische Traktate. Stuttgart 1981 (Kreuz)

Sölle, D.: Den Zuschauerstandpunkt verlassen. In: Schunk/Walter (Hrsg.) 1983

Stern, C.: Der Versteinerung des Gefühls widerstehen. In: DIE ZEIT 1991/22

Sternberger, D., Storz, G., Süskind, W. E.: Aus dem Wörterbuch des Unmenschen. München 1962 (dtv)

Sternstein, W.: Gewalt und Gewaltlosigkeit. In: psychosozial 1983/19 (rororo)

Thoreau, H. D.: Über die Pflicht zum Ungehorsam gegen den Staat (1848). Zürich 1973 (Diogenes)

Tugendhat, J.: Schock mit fünfzehn. Warum Peter Benenson sich so engagiert. In: DIE ZEIT 1991/22

Tschernousenko, W. M.: Tschernobyl: Die Wahrheit. Reinbek 1992 (Rowohlt)

Tschernousenko, W. M.: Verlorene Harmonie. Vortrag am 19. 2. 95 in Freiburg i. Br.

Vack, K.: Ungehorsam als Bürgerpflicht. 30 Thesen zum Zivilen Ungehorsam. In: Komitee für Grundrechte und Demokratie. Jahrbuch '87. Sensbachtal 1988

Vinke, H.: Das kurze Leben der Sophie Scholl. Ravensburg 1987 (Maier)

Wassermann, R.: Die Zuschauerdemokratie. Düsseldorf 1986 (Econ)

Watzlawick, P.: Anleitung zum Unglücklichsein. München 1983 (Piper)

Wehrmann, E.: Im Totenhaus. Der langsame Versuch der Entmenschlichung aus dem schieren Bedürfnis nach Rache. In: DIE ZEIT 1990/3

Weizsäcker, C. F. v.: Der bedrohte Friede. München 1981 (Hanser)

Weizsäcker, C. F. v.: Die Zeit drängt. München 1986 (Hanser)

Weizsäcker, C. F. v.: Bewußtseinswandel. München 1988 (Hanser)

Weizsäcker, R. v.: Im Gespräch mit G. Hofmann und W. A. Perger. Frankfurt am Main 1992 (Eichborn)

Wenzel, A.: Zivilcourage im Öffentlichen Dienst. München 1985 (Olzog)

Wolf, Ch.: Störfall. Darmstadt 1987 (Luchterhand)

Wolf, Ch.: Ansprachen. Darmstadt 1988 (Luchterhand)

Wolf, Ch.: Sommerstück. Frankfurt am Main 1989 (Luchterhand)

Kurt Singer

Kränkung und Kranksein

Psychosomatik als Weg zur Selbstwahrnehmung. 244 Seiten. SP 1681

Dieses Buch führt ein in das psychosomatische Denken, es will den Sinn des Krankseins verstehen lehren, zur Selbstwahrnehmung anregen und Selbstheilungskräfte wecken. Jeder Mensch macht psychosomatische Erfahrungen: Er wird rot vor Scham, zittert vor Angst, bekommt Herzklopfen vor Erregung; manche ärgern sich ein »Loch« in den Bauch, andere zerbrechen sich über ein Problem den Kopf, dem einen bleibt die Spucke weg, dem andern bricht das Herz, dem einen läuft die Galle über, dem anderen dreht sich der Magen um... In solchen Sprachwendungen kommt ein tiefverwurzeltes Wissen über den Zusammenhang von Körper und Seele zum Ausdruck, das die Psychosomatik erforscht und therapeutisch nutzt. Dieses Buch führt mit Fallbeispielen aus dem Alltag ins psychosomatische Denken ein und will helfen, den verborgenen Sinn von Krankheit »leibhaftig« verstehen zu lernen.

»Krankheit ist für Singer nicht das andere, das nicht zu mir gehört, nicht der Feind, den es zu bekämpfen gilt, sondern eher ein unbequemer, aber helfender Freund, der mich auffordert, mich mit ihm auseinanderzusetzen.«

Bayerischer Rundfunk

Zivilcourage wagen

Wie man lernt, sich einzumischen. 224 Seiten. SP 2552

Dieses Buch handelt von Zivilcourage und Bürgermut. Es wendet sich an jene, die erkennen, wie notwendig heute politische Beteiligung und Veränderung »von unten« sind. Die aufs äußerste bedrohte Welt bedarf dringend der Zivilcourage und des Bürgermuts von Menschen, die der Politik des Risikos und der Bedenkenlosigkeit widerstehen.